POÉSIES DE SAINTE-BEUVE

— SECONDE PARTIE —

Hos inter si me ponere Fama volet
PROPERCE.

PARIS. — IMP. SIMON RAÇON ET COMP., RUE D'ERFURTH, 1.

LES
CONSOLATIONS

PENSÉES D'AOUT

NOTES ET SONNETS — UN DERNIER RÊVE

PAR

C. A. SAINTE-BEUVE

NOUVELLE ÉDITION REVUE ET AUGMENTÉE

PARIS

MICHEL LÉVY FRÈRES, LIBRAIRES ÉDITEURS

2 BIS, RUE VIVIENNE, ET BOULEVARD DES ITALIENS, 15

A LA LIBRAIRIE NOUVELLE

—

1863

Tous droits réservés

AVERTISSEMENT

Je continue et j'achève, dans un court loisir qui m'est accordé, cette publication de mes Poésies sous leur forme dernière. Ceci en est la seconde partie, qui se distingue de *Joseph Delorme* par l'accent et par un certain caractère d'élévation ou de pureté. Si l'on cherchait le lien, le point d'union ou d'embranchement des deux recueils, j'indiquerais la pièce de *Joseph Delorme* : *Toujours je la connus pensive et sérieuse...*, comme celle d'où est née et sortie, en quelque sorte, cette nouvelle veine plus épurée. C'est ce côté que je n'avais qu'atteint et touché dans *Joseph Delorme*, qui se trouve développé dans *les Consolations*.

Nous avons presque tous en nous un homme double. Saint Paul l'a dit, Racine l'a chanté. « Je connais ces deux hommes en moi, » disait Louis XIV. Buffon les a admirablement décrits dans l'espèce de guerre morale qu'ils se livrent l'un à l'autre. Moi aussi, me sentant double, je me suis dédoublé, et ce que j'ai donné dans *les Consolations* était comme une seconde moitié de moi-même et qui n'était pas la moins tendre. Mais, devenu trop différent avec les années, il ne m'appartient aujourd'hui ni de la juger, cette moitié du moi d'alors, ni même d'essayer de la définir. Je dirai seulement, au point de vue littéraire, que *les Consolations* furent celui de mes recueils de poésies qui obtint, auprès du public choisi de ce temps-là, ce qui ressemblait le plus à un succès véritable; on m'excusera d'en avoir réuni les preuves et témoignages dans un petit chapitre-appendice. Bayle a remarqué que chaque auteur a volontiers son époque favorite, son moment plus favorable que les autres, et qui n'est pas toujours très-éloigné de son coup d'essai. Pour moi, quoique ma vie littéraire déjà si longue et, pour ainsi dire, étendue sur un trop large espace, me laisse peu le plaisir des perspectives, il en a été cependant ainsi pendant un assez long temps; et quand je m'arrêtais pour regarder en arrière, il me semblait que c'était en 1829, à la date où j'écrivais *les Consolations*, que j'aimais le plus à me retrouver et qu'il m'eût été le plus agréable aussi qu'on cherchât de mes nouvelles. Je le dis de souvenir plutôt que par un sentiment actuel et présent; car à l'heure où j'écris ces lignes, engagé plus que jamais dans la vie critique active, je n'ai plus guère d'impression personnelle bien vive sur ce lointain passé.

Ce 16 juin 1862.

LES
CONSOLATIONS

> On ne hait les hommes et la vie que faute de voir assez loin. Étendez un peu plus votre regard, et vous serez bientôt convaincu que tous ces maux dont vous vous plaignez sont de purs néants.
>
> RENÉ.

> Credo ego generosum animum, præter Deum ubi finis est noster, præter seipsum et arcanas curas suas, ac præter aliquem multa similitudine sibi conjunctum animum, nusquam acquiescere.
>
> PETRARCA, *de Vita solitaria*, lib. I, sect. I.

(MARS 1830)

A VICTOR H.

Mon Ami, ce petit livre est à vous; votre nom s'y trouve à presque toutes les pages; votre présence ou votre souvenir s'y mêle à toutes mes pensées. Je vous le donne, ou plutôt je vous le rends; il ne se serait pas fait sans vous. Au moment où vous vous lancez pour la première fois dans le bruit et dans les orages du drame, puissent ces souvenirs de vie domestique et d'intérieur vous apporter un frais parfum du rivage que vous quittez! Puissent-ils, comme ces chants antiques qui soutenaient le guerrier dans le combat, vous retracer l'image adorée du foyer, des enfants et de l'épouse!

Pétrarque, ce grand maître dans la science du cœur et dans le mystère de l'Amour, a dit au commencement de son *Traité sur la Vie solitaire :* « Je crois qu'une belle âme n'a de repos « ici-bas à espérer qu'en Dieu, qui est notre fin dernière; qu'en « elle-même et en son travail intérieur; et qu'en une âme amie, « qui soit sa sœur par la ressemblance. » C'est aussi la pensée et le résumé du petit livre que voici.

Lorsque, par un effet des circonstances dures où elle est placée, ou par le développement d'un germe fatal déposé en elle, une âme jeune, ardente, tournée à la rêverie et à la tendresse, subit une de ces profondes maladies morales qui décident de sa destinée; si elle y survit et en triomphe; si, la crise passée, la liberté humaine reprend le dessus et recueille ses forces éparses, alors le premier sentiment est celui d'un bien-être intime, délicieux, vivifiant, comme après une angoisse ou une défaillance. On rouvre les yeux au jour; on essuie de son front sa sueur froide; on s'abandonne tout entier au bonheur de renaître et de respirer. Puis la réflexion commence : on se complaît à penser qu'on a plongé plus avant que bien d'autres dans le Puits de l'abîme et dans la Cité des douleurs; on a la mesure du sort; on sait à fond ce qui en est de la vie, et ce que peut saigner de sang un cœur mortel. Qu'aurait-on désormais à craindre d'inconnu et de pire? Tous les maux humains ne se traduisent-ils pas en douleurs? Toutes les douleurs poussées un peu loin ne sont-elles pas les mêmes? On a été englouti un moment par l'Océan; on a rebondi contre le roc comme la sonde, ou bien on a rapporté du gravier dans ses cheveux; et sauvé du naufrage, ne quittant plus de tout l'hiver le coin de sa cheminée, on s'enfonce des heures entières en d'inexprimables souvenirs. Mais ce calme, qui est dû surtout à l'absence des maux et à la comparaison du présent avec le passé, s'affaiblit en se prolongeant, et devient insuffisant à l'âme; il faut, pour achever sa guérison, qu'elle cherche en elle-même et autour d'elle d'autres ressources plus durables. L'étude d'abord semble lui offrir une distraction pleine de charme et puissante avec douceur; mais la curiosité de l'esprit, qui est le mobile de l'étude, suppose déjà le sommeil du cœur plutôt qu'elle ne le procure; et c'est ici le cœur qu'il s'agit avant tout d'apaiser et d'assoupir. Et puis ces sciences, ces langues, ces histoires qu'on étudierait, contiennent au gré des âmes délicates et tendres trop peu de suc essentiel sous trop d'écorces et d'enveloppes; une nourriture exquise et pulpeuse convient mieux aux estomacs débiles. La poésie est cette nourriture par excellence, et de toutes les formes de poésie, la forme lyrique plus qu'aucune autre, et de tous les genres de poésie lyrique, le genre rêveur, personnel, l'élégie ou le roman d'analyse en particulier. On s'y adonne avec prédilection; on s'en pénètre; c'est un enchantement; et, comme on se sent encore trop voisin du passé pour le perdre de vue, on essaye d'y jeter ce voile ondoyant de poésie qui fait l'effet de la vapeur bleuâtre aux contours de l'horizon. Aussi la plupart des chants, que les âmes malades nous ont transmis sur elles-mêmes, datent-ils déjà de l'époque de convalescence; nous croyons le poëte au plus mal, tandis que souvent il touche à sa guérison; c'est comme le bruit que fait dans la plaine l'arme du chasseur, et qui ne nous arrive qu'un peu de temps après que le coup a porté. Cependant, convenons-en, l'usage exclusif et prolongé d'une certaine espèce de poésie n'est pas sans quelque péril pour l'âme; à force de refoulement intérieur et de nourriture subtile, la blessure à moitié fermée pourrait se rouvrir: il faut par instants à l'homme le mouvement et l'air du dehors; il lui faut autour de lui des objets où se poser; et quel convalescent surtout n'a besoin d'un bras d'ami qui le soutienne dans sa promenade et le conduise sur la terrasse au soleil?

L'amitié, ô mon Ami, quand elle est ce qu'elle doit être, l'union des âmes, a cela de salutaire qu'au milieu de nos plus grandes et de nos plus désespérées douleurs, elle nous rattache insensiblement et par un lien invisible à la vie humaine, à la société, et nous empêche, en notre misérable frénésie, de nier, les yeux fermés, tout ce qui nous entoure. Or, comme l'a dit excellemment M. Ballanche, « toutes les pensées d'existence et d'ave-
« nir se tiennent; pour croire à la vie qui doit suivre celle-ci, il
« faut commencer par croire à cette vie elle-même, à cette vie
« passagère. » Le devoir de l'ami clairvoyant envers l'ami infirme consiste donc à lui ménager cette initiation délicate qui le ramène d'une espérance à l'autre; à lui rendre d'abord goût de la vie; à lui faire supporter l'idée de lendemain; puis, par degrés, à substituer pieusement dans son esprit, à cette idée vacil-

lante, le désir et la certitude du lendemain éternel. Mais indiquer ce but supérieur et divin de l'amitié, c'est assez reconnaître que sa loi suprême est d'y tendre sans cesse, et qu'au lieu de se méprendre à ses propres douceurs, au lieu de s'endormir en de vaines et molles complaisances, elle doit cheminer, jour et nuit, comme un guide céleste, entre les deux compagnons qui vont aux mêmes lieux. Toute autre amitié que celle-là serait trompeuse, légère, bonne pour un temps, et bientôt épuisée; elle mériterait qu'on lui appliquât la parole sévère du saint auteur de l'*Imitation* : « Noli confidere super amicos et proximos, nec in
« futurum tuam differas salutem, quia citius obliviscentur tui
« homines quam æstimas. » Il ne reste rien à dire, après saint Augustin, sur les charmes décevants et les illusions fabuleuses de l'amitié humaine. A la prendre de ce côté, je puis répéter devant vous, ô mon Ami, que l'amitié des hommes n'est pas sûre, et vous avertir de n'y pas trop compter. Il est doux sans doute, il est doux, dans le calme des sens, dans les jouissances de l'étude et de l'art, « de causer entre amis, de s'approuver avec grâce,
« de se complaire en cent façons; de lire ensemble d'agréables
« livres; de discuter parfois sans aigreur ainsi qu'un homme qui
« délibère avec lui-même, et par ces contestations rares et légères
« de relever un peu l'habituelle unanimité de tous les jours.
« Ces témoignages d'affection qui, sortis du cœur de ceux qui
« s'entr'aiment, se produisent au dehors par la bouche, par la
« physionomie, par les yeux et par mille autres démonstrations
« de tendresse, sont comme autant d'étincelles de ce feu d'ami-
« tié qui embrase les âmes et les fond toutes en une seule (1). »
Mais si vous tenez à ce que ce feu soit durable, si vous ne pouvez vous faire à l'idée d'être oublié un jour de ces amis si bons, ô Vous, qui que vous soyez, ne mourez pas avant eux; car cette sorte d'amitié est tellement aimable et douce qu'elle-même bientôt se console elle-même, et que ce qui reste comble aisément le

---

(1) S. Aug., *Conf.*, liv. iv, ch. 8.

vide de ce qui n'est plus; la pensée des amis morts, quand par hasard elle s'élève, ne fait que mieux sentir aux amis vivants la consolation d'être ensemble, et ajoute un motif de plus à leur bonheur.

Si vous êtes humble, obscur, mais tendre et dévoué, et que vous ayez un ami sublime, ambitieux, puissant, qui aime et obtienne la gloire et l'empire, aimez-le, mais n'en aimez pas trop un autre, car cette sorte d'amitié est absolue, jalouse, impatiente de partage; aimez-le, mais qu'un mot équivoque, lâché par vous au hasard, ne lui soit pas reporté envenimé par la calomnie; car ni tendresse à l'épreuve, ni dévouement à mourir mille fois pour lui, ne rachèteront ce mot insignifiant qui aura glissé dans son cœur.

Si votre ami est beau, bien fait, amoureux des avantages de sa personne, ne négligez pas trop la vôtre; gardez-vous qu'une maladie ne vous défigure, qu'une affliction prolongée ne vous détourne des soins du corps; car cette sorte d'amitié, qui vit de parfums, est dédaigneuse, volage, et se dégoûte aisément.

Si vous avez un ami riche, heureux, entouré des biens les plus désirables de la terre, ne devenez ni trop pauvre, ni trop délaissé du monde, ni malade sur un lit de douleurs; car cet ami, tout bon qu'il sera, vous ira visiter une fois ou deux, et la troisième il remarquera que le chemin est long, que votre escalier est haut et dur, que votre grabat est infect, que votre humeur a changé; et il pensera, en s'en revenant, qu'il y a au fond de cette misère un peu de votre faute, et que vous auriez bien pu l'éviter; et vous ne serez plus désormais pour lui, au sein de son bonheur, qu'un objet de compassion, de secours, et peut-être un sujet de morale.

Si, malheureux vous-même, vous avez un ami plus malheureux que vous, consolez-le, mais n'attendez pas de lui consolation à votre tour; car, lorsque vous lui raconterez votre chagrin, il aura beau animer ses regards et entr'ouvrir ses lèvres comme s'il écoutait, en vous répondant il ne répondra qu'à sa pensée, et sera intérieurement tout plein de lui-même.

Si vous aimez un ami plus jeune que vous, que vous le cultiviez comme un enfant, et que vous lui aplanissiez le chemin de la vie, il grandira bientôt; il se lassera d'être à vous et par vous, et vous le perdrez. Si vous aimez un ami plus vieux, qui, déjà arrivé bien haut, vous prenne par la main et vous élève, vous grandirez rapidement, et sa faveur alors vous pèsera, ou vous lui porterez ombrage.

Que sont devenus ces amis du même âge, ces frères en poésie, qui croissaient ensemble, unis, encore obscurs, et semblaient tous destinés à la gloire? Que sont devenus ces jeunes arbres réunis autrefois dans le même enclos? Ils ont poussé, chacun selon sa nature; leurs feuillages, d'abord entremêlés agréablement, ont commencé de se nuire et de s'étouffer: leurs têtes se sont entre-choquées dans l'orage; quelques-uns sont morts sans soleil; il a fallu les séparer, et les voilà maintenant, bien loin les uns des autres, verts sapins, châtaigniers superbes, au front des coteaux, au creux des vallons, ou saules éplorés au bord des fleuves.

La plupart des amitiés humaines, même des meilleures, sont donc vaines et mensongères, ô mon Ami; et c'est à quelque chose de plus intime, de plus vrai, de plus invariable, qu'aspire une âme dont toutes les forces ont été une fois brisées et qui a senti le fond de la vie. L'amitié qu'elle implore, et en qui elle veut établir sa demeure, ne saurait être trop pure et trop pieuse, trop empreinte d'immortalité, trop mêlée à l'invisible et à ce qui ne change pas; vestibule transparent, incorruptible, au seuil du Sanctuaire éternel; degré vivant, qui marche et monte avec nous, et nous élève au pied du saint Trône. Tel est, mon Ami, le refuge heureux que j'ai trouvé en votre âme. Par vous, je suis revenu à la vie du dehors, au mouvement de ce monde, et de là, sans secousse, aux vérités les plus sublimes. Vous m'avez consolé d'abord, et ensuite vous m'avez porté à la source de toute consolation; car vous l'avez vous-même appris dès la jeunesse, les autres eaux tarissent, et ce n'est qu'aux bords de cette Siloé céleste qu'on peut s'asseoir pour toujours et s'abreuver :

> Voici la vérité qu'au monde je révèle :
> Du Ciel dans mon néant je me suis souvenu :
> Louez Dieu! La brebis vient quand l'agneau l'appelle;
> J'appelais le Seigneur, le Seigneur est venu.
> . . . .
> Vous avez dans le port poussé ma voile errante;
> Ma tige a reverdi de sève et de verdeur;
> Seigneur, je vous bénis! à ma lampe mourante
> Votre souffle vivant a rendu sa splendeur.

Dieu donc et toutes ses conséquences; Dieu, l'immortalité, la rémunération et la peine; dès ici-bas le devoir et l'interprétation du visible par l'invisible : ce sont les consolations les plus réelles après le malheur, et l'âme, qui une fois y a pris goût, peut bien souffrir encore, mais non plus retomber. Chaque jour de plus, passé en cette vie périssable, la voit s'enfoncer davantage dans l'ordre magnifique d'idées qui s'ouvre devant elle à l'infini, et si elle a beaucoup aimé et beaucoup pleuré, si elle est tendre, l'intelligence des choses d'au delà ne la remplit qu'imparfaitement; elle en revient à l'Amour; c'est l'Amour surtout qui l'élève et l'initie, comme Dante, et dont les rayons pénétrants l'attirent de sphère en sphère comme le soleil aspire la rosée. De là mille larmes encore, mais délicieuses et sans aucune amertume; de là mille joies secrètes, mille blanches lueurs découvertes au sein de la nuit; mille pressentiments sublimes entendus au fond du cœur dans la prière, car une telle âme n'a de complet soulagement que lorsqu'elle a éclaté en prière, et qu'en elle la philosophie et la religion se sont embrassées avec sanglots.

En ce temps-ci, où par bonheur on est las de l'impiété systématique, et où le génie d'un maître célèbre (1) a réconcilié la philosophie avec les plus nobles facultés de la nature humaine, il se

(1) M. Victor Cousin.

rencontre dans les rangs distingués de la société une certaine classe d'esprits sérieux, moraux, rationnels; vaquant aux études, aux idées, aux discussions; dignes de tout comprendre, peu passionnés, et capables seulement d'un enthousiasme d'intelligence qui témoigne de leur amour ardent pour la vérité. A ces esprits de choix, au milieu de leur vie commode, de leur loisir occupé, de leur développement tout intellectuel, la religion philosophique suffit; ce qui leur importe particulièrement, c'est de se rendre raison des choses; quand ils ont expliqué, ils sont satisfaits : aussi le côté inexplicable leur échappe-t-il souvent, et ils le traiteraient volontiers de chimère, s'ils ne trouvaient moyen de l'assujettir, en le simplifiant, à leur mode d'interprétation universelle. Le dirai-je? ce sont des esprits plutôt que des âmes; ils habitent les régions moyennes; ils n'ont pas pénétré fort avant dans les voies douloureuses et impures du cœur; ils ne sont pas rafraîchis, après les flammes de l'expiation, dans la sérénité d'un éther inaltérable; ils n'ont pas senti la vie au vif.

J'honore ces esprits, je les estime heureux; mais je ne les envie pas. Je les crois dans la vérité, mais dans une vérité un peu froide et nue. On ne gagne pas toujours à s'élever, quand on ne s'élève pas assez haut. Les physiciens qui sont parvenus aux plus grandes hauteurs de l'atmosphère, rapportent qu'ils ont vu le soleil sans rayons, dépouillé, rouge et fauve, et partout des ténèbres autour d'eux. Plutôt que de vivre sous un tel soleil, mieux vaut encore demeurer sur terre, croire aux *ondoyantes lueurs* du soir et du matin, et prêter sa docile prunelle à toutes les illusions du jour, dût-on baisser la paupière en face de l'astre éblouissant; — à moins que l'âme, un soir, ne trouve quelque part des ailes d'Ange, et qu'elle ne s'échappe dans les plaines lumineuses, par delà notre atmosphère, à une hauteur où les savants ne vont pas.

Oui, eût-on la géométrie de Pascal et le génie de René, si la mystérieuse semence de la rêverie a été jetée en nous et a germé sous nos larmes dès l'enfance; si nous nous sentons de bonne

heure malades de la maladie de saint Augustin et de Fénelon;
si, comme le disciple dont parle Klopstock, ce Lebbée dont la
plainte est si douce, nous avons besoin qu'un gardien céleste
abrite notre sommeil avec de tendres branches d'olivier; si enfin, comme le triste Abbadona, nous portons en nous le poids de
quelque chose d'irréparable, il n'y a qu'une voie ouverte pour
échapper à l'ennui dévorant, aux lâches défaillances ou au mysticisme insensé: et cette voie, Dieu merci, n'est pas nouvelle!
Heureux qui n'en est jamais sorti! plus heureux qui peut y rentrer! Là seulement on trouve sécurité et plénitude; des remèdes
appropriés à toutes les misères de l'âme; des formes divines et
permanentes imposées au repentir, à la prière et au pardon; de
doux et fréquents rappels à la vigilance; des trésors toujours
abondants de charité et de grâce. Nous parlons souvent de tout
cela, ô mon Ami, dans nos longues conversations d'hiver, et nous
ne différons quelquefois un peu que parce que vous êtes plus
fort et que je suis faible. Bien jeune, vous avez marché droit,
même dans la nuit; le malheur ne vous a pas jeté de côté; et,
comme Isaac attendant la fille de Bathuel, vous vous promeniez
solitaire dans le chemin qui mène au puits appelé le Puits de
Celui qui vit et qui voit, Viventis et Videntis. Votre cœur vierge
ne s'est pas laissé aller tout d'abord aux trompeuses mollesses;
et vos rêveries y ont gagné avec l'âge un caractère religieux,
austère, primitif, et presque accablant pour notre infirme humanité d'aujourd'hui; quand vous avez eu assez pleuré, vous vous
êtes retiré à Pathmos avec votre aigle, et vous avez vu clair dans
les plus effrayants symboles. Rien désormais qui vous fasse pâlir; vous pouvez sonder toutes les profondeurs, ouïr toutes les
voix; vous vous êtes familiarisé avec l'Infini. Pour moi, qui suis
encore nouveau venu à la lumière, et qui n'ai, pour me sauver,
qu'un peu d'amour, je n'ose m'aventurer si loin à travers l'immense nature, et je ne m'inquiète que d'atteindre aux plus humbles, aux plus prochaines consolations qui nous sont enseignées.
Ce petit livre est l'image fidèle de mon âme; les doutes et les

bonnes intentions y luttent encore; l'étoile qui scintille dans le crépuscule semble par instants près de s'éteindre; la voile blanche que j'aperçois à l'horizon m'est souvent dérobée par un flot de mer orageuse; pourtant la voile blanche et l'étoile tremblante finissent toujours par reparaître. — Tel qu'il est, ce livre, je vous l'offre, et j'ai pensé qu'il serait d'un bon exemple.

De son cachet littéraire, s'il peut être ici question de cela, je ne dirai qu'un mot. Dans un volume publié par moi il y a près d'un an, et qui a donné lieu à beaucoup de jugements divers, quelques personnes, dont le suffrage m'est précieux, avaient paru remarquer et estimer, comme une nouveauté en notre poésie, le choix de certains sujets empruntés à la vie privée et rendus avec relief et franchise. Si, à l'ouverture du volume nouveau, ces personnes pouvaient croire que j'ai voulu quitter ma première route, je leur ferai observer par avance que tel n'a pas été mon dessein; qu'ici encore c'est presque toujours de la vie privée, c'est-à-dire, d'un incident domestique, d'une conversation, d'une promenade, d'une lecture, que je pars, et que, si je ne me tiens pas à ces détails comme par le passé, si même je ne me borne pas à en dégager les sentiments moyens de cœur et d'amour humain qu'ils recèlent, et si je passe outre, aspirant d'ordinaire à plus de sublimité dans les conclusions, je ne fais que mener à fin mon procédé sans en changer le moins du monde; que je ne cesse pas d'agir sur le fond de la réalité la plus vulgaire, et qu'en supposant le but atteint (ce qu'on jugera), j'aurai seulement élevé cette réalité à une plus haute puissance de poésie. Ce livre alors serait, par rapport au précédent, ce qu'est dans une spirale le cercle supérieur au cercle qui est au-dessous; il y aurait eu chez moi progrès poétique dans la même mesure qu'il y a eu progrès moral.

Décembre 1829.

LES
CONSOLATIONS

I

A MADAME V. H.

> Notre bonheur n'est qu'un malheur plus
> ou moins consolé. Ducis.

Oh! que la vie est longue aux longs jours de l'été,
Et que le temps y pèse à mon cœur attristé!
Lorsque midi surtout a versé sa lumière,
Que ce n'est que chaleur et soleil et poussière;
Quand il n'est plus matin et que j'attends le soir,
Vers trois heures, souvent, j'aime à vous aller voir;
Et là vous trouvant seule, ô mère et chaste épouse!
Et vos enfants au loin épars sur la pelouse,
Et votre époux absent et sorti pour rêver,
J'entre pourtant; et Vous, belle et sans vous lever,
Me dites de m'asseoir; nous causons; je commence
A vous ouvrir mon cœur, ma nuit, mon vide immense,

Ma jeunesse déjà dévorée à moitié,
Et vous me répondez par des mots d'amitié;
Puis revenant à vous, Vous si noble et si pure,
Vous que, dès le berceau, l'amoureuse nature
Dans ses secrets desseins avait formée exprès
Plus fraîche que la vigne au bord d'un antre frais,
Douce comme un parfum et comme une harmonie;
Fleur qui deviez fleurir sous les pas du génie;
Nous parlons de vous-même, et du bonheur humain,
Comme une ombre, d'en haut, couvrant votre chemin,
De vos enfants bénis que la joie environne,
De l'époux votre orgueil, votre illustre couronne;
Et quand vous avez bien de vos félicités
Épuisé le récit, alors vous ajoutez
Triste, et tournant au ciel votre noire prunelle :
« Hélas! non, il n'est point ici-bas de mortelle
« Qui se puisse avouer plus heureuse que moi;
« Mais à certains moments, et sans savoir pourquoi,
« Il me prend des accès de soupirs et de larmes;
« Et plus autour de moi la vie épand ses charmes,
« Et plus le monde est beau, plus le feuillage vert,
« Plus le ciel bleu, l'air pur, le pré de fleurs couvert,
« Plus mon époux aimant comme au premier bel âge,
« Plus mes enfants joyeux et courant sous l'ombrage,
« Plus la brise légère et n'osant soupirer,
« Plus aussi je me sens ce besoin de pleurer. »

C'est que même au delà des bonheurs qu'on envie
Il reste à désirer dans la plus belle vie;
C'est qu'ailleurs et plus loin notre but est marqué;
Qu'à le chercher plus bas on l'a toujours manqué;
C'est qu'ombrage, verdure et fleurs, tout cela tombe,
Renaît, meurt pour renaître enfin sur une tombe;
C'est qu'après bien des jours, bien des ans révolus,

Ce ciel restera bleu quand nous ne serons plus;
Que ces enfants, objets de si chères tendresses,
En vivant oublieront vos pleurs et vos caresses;
Que toute joie est sombre à qui veut la sonder,
Et qu'aux plus clairs endroits, et pour trop regarder
Le lac d'argent, paisible, au cours insaisissable,
On découvre sous l'eau de la boue et du sable.

  Mais comme au lac profond et sur son limon noir
Le ciel se réfléchit, vaste et charmant à voir,
Et, déroulant d'en haut la splendeur de ses voiles,
Pour décorer l'abîme, y sème les étoiles,
Tel dans ce fond obscur de notre humble destin
Se révèle l'espoir de l'éternel matin;
Et quand sous l'œil de Dieu l'on s'est mis de bonne heure,
Quand on s'est fait une âme où la vertu demeure;
Quand, morts entre nos bras, les parents révérés
Tout bas nous ont bénis avec des mots sacrés;
Quand nos enfants, nourris d'une douceur austère,
Continueront le bien après nous sur la terre;
Quand un chaste devoir a réglé tous nos pas,
Alors on peut encore être heureux ici-bas;
Aux instants de tristesse on peut, d'un œil plus ferme,
Envisager la vie et ses biens et leur terme,
Et ce grave penser, qui ramène au Seigneur,
Soutient l'âme et console au milieu du bonheur.

Mai 1829.

II

A M. VIGUIER

> Dicebam hæc et flebam amarissimæ contritione cordis mei; et ecce audio vocem de vicina domo cum cantu dicentis et crebro repetentis, quasi pueri an puellæ nescio : *Tolle, lege! tolle, lege!*
> Saint Augustin, *Confess.*, liv. VIII.

Au temps des Empereurs, quand les Dieux adultères,
Impuissants à garder leur culte et leurs mystères,
Pâlissaient, se taisaient sur l'autel ébranlé
Devant le Dieu nouveau dont on avait parlé,
En ces jours de ruine et d'immense anarchie
Et d'espoir renaissant pour la terre affranchie,
Beaucoup d'esprits, honteux de croire et d'adorer,
Avides, inquiets, malades d'ignorer,
De tous lieux, de tous rangs, avec ou sans richesse,
S'en allaient par le monde et cherchaient la sagesse.
A pied, ou sur des chars brillants d'ivoire et d'or,
Ou sur une trirème embarquant leur trésor,
Ils erraient : Antioche, Alexandrie, Athènes
Tour à tour leur montraient ces lueurs incertaines
Qui, dès qu'un œil humain s'y livre et les poursuit,
Toujours, sans l'éclairer, éblouissent sa nuit.
Platon les guide en vain dans ses cavernes sombres ;
En vain de Pythagore ils consultent les nombres ;
La science les fuit ; ils courent au-devant,
Esclaves de quiconque ou la donne ou la vend.
Du Stoïcien menteur, du Cynique en délire,
Dans leur main, chaque fois, le manteau se déchire.

Puis, par instants, lassés de leur secret tourment,
Exhalant en soupirs leur désenchantement,
Au bord d'une fontaine, au pied d'un sycomore,
Des jours entiers, assis, leur ennui les dévore;
Le dégoût les irrite aux désirs malfaisants,
Et, pour dompter leur âme, ils soulèvent leurs sens.
Et bientôt les voilà, ces enfants du Portique,
Ces nobles orphelins de la sagesse antique,
Les voilà, ces amants du vrai, du bien, du beau,
Dormant dans la débauche ainsi qu'en un tombeau;
Les voilà sans couronne, épars sous des platanes,
Dans le vin, pêle-mêle, aux bras des courtisanes,
Rêvant après la vie un éternel sommeil :
Quelle honte demain en face du soleil!
Ainsi leur vie allait folle et désespérée.
Mais un jour qu'en leur cœur la chasteté rentrée,
Plus humble, et rappelant les efforts commencés,
Les avait fait rougir des plaisirs insensés,
Qu'ils s'étaient repentis avec tristesse et larmes,
Résolus désormais de veiller sous les armes;
Qu'à tout hasard au Ciel leur âme avait crié,
— Crié vers toi, Seigneur! — et qu'ils avaient prié;
Ce jour, ou quelque jour à celui-là semblable,
Quand le pauvre contrit, près des flots, sur le sable,
S'agitait à grands pas, ou, tâchant d'oublier,
Comptait dans un jardin les feuilles d'un figuier,
Tout d'un coup une voix, on ne sait d'où venue,
Que la vague apportait ou que jetait la nue,
Lui disait : *Prends et lis!* et le livre entr'ouvert
Était là, comme on voit la colombe au désert;
— Ou c'était un buisson qui prenait la parole;
— Ou c'était un vieillard avec une auréole,
Qui d'un mot apaisait ces cœurs irrésolus,
Et qui disparaissait, et qu'on n'oubliait plus.

Et moi, comme eux, Seigneur, je m'écrie et t'implore,
Et nul signe d'en haut ne me répond encore;
Comme eux j'erre incertain, en proie aux sens fougueux,
Cherchant la vérité, mais plus coupable qu'eux;
Car je l'avais, Seigneur, cette vérité sainte :
Nourri de ta parole, élevé dans l'enceinte
Où croissent sous ton œil tes enfants rassemblés,
Mes plus jeunes désirs furent par toi réglés;
Ton souffle de mon cœur purifia l'argile;
Tu le mis sur l'autel comme un vase fragile,
Et les grands jours, au bruit des concerts frémissants,
Tu l'emplissais de fleurs, de parfums et d'encens.
Tu m'aimais entre tous; et ces dons qu'on désire,
Ce pouvoir inconnu qu'on accorde à la lyre,
Cet art mystérieux de charmer par la voix,
Si l'on dit que je l'ai, Seigneur, je te le dois;
Tu m'avais animé pour chanter tes merveilles,
Comme le rossignol qui chante quand tu veilles.
Qu'ai-je fait de tes dons? — J'ai blasphémé, j'ai fui;
Au camp du Philistin la lampe sainte a lui :
L'orgue impie a chassé l'air divin qui l'inspire,
Et le pavé du temple a parlé pour maudire.
Grâce! j'ai trop péché : tout fier de ma raison,
Plus ivre qu'un esclave échappé de prison,
J'ai rougi, j'ai menti des tiens et de toi-même,
Et de moi; j'ai juré que j'étais sans baptême;
J'ai tenté bien des cœurs à de mauvais combats;
Lorsque passait un mort, je ne m'inclinais pas.
Tu m'as puni, Seigneur : — un jour qu'à l'ordinaire
Sans pudeur outrageant ta harpe et ton tonnerre,
Comme un enfant moqueur, sur l'abîme emporté,
Je roulais glorieux dans mon impiété,
Ta colère s'émut, et, soufflant sans orage,
Enleva mon orgueil ainsi qu'un vain nuage;

La glace où je glissais rompit sous mon traîneau,
Et le roc sous ma main se fondit comme une eau.
Depuis ce temps, déchu, noirci de fange immonde,
Sans ciel et sans soleil, égaré dans le monde,
Quand parfois trop d'ennui me possède, je cours
Comme les chiens errants qu'on voit aux carrefours.
Je ne respire plus l'air frais des eaux limpides;
Tous mes sens révoltés m'entraînent, plus rapides
Que le poulain fumant qui s'effraie et bondit,
Ou la mule sans frein d'un Absalon maudit.
Oh! si c'était là tout! l'on pourrait vivre encore
Et croupir du sommeil d'un être qui s'ignore;
On pourrait s'étourdir. Mais aux pires instants,
L'immortelle pensée en sillons éclatants,
Comme un feu des marais, jaillit de cette fange,
Et, remplissant nos yeux, nous éclaire et se venge.
Alors, comme en dormant on rêve quelquefois
Qu'on est dans une plaine aride, ou dans un bois,
Ou sur un mont désert, et l'on s'entend poursuivre
Par des brigands armés, et, plein d'amour de vivre,
De sentiers en sentiers, de sommets en sommets,
L'on va, l'on va toujours, sans avancer jamais,
De même, en ces moments d'angoisse et de détresse,
Par mille affreux efforts notre âme se redresse
Pour remonter à Dieu; mais son espoir est vain!
— Et pourtant, ce n'est pas, Maître bon et divin,
Sur des vaisseaux, des chars à la course roulante,
Ce n'est pas en marchant plus rapide ou plus lente,
Que l'âme en peine arrive au ciel avant le soir;
Pour arriver à toi, c'est assez de vouloir.
Je voudrais bien, Seigneur; je veux; pourquoi ne puis-je?
Je m'y perds, soutiens-moi; mets fin à ce prodige,
Sauve à mon repentir un doute insidieux,
O très-grand, ô très-bon, miséricordieux!

C'est sans doute qu'en moi la coupable nature
Aime en secret son mal, chérit sa pourriture,
Espère réveiller le vieil homme endormi,
Et qu'en croyant vouloir je ne veux qu'à demi.
Non, tout entier, je veux; — sur mon âme apaisée
Verse d'en haut, Seigneur, ta manne et la rosée;
Couvre-moi de ton œil; tends-moi la main, et rends
Le silence et le calme à mes sens murmurants.
Repétris sous tes doigts mon argile odorante;
Que, douce comme un chant au lit d'une mourante,
Ma voix redise encor ton nom durant les nuits;
Ainsi de moi bientôt fuiront tous les ennuis;
Ainsi, comme autrefois, la prière et l'étude
De leurs rameaux unis cloront ma solitude;
Ainsi, grave et pieux, loin, bien loin des humains,
Je cacherai ma vie en de secrets chemins,
Sous un bois, près des eaux; et là, dans ma pensée,
Regardant par delà mon ivresse insensée,
Je reverrai les ans chers à mon souvenir
Comme un tableau souillé qu'on vient de rajeunir;
Et, soit que la bonté du Maître que j'adore,
Un matin de printemps, sur mon seuil fasse éclore
Une vierge au front pur, au doux sein velouté,
Qui me donne à cueillir les fruits de sa beauté;
Soit que jusqu'au tombeau, pèlerin sur la terre,
J'achève sans m'asseoir ma traite solitaire;
Que mon corps se flétrisse, avant l'âge penché,
Et que je sois puni par où j'ai trop péché,
Qu'importe, ô Dieu clément! ta tendresse est la même;
Tu fais tout pour le bien avec l'enfant qui t'aime;
Tu sauves en frappant; — tu m'auras retiré
Du profond de l'abîme, et je te bénirai.

Juin 1829.

III

A M. AUGUSTE LE PRÉVOST

> Quis memorabitur tui post mortem et
> quis orabit pro te?
> *De Imit. Christi*, lib. I, cap. xxiii.

Dans l'île Saint-Louis, le long d'un quai désert,
L'autre soir je passais; le ciel était couvert,
Et l'horizon brumeux eût paru noir d'orages,
Sans la fraîcheur du vent qui chassait les nuages;
Le soleil se couchait sous de sombres rideaux;
La rivière coulait verte entre les radeaux;
Aux balcons çà et là quelque figure blanche
Respirait l'air du soir; — et c'était un dimanche.
Le dimanche est pour nous le jour du souvenir;
Car, dans la tendre enfance, on aime à voir venir,
Après les soins comptés de l'exacte semaine
Et les devoirs remplis, le soleil qui ramène
Le loisir et la fête, et les habits parés,
Et l'église aux doux chants, et les jeux dans les prés;
Et plus tard, quand la vie, en proie à la tempête,
Ou stagnante d'ennui, n'a plus loisir ni fête,
Si pourtant nous sentons, aux choses d'alentour,
A la gaîté d'autrui, qu'est revenu ce jour,
Par degrés attendris jusqu'au fond de notre âme,
De nos beaux ans brisés nous renouons la trame,
Et nous nous rappelons nos dimanches d'alors,
Et notre blonde enfance, et ses riants trésors.
Je rêvais donc ainsi, sur ce quai solitaire,

A mon jeune matin si voilé de mystère,
A tant de pleurs obscurs en secret dévorés,
A tant de biens trompeurs ardemment espérés,
Qui ne viendront jamais,... qui sont venus peut-être!
En suis-je plus heureux qu'avant de les connaître?
Et, tout rêvant ainsi, pauvre rêveur, voilà
Que soudain, loin, bien loin, mon âme s'envola,
Et d'objets en objets, dans sa course inconstante,
Se prit aux longs discours que feu ma bonne tante
Me tenait, tout enfant, durant nos soirs d'hiver,
Dans ma ville natale, à Boulogne-sur-Mer.
Elle m'y racontait souvent, pour me distraire,
Son enfance, et les jeux de mon père, son frère,
Que je n'ai pas connu; car je naquis en deuil,
Et mon berceau d'abord posa sur un cercueil.
Elle me parlait donc, et de mon père, et d'elle;
Et ce qu'aimait surtout sa mémoire fidèle,
C'était de me conter leurs destins entraînés
Loin du bourg paternel où tous deux étaient nés.
De mon antique aïeul je savais le ménage,
Le manoir, son aspect et tout le voisinage;
La rivière coulait à cent pas près du seuil;
Douze enfants (tous sont morts!) entouraient le fauteuil,
Et je disais les noms de chaque jeune fille,
Du curé, du notaire, amis de la famille,
Pieux hommes de bien, dont j'ai rêvé les traits,
Morts pourtant sans savoir que jamais je naîtrais.

Et tout cela revint en mon âme mobile,
Ce jour que je passais le long du quai, dans l'île.

Et bientôt, au sortir de ces songes flottants,
Je me sentis pleurer, et j'admirai longtemps
Que de ces hommes morts, de ces choses vieillies

De ces traditions par hasard recueillies,
Moi, si jeune et d'hier, inconnu des aïeux,
Qui n'ai vu qu'en récits les images des lieux,
Je susse ces détails, seul peut-être sur terre,
Que j'en gardasse un culte en mon cœur solitaire,
Et qu'à propos de rien, un jour d'été, si loin
Des lieux et des objets, ainsi j'en prisse soin,
Hélas! pensai-je alors, la tristesse dans l'âme,
Humbles hommes, l'oubli sans pitié nous réclame,
Et, sitôt que la mort nous a remis à Dieu,
Le souvenir de nous ici nous survit peu;
Notre trace est légère et bien vite effacée;
Et moi, qui de ces morts garde encor la pensée,
Quand je m'endormirai comme eux, du temps vaincu,
Sais-je, hélas! si quelqu'un saura que j'ai vécu?
Et poursuivant toujours, je disais qu'en la gloire,
En la mémoire humaine, il est peu sûr de croire,
Que les cœurs sont ingrats, et que bien mieux il vaut
De bonne heure aspirer et se fonder plus haut,
Et croire en Celui seul qui, dès qu'on le supplie,
Ne nous fait jamais faute, et qui jamais n'oublie.

Juillet 1829.

IV

A MON AMI ULRIC GUTTINGUER

> Dilata me in amore, ut discam interiori
> cordis ore quam suave sit amare et in
> amore liquefieri et natare.
> *De Imit. Christi*, lib. III, cap. v.

Depuis que de mon Dieu la bonté paternelle
Baigna mon cœur enfant de tendresse et de pleurs
Alluma le désir au fond de ma prunelle,
Et me ceignit le front de pudiques couleurs;

Et qu'il me dit d'aller vers les filles des hommes
Comme une mère envoie un enfant dans un pré
Ou dans un verger mûr, et des fleurs ou des pommes
Lui permet de cueillir la plus belle à son gré;

Bien souvent depuis lors, inconstant et peu sage,
En ce doux paradis j'égarai mes amours;
A chaque fruit charmant qui tremblait au passage,
Tenté de le cueillir, je retardais toujours.

Puis, j'en voyais un autre et je perdais mémoire :
C'étaient des seins dorés et plus blonds qu'un miel pur;
D'un front pâli j'aimais la chevelure noire;
Des yeux bleus m'ont séduit à leur paisible azur.

J'ai, changeant tour à tour de faiblesse et de flamme,
Suivi bien des regards, adoré bien des pas,

Et plus d'un soir, rentrant, le désespoir dans l'âme,
Un coup d'œil m'atteignit que je ne cherchais pas.

Caprices! vœux légers! Lucile, Natalie,
Toi qui mourus, Emma, fantômes chers et doux,
Et d'autres que je sais et beaucoup que j'oublie,
Que de fois pour toujours je me crus tout à vous!

Mais comme un flot nouveau chasse le flot sonore,
Comme passent des voix dans un air embaumé,
Comme l'aube blanchit et meurt à chaque aurore,
Ainsi rien ne durait... et je n'ai point aimé!

Non, jamais, non l'amour, l'amour vrai, sans mensonge,
Ses purs ravissements en un cœur ingénu,
Et l'unique pensée où sa vertu nous plonge,
Et le choix éternel... je ne l'ai pas connu!

Et si, trouvant en moi cet ennui que j'évite,
Retombé dans le vide et las des longs loisirs,
Pour dévorer mes jours et les tarir plus vite,
J'ai rabaissé mon âme aux faciles plaisirs;

Si, touché des cris sourds de la chair qui murmure,
Sans attendre, ô mon Dieu, le fruit vermeil et frais,
J'ai mordu dans la cendre et dans la pourriture,
Comme un enfant glouton, pour m'assoupir après;

Pardonne à mon délire, à l'affreuse pensée
D'une mort sans réveil et d'une nuit sans jour,
A mon vœu de m'éteindre en ma joie insensée;
Pardonne : — tout cela, ce n'était pas l'amour.

Mais, depuis quelques soirs et vers l'heure où l'on rêve,
Je rencontre en chemin une blanche beauté ;
Elle est là quand je passe, et son front se relève,
Et son œil sur le mien semble s'être arrêté.

Comme un jeune asphodèle, au bord d'une eau féconde,
Elle penche à la brise et livre ses parfums ;
Sa main, comme un beau lis, joue à sa tête blonde ;
Sa prunelle rayonne à travers des cils bruns.

Comme sur un gazon, sur sa tempe bleuâtre
Les flots de ses cheveux sont légers à couler ;
Dans le vase, à travers la pâleur de l'albâtre,
On voit trembler la lampe et l'âme étinceler.

Souvent, en vous parlant, quelque rêveuse image
Tout à coup sur son front et dans ses yeux voilés
Passe, plus prompte à fuir qu'une ombre de nuage
Qui par un jour serein court aux cimes des blés.

Ses beaux pieds transparents, nés pour fouler la rose,
Plus blancs que le satin qui les vient enfermer,
Plus doux que la senteur dont elle les arrose,
Je les ai vus... Mon Dieu, fais que je puisse aimer !

Aimer, c'est croire en toi, c'est prier avec larmes
Pour l'angélique fleur éclose en notre nuit,
C'est veiller quand tout dort, et respirer ses charmes,
Et chérir sur son front ta grâce qui reluit ;

C'est, quand autour de nous le genre humain en troupe
S'agite éperdument pour le plaisir amer,
Et sue, et boit ses pleurs dans le vin de sa coupe,
Et se rue à la mort comme un fleuve à la mer,

C'est trouver en soi seul ces mystiques fontaines,
Ces torrents de bonheur qu'a chantés un saint Roi;
C'est passer du désert aux régions certaines,
Tout entiers l'un à l'autre, et tous les deux dans toi;

C'est être chaste et sobre, et doux avec courage;
C'est ne maudire rien quand ta main a béni;
C'est croire au ciel serein, à l'éclair dans l'orage,
C'est vouloir qu'ici-bas tout ne soit pas fini;

C'est, lorsqu'au froid du soir, aux approches de l'ombre,
Le couple voyageur s'est assis pour gémir,
Et que la mort sortant, comme un hôtelier sombre,
Au plus lassé des deux a crié de dormir;

C'est, pour l'inconsolé qui poursuit solitaire,
Être mort et dormir dans le même tombeau;
Plus que jamais c'est vivre au delà de la terre,
C'est voir en songe un Ange avec un saint flambeau.

Juillet 1829.

V

A MADAME V. H.

Un nuage a passé sur notre amitié pure;
Un mot dit en colère, une parole dure
A froissé votre cœur, et vous a fait penser
Qu'un jour mes sentiments se pourraient effacer

Pour la première fois, Vous, prudente et si sage,
Vous avez cru prévoir, comme dans un présage,
Qu'avant mon lit de mort, mon amitié pour vous,
Oui, Madame, pour vous et votre illustre époux,
Amitié que je porte et si fière et si haute,
Pourrait un jour sécher et périr par ma faute.
Doute amer! votre cœur l'a sans crainte abordé;
Vous en avez souffert, mais vous l'avez gardé;
Et tantôt là-dessus, triste et d'un ton de blâme,
Vous avez dit ces mots, qui m'ont pénétré l'âme :
« En cette vie, hélas! rien n'est constant et sûr;
« Le ver se glisse au fruit, dès que le fruit est mûr;
« L'amitié se corrompt; tout est rêve et chimère;
« On n'a pour vrais amis que son père et sa mère,
« Son mari, ses enfants, et Dieu par-dessus tous.
« Quant à ces autres biens qu'on estime si doux,
« S'entr'aider, se chérir, croire à des cœurs fidèles,
« Voir en des yeux amis briller des étincelles,
« Ce sont de faux semblants auxquels je n'ai plus foi;
« La vie est une foule où chacun tire à soi. »
Oui, vous avez dit vrai; l'amitié n'est pas sûre;
Mais, en me le disant, pourquoi me faire injure?
Pourquoi, lorsqu'ici-bas, à l'ennui condamné,
Las de soi-même, on s'est à quelque autre donné;
Qu'en cet autre on a mis son âme et sa tendresse,
Ses foyers, son orgueil et toute sa jeunesse;
Qu'assis sur le tillac, à demi défailli,
Comme un pauvre nageur en passant recueilli,
On a juré de suivre aux mers les plus profondes
Le noble pavillon qui nous sauva des ondes;
Lorsqu'autre part qu'en nous notre espoir refleurit;
Lorsque pour l'être aimé, pour tous ceux qu'il chérit,
Pour leur salut, leur gloire ou pour leur moindre envie,
A toute heure, on est prêt à dépenser sa vie;

Pourquoi venir alors nous dire que la foi
Est morte aux cœurs humains ; que chacun tire à soi ;
Qu'entre les amitiés aucune n'est durable ;
Et pour un tort léger parler d'irréparable?
L'irréparable, hélas ! savez-vous ce que c'est,
Vous que le Ciel bénit ? malheur à qui le sait !
Une fille à quinze ans, fraîche, belle, parée,
Et tout d'un coup ravie à sa mère éplorée ;
Un père moribond, et que le froid raidit
Avant qu'il ait dit grâce au fils qu'il a maudit ;
Une vierge séduite et puis abandonnée,
Un souvenir sanglant dans notre destinée,
Un remords étalé sur un front endormi,
Quelque mortel outrage à l'honneur d'un ami :
Voilà l'irréparable ! et ce seul mot nous brise !
Mais aux coups plus légers le cœur se cicatrise ;
Et quand on vit, qu'on s'aime, et que l'un a pleuré,
On pardonne, on oublie et tout est réparé.

Juillet 1829.

VI

A M. A..... DE L..... (LAMARTINE.)

Le jour que je vous vis pour la troisième fois,
C'était en juin dernier, voici bientôt deux mois ;
Vous en souviendrez-vous ? j'ose à peine le croire,
Mais ce jour à jamais emplira ma mémoire ;

Après nous être un peu promenés seul à seul,
Au pied d'un marronnier ou sous quelque tilleul
Nous vînmes nous asseoir, et longtemps nous causâmes
De nous, des maux humains, des besoins de nos âmes;
Moi surtout, moi plus jeune, inconnu, curieux,
J'aspirais vos regards, je lisais dans vos yeux,
Comme aux yeux d'un ami qui vient d'un long voyage;
Je rapportais au cœur chaque éclair du visage;
Et dans vos souvenirs ceux que je choisissais,
C'était votre jeunesse, et vos premiers accès
D'abord flottants, obscurs, d'ardente poésie,
Et les égarements de votre fantaisie,
Vos mouvements sans but, vos courses en tout lieu,
Avant qu'en votre cœur le démon fût un Dieu.
Sur la terre jeté, manquant de lyre encore,
Errant, que faisiez-vous de ce don qui dévore?
Où vos pleurs allaient-ils? par où montaient vos chants?
Sous quels antres profonds, par quels brusques penchants
S'abîmait loin des yeux le fleuve? Quels orages
Ce soleil chauffait-il derrière les nuages?
Ignoré de vous-même et de tous, vous alliez...
Où? dites? parlez-moi de ces temps oubliés.
Enfant, Dieu vous nourrit de sa sainte parole:
Mais bientôt le laissant pour un monde frivole,
Et cherchant la sagesse et la paix hors de lui,
Vous avez poursuivi les plaisirs par ennui;
Vous avez, loin de vous, couru mille chimères,
Goûté les douces eaux et les sources amères,
Et sous des cieux brillants, sur des lacs embaumés,
Demandé le bonheur à des objets aimés.
Bonheur vain! fol espoir! délire d'une fièvre!
Coupe qu'on croyait fraîche et qui brûle la lèvre!
Flocon léger d'écume, atome éblouissant
Que l'esquif fait jaillir de la vague en glissant!

Filet d'eau du désert que boit le sable aride!
Phosphore des marais, dont la fuite rapide
Découvre plus à nu l'épaisse obscurité
De l'abîme sans fond où dort l'éternité!
Oh! quand je vous ai dit à mon tour ma tristesse,
Et qu'aussi j'ai parlé des jours pleins de vitesse,
Ou de ces jours si lents qu'on ne peut épuiser,
Goutte à goutte tombant sur le cœur sans l'user;
Que je n'avais au monde aucun but à poursuivre;
Que je recommençais chaque matin à vivre;
Oh! qu'alors sagement et d'un ton fraternel
Vous m'avez par la main ramené jusqu'au Ciel!
« Tel je fus, disiez-vous: cette humeur inquiète,
« Ce trouble dévorant au cœur de tout poëte,
« Et dont souvent s'égare une jeunesse en feu,
« N'a de remède ici que le retour à Dieu;
« Seul il donne la paix, dès qu'on rentre en la voie;
« Au mal inévitable il mêle un peu de joie,
« Nous montre en haut l'espoir de ce qu'on a rêvé,
« Et sinon le bonheur, le calme est retrouvé. »

Et souvent depuis lors, en mon âme moins folle,
J'ai mûrement pesé cette simple parole;
Je la porte avec moi, je la couve en mon sein,
Pour en faire germer quelque pieux dessein.
Mais quand j'en ai longtemps échauffé ma pensée,
Que la Prière en pleurs, à pas lents avancée,
M'a baisé sur le front comme un fils, m'enlevant
Dans ses bras, loin du monde, en un rêve fervent,
Et que j'entends déjà dans la sphère bénie
Des harpes et des voix la douceur infinie,
Voilà que de mon âme, alentour, au dedans,
Quelques funestes cris, quelques désirs grondants
Éclatent tout à coup, et d'en haut je retombe.

Plus bas dans le péché, plus avant dans la tombe!
— Et pourtant aujourd'hui qu'un radieux soleil
Vient d'ouvrir le matin à l'Orient vermeil;
Quand tout est calme encor, que le bruit de la ville
S'éveille à peine autour de mon paisible asile;
A l'instant où le cœur aime à se souvenir,
Où l'on pense aux absents, aux morts, à l'avenir,
Votre parole, ami, me revient et j'y pense;
Et consacrant pour moi le beau jour qui commence,
Je vous renvoie à vous ce mot que je vous dois,
A vous, sous votre vigne, au milieu des grands bois.
Là désormais, sans trouble, au port après l'orage,
Rafraîchissant vos jours aux fraîcheurs de l'ombrage,
Vous vous plaisez aux lieux d'où vous étiez sorti;
Que verriez-vous de plus? vous avez tout senti.
Les heures qu'on maudit et celles qu'on caresse
Vous ont assez comblé d'amertume ou d'ivresse.
Des passions en vous les rumeurs ont cessé;
De vos afflictions le lac est amassé;
Il ne bouillonne plus; il dort, il dort dans l'ombre,
Au fond de vous, muet, inépuisable et sombre;
A l'entour un esprit flotte, et de ce côté
Les lieux sont revêtus d'une triste beauté.
Mais ailleurs, mais partout, que la lumière est pure!
Quel dôme vaste et bleu couronne la verdure;
Et combien cette voix pleure amoureusement!
Vous chantez, vous priez, comme Abel, en aimant;
Votre cœur tout entier est un autel qui fume,
Vous y mettez l'encens et l'éclair le consume;
Chaque ange est votre frère, et, quand vient l'un d'entre eux,
En vous il se repose, — ô grand homme, homme heureux!

Juillet 1829.

Depuis que cette pièce a été adressée à notre illustre poète, un affreux malheur (1) est venu la démentir, et montrer que pour le *grand homme heureux*, tout *le lac des afflictions* n'était pas *amassé* ; il y manquait une goutte encore, et la plus amère.

Janvier 1830.

VII

SONNET

L'autre nuit, je veillais dans mon lit sans lumière,
Et la verve en mon sein à flots silencieux
S'amassait, quand soudain, frappant du pied les cieux,
L'éclair, comme un coursier à la pâle crinière,

Passa ; la foudre en char retentissait derrière,
Et la terre tremblait sous les divins essieux :
Et tous les animaux, d'effroi religieux
Saisis, restaient chacun tapis dans leur tanière.

Mais moi, mon âme en feu s'allumait à l'éclair ;
Tout mon sein bouillonnait, et chaque coup dans l'air
A mon front trop chargé déchirait un nuage.

J'étais dans ce concert un sublime instrument ;
Homme, je me sentais plus grand qu'un élément,
Et Dieu parlait en moi plus haut que dans l'orage.

Août 1829.

(1) La mort de sa mère, brûlée dans un bain par accident.

VIII

A ERNEST FOUINET

> Nondum amabam, et amare amabam,
> quærebam quid amarem, amans amare.
> SAINT AUGUSTIN, *Confess.*

Naître, vivre et mourir dans la même maison;
N'avoir jamais changé de toit ni d'horizon;
S'être lié tout jeune aux vœux du sanctuaire;
Vierge, voiler son front comme d'un blanc suaire,
Et confiner ses jours silencieux, obscurs,
A l'enclos d'un jardin fermé de tristes murs;
Ou dans un sort plus doux, mais non moins monotone,
Vieillir sans rien trouver dont notre âme s'étonne;
Ne pas quitter sa mère et passer à l'époux
Qui vous avait tenue, enfant, sur ses genoux;
Aux yeux des grands parents, élever sa famille;
Voir les fils de ses fils sous la même charmille
Où jadis on avait joué devant l'aïeul;
Homme, vivre ignoré, modeste, pauvre et seul,
Sans voyager, sentir, ni respirer à l'aise,
Ni donner plein essor à ce cœur qui vous pèse;
Dans son quartier natal compter bien des saisons,
Sans voir jaunir les bois où verdir les gazons;
Avec les mêmes goûts avoir sa même chambre,
Ses livres du collège et son poêle en décembre;
Sa fenêtre entr'ouverte en mai, se croire heureux
De regarder un lierre en un jardin pierreux;

Tout cela, puis mourir plus humblement encore,
Pleuré de quelques yeux, mais sans écho sonore,
Sans flambeau qui longtemps chasse l'oubli vaincu,
O mon cœur, toi qui sens, dis : est-ce avoir vécu? —
Pourquoi non? et pour nous qu'est-ce donc que la vie?
Quand aux jeux du foyer votre enfance ravie
Aurait franchi déjà bien des monts et des flots,
Et vu passer le monde en magiques tableaux;
Quand plus tard vous auriez égaré vos voyages,
Mêlé vos pleurs, vos cris au murmure des plages;
Semé de vous les mers, les cités, les chemins;
Loin d'aujourd'hui, d'hier, jeté vos lendemains
En avant au hasard, comme un coureur en nage
Lance un disque dans l'air qu'il rattrape au passage;
Quand, sinistre, orageux, étourdi de vos bruits,
Vous auriez, sous le vent, veillé toutes vos nuits;
Vous n'auriez pas vécu pour cela plus peut-être
Que tel cœur inconnu qu'un village a vu naître,
Qu'un cloître saint ensuite a du monde enlevé
Et qui pria vingt ans sur le même pavé;
Vous n'auriez pas senti plus de joie immortelle,
Plus d'amères douleurs; vous auriez eu plus qu'Elle
Des récits seulement à raconter, le soir.
Vivre, sachez-le bien, n'est ni voir ni savoir,
C'est sentir, c'est aimer; aimer, c'est là tout vivre :
Le reste semble peu pour qui lit à ce livre;
Sitôt que passe en nous un seul rayon d'amour,
L'âme entière est éclose, on la sait en un jour;
Et l'humble, l'ignorant, si le Ciel le convie
A ce mystère immense, aura connu la vie.
O vous, dont le cœur pur, dans l'ombre s'échauffant,
Aime ardemment un père, un époux, un enfant,
Une tante, une sœur; foule simple et bénie,
Qui savez où l'on va quand la vie est finie,

Qui savez comme on pleure, ou de joie ou de deuil,
Près d'un berceau vermeil ou sur un noir cercueil,
Et comme on aime Dieu même alors qu'il châtie,
Et comme la prière à l'âme repentie
Verse au pied de l'autel d'abondantes ferveurs,
Oh! n'enviez jamais ces inquiets rêveurs
Dont la vie ennuyée avec orgueil s'étale,
Ou s'agite sans but turbulente et fatale.
Seuls, ils croient tout sentir, délices et douleurs;
Seuls, ils croient dans la vie avoir le don des pleurs,
Avoir le sens caché de l'énigme divine,
Avoir goûté les fruits de l'arbre et sa racine,
Et, fiers de tout connaître, ils raillent en sortant;
O vous, plus humbles qu'eux, vous en savez autant!
L'Amour vous a tout dit dans sa langue sublime;
Il a dans vos lointains doré plus d'une cime,
Fait luire sous vos pieds plus d'un ciron d'azur,
Jeté plus d'une fleur aux bords de votre mur.
Au coucher du soleil, au lever de la lune,
Prêtant l'oreille aux bruits qu'on entend à la brune,
Ou l'œil sur vos tisons d'où la flamme jaillit,
Ou regardant, couché, le ciel de votre lit;
Ou, vierge du Seigneur, dans l'étroite cellule,
Sous la lampe de nuit dont la lueur ondule,
Adorant saintement et la Mère et le Fils,
Et, pour remède aux maux, baisant le crucifix;
Vous avez agité bien des rêves de l'âme;
Vous vous êtes donné ce que tout cœur réclame,
Des cœurs selon le vôtre, et vous avez pleuré
En remuant des morts le souvenir sacré.
Oh! moi, si jusqu'ici j'ai tant gémi sur terre,
Si j'ai tant vers le Ciel lancé de plainte amère,
C'est moins de ce qu'esclave, à ma glèbe attaché,
Je n'ai pu faire place à mon destin caché;

C'est moins de n'avoir pas visité ces rivages
Que des noms éternels peuplent de leurs images,
Où l'orange est si mûre, où le ciel est si bleu;
— C'est plutôt jusqu'ici d'avoir aimé trop peu!

Août 1829.

IX

À FONTANEY

> Cella continuata dulcescit, et male custo-
> dita tædium generat et vilescit. Si in prin-
> cipio conversionis tuæ bene eam incolue-
> ris et custodieris, erit tibi postea dilecta
> amica et gratissimum solatium.
> *De Imit. Christ.*, lib. I, cap. xx.

Ami, soit qu'emporté de passions sans nombre,
Après beaucoup de cris et de chutes dans l'ombre,
Comme aux jeux un vaincu qui détèle ses chars,
Vous arrêtiez votre âme, et de vos sens épars
Réprimiez la fureur trop longtemps effrénée;
Soit que, fermant carrière à votre destinée,
Le premier vent vous ait rejeté dans le port;
Qu'un amour malheureux, vous assaillant d'abord,
D'un voyage plus long vous ait ôté l'envie,
Et que, sans voir ouvrir, heurtant à cette vie,
Vous vous soyez, bien jeune, assis, le cœur en deuil,
Comme un amant, la nuit, qui s'assied sur un seuil;
Ou soit encor que, plein de candeur et de joie,
Vous cheminiez en paix dans votre douce voie,

De l'amour ignorant les dons ou la rigueur,
Et qu'homme vous viviez dans l'enfance du cœur;
— Ami, — si vous avez, aux champs, à la vallée,
Fait choix, pour y cacher une vie isolée,
Pour y mieux réfléchir à l'homme, à l'âme, à Dieu,
D'un toit simple et conforme aux ombrages du lieu;
Si, certain désormais de l'avoir pour demeure,
D'y consacrer au Ciel vos jours heure par heure,
Vous n'y voulez plus rien du monde et des combats
Où la chair nous égare, — Ami, n'en sortez pas.
Laissez ce monde vain s'agiter et bruire,
Ses rumeurs se choquer, gronder et se détruire;
Sa gloire luire et fondre, et sa félicité
Se gonfler, puis tarir, comme un torrent, l'été.
Ne précipitez plus ce flot noir et rapide
A travers le cristal de votre lac limpide;
Ne lancez plus vos chiens avec le sanglier
Dans la claire fontaine, amour du peuplier:
Mais restez, vivez seul; et bientôt le silence,
Ou le bruit des rameaux que la brise balance,
La couleur de la feuille aux arbres différents,
Les reflets du matin dans les flots transparents,
Ou, plus près, le jardin devant votre fenêtre,
Votre chambre et ses murs, et moins encor peut-être,
Tout vous consolera; tout, s'animant pour vous,
Vous tiendra sans parole un langage bien doux,
Comme un ami discret qui, la tête baissée,
Sans rien dire comprend et suit votre pensée.
La solitude est chère à qui jamais n'en sort;
Elle a mille douceurs qui rendent calme et fort.
Oh! j'ai rêvé toujours de vivre solitaire
En quelque obscur débris d'antique monastère,
D'avoir ma chambre sombre, et, sous d'épais barreaux,
Une fenêtre étroite et taillée à vitraux,

Et quelque lierre autour, quelque mousse furtive
Qui perce le granit et festonne l'ogive;
Et frugal, ne vivant que de fruits et de pain,
De mes coudes usant ma table de sapin,
Dans mon fauteuil de chêne aux larges clous de cuivre
J'ai rêvé de vieillir avec plus d'un vieux livre.
On fouille avec bonheur au fond de ses tiroirs;
On a d'autres recoins mystérieux et noirs
Sous l'escalier tournant, près de la cheminée,
Où jamais on ne touche; où, depuis mainte année,
La poussière s'amasse incessamment et dort.
Ce demi-jour confus qui vient d'un corridor
Donne sur un réduit, où, dans un ordre étrange,
Mille objets de rebut, tout ce qui s'use et change,
Des papiers, des habits, un portrait effacé
Qui fut cher autrefois, un herbier commencé,
Pinceaux, flûte, poignards sur la même tablette,
Un violon perclus logé dans un squelette,
Tout ce qu'un docteur Faust entasse en son fouillis
Se retrouve, et nous rend des temps déjà vieillis.
Si parfois, de loisir, ou cherchant quelque chose,
On entre là dedans, et que l'œil s'y repose
Tirant de chaque objet un peu de souvenir,
Comme en nous le passé va vite revenir!
Comme on s'égare encore en songes diaphanes!
Comme les jours enfuis des passions profanes,
Des danses, des concerts, des querelles d'amour,
De l'étude adorée et quittée à son tour,
Jours d'inconstance aimable où la faute a des charmes,
S'éveillent en riant à nos yeux pleins de larmes!
Combien le seul aspect d'un vêtement usé
Peut rajeunir un cœur qu'on croyait épuisé!
Non, jamais dans les bois, foulant l'herbe fleurie
Un soir d'automne, on n'eut plus fraîche rêverie.

Mais c'est peu du passé; tous ces restes poudreux,
Ces débris, où vont-ils? où vais-je derrière eux?
Tandis qu'en proie aux vers, et, parcelle à parcelle,
Ils retournent grossir la masse universelle;
Que, voltigeant d'abord au hasard et sans choix,
Puis retombant bientôt sous de secrètes lois,
Ils doivent, retrempés dans le courant des choses,
Changer, vivre peut-être, ou fleurir dans les roses,
Ou briller dans l'abeille, atomes éclatants,
Selon que le voudront la Nature et le Temps;
Moi qui suis là debout, qui les vois et qui pense,
Qui sens aussi qu'en moi la ruine commence,
Moi vieillard avant l'âge, aux cheveux déjà gris,
Et qui serai poussière avant tous ces débris,
Quand je porte le sort de mon âme immortelle,
Mourant, lui laisserai-je une chance moins belle?
La laisserai-je en risque, après l'exil humain,
D'errer comme un atome au bord d'un grand chemin,
Sans se mêler joyeuse au Dieu que tout adore,
Sans remonter jamais et sans jamais éclore?

Ainsi rien ne distrait un cœur religieux;
Les plus humbles sentiers le ramènent aux Cieux;
Sa vie est un parfum de lecture choisie,
De contemplation, d'austère poésie;
Il sait que la nuit vient, que les instants sont courts,
Et médite longtemps ce qui dure toujours.
O de l'homme pieux éclatante nature!
Noble sublimité dans une vie obscure!
Rembrandt, tu l'as comprise; et ton pinceau divin,
Tantôt puisant la flamme au front du Séraphin,
Tantôt rembrunissant sa couleur plus sévère,
Nous peint l'homme ici-bas qu'un jour lointain éclaire,
Le peint vieux, à l'étroit et manquant d'horizon,

Recueilli dans lui-même au fond de sa maison,
Courbé, passant les jours en lecture, en prière,
Et tourné du côté d'où lui vient la lumière.
Des plus cachés destins tu montres la hauteur;
Sous ta main le rayon sacré, consolateur,
Aux ténèbres se mêle et les dore au passage,
Comme l'Ange apportant à Tobie un message,
Comme une lampe sainte, ou l'étoile du soir
Annonçant aux bergers le Dieu qu'ils allaient voir.
C'est le symbole vrai des justes en ce monde;
Plus qu'à demi voilés d'obscurité profonde,
Toujours ils ont passé, Rembrandt, et passeront
Tout en noir et dans l'ombre, une lumière au front.

Août 1829

X

A MON AMI ÉMILE DESCHAMPS

> ... Thus our Curate, one whom all believe
> Pious and just, and for whose fate they grieve :
> All see him poor, but ev'n the vulgar know
> He merits love, and their respect bestow, etc., etc.
> CRABBE, *The Borough.*

Voici quatre-vingts ans, — plus ou moins, — qu'un curé,
Ou plutôt un vicaire, au comté de Surrey
Vivait, chétif et pauvre, et père de famille;
C'était un de ces cœurs dont l'excellence brille
Sur le front, dans les yeux, dans le geste et la voix;
Gibbon nous dit qu'il l'eut pour maître dix-huit mois,

Et qu'il garda toujours souvenir du digne homme.
Or le révérend John Kirkby, comme il le nomme,
A son élève enfant a souvent raconté
Qu'ayant vécu d'abord, dans un autre comté,
— Le Cumberland, je crois, — en été, solitaire,
Volontiers il allait, loin de son presbytère,
Rêver sur une plage où la mer mugissait ;
Et que là, sans témoins, simple il se délassait
A contempler les flots, le ciel et la verdure ;
A s'enivrer longtemps de l'éternel murmure ;
Et quand il avait bien tout vu, tout admiré,
A chercher à ses pieds sur le sable doré,
Pour rapporter joyeux, de retour au village,
A ses enfants chéris maint brillant coquillage.
Un jour surtout, un jour qu'en ce beau lieu rêvant,
Assis sur un rocher, le pauvre desservant
Voyait sous lui la mer, comme un coursier qui fume,
S'abattre et se dresser, toute blanche d'écume ;
En son âme bientôt par un secret accord,
Et soit qu'il se sentît faible et seul sur ce bord,
Suspendu sur l'abîme ; ou soit que dans cette onde
Il crût voir le tableau de la vie en ce monde ;
Soit que ce bruit excite à tristement penser ;
— En son âme il se mit, hélas ! à repasser
Les chagrins et les maux de son humble misère ;
Qu'à peine sa famille avait le nécessaire ;
Que la rente, et la dîme, et les meilleurs profits
Allaient au vieux Recteur, qui n'avait point de fils ;
Que, lui, courait, prêchait dans tout le voisinage,
Et ne gagnait que juste à nourrir son ménage ;
Et pensant de la sorte, au bord de cette mer,
Ses pleurs amèrement tombaient au flot amer.

Ce fut très-peu de temps après cette journée,

Que, s'efforçant de fuir la misère obstinée,
Il quitta sa paroisse et son comté natal,
Et vint dans le Surrey chercher trêve à son mal;
Et là le sort meilleur, prenant en main sa chaîne,
Lui permit quelque aisance après si dure gêne.
Dans la maison Gibbon logé, soir et matin
Il disait la prière, enseignait le latin
Au fils; puis, le dimanche et les grands jours qu'on chôme,
Il prêchait à l'église et chantait haut le psaume.
Une fois, par malheur (car il manque au portrait
De dire que notre homme était un peu distrait,
Distrait comme Abraham Adams ou Primerose).
Un jour donc, à l'église, il n'omit autre chose
Que de prier tout haut pour Georges II, le Roi!
Les temps étaient douteux; chacun tremblait pour soi;
Kirkby fut chassé vite, et plaint, selon l'usage.
Ce qu'il devint, lui veuf, quatre enfants en bas âge,
Et suspect, je l'ignore, et Gibbon n'en dit rien.
Il quitta le pays; mais ce que je sais bien,
C'est que, dût son destin rester dur et sévère,
Toujours il demeura bon chrétien, tendre père,
Soumis à son devoir, esclave de l'honneur,
Et qu'il mourut béni, bénissant le Seigneur.

Et maintenant pourquoi réveiller la mémoire
De cet homme, et tirer de l'oubli cette histoire?
Pourquoi? dans quel dessein? surtout en ce moment
Où la France, poussant un long gémissement,
Et retombée en proie aux factions parjures (1),
Assemble ses enfants autour de ses blessures?
Que nous fait aujourd'hui ce défunt d'autrefois?
Des pleurs bons à verser sous l'ombrage des bois,

---

(1) C'était le moment du ministère Polignac.

En suivant à loisir sa chère rêverie,
Se peuvent-ils mêler aux pleurs de la patrie?
Pourtant, depuis huit jours, ce vicaire inconnu,
M'est, sans cesse et partout, à l'âme revenu :
Tant nous tient le caprice, et tant la fantaisie
Est souveraine aux cœurs épris de poésie! —
Et d'ailleurs ce vicaire, homme simple et pieux,
Qui passa dans le monde à pas silencieux
Et souffrit en des temps si semblables aux nôtres,
Ne vaut-il pas qu'on pense à lui, plus que bien d'autres?
Oh! que si tous nos chefs, à leur tête le Roi,
Les élus du pays, les gardiens de la loi,
Nos généraux fameux et blanchis à la guerre,
Nos prélats, — enfin tous, — pareils à ce vicaire,
Et chacun dans le poste où Dieu le fit asseoir,
En droiture de cœur remplissaient leur devoir,
Oh! qu'on ne verrait plus la France désarmée
Remettre en jeu bonheur, puissance et renommée,
Et, saignante, vouloir et ne pouvoir guérir,
Et l'abîme d'hier, chaque jour se rouvrir!

Août 1829.

XI

SONNET

> Fallentis semita vitæ.
> HORACE.

Un grand chemin ouvert, une banale route
A travers vos moissons; tout le jour, au soleil
Poudreuse; dont le bruit vous ôte le sommeil;
Où la rosée en pleurs n'a jamais une goutte;

— Gloire, à travers la vie, ainsi je te redoute.
Oh! que j'aime bien mieux quelque sentier pareil
A ceux dont parle Horace, où je puis au réveil
Marcher au frais, et d'où, sans être vu, j'écoute!

Oh! que j'aime bien mieux dans mon pré le ruisseau
Qui murmure voilé sous les fleurs du berceau,
Qu'un fleuve résonnant dans un grand paysage!

Car le fleuve avec lui porte, le long des bords,
Promeneurs, mariniers; et les tonneaux des ports
Nous dérobent souvent le gazon du rivage.

Saint-Maur, août 1829.

XII

A DEUX ABSENTS

> Vois ce que tu es dans cette maison! tout pour tout. Tes amis te considèrent; tu fais souvent leur joie, et il semble à ton cœur qu'il ne pourrait exister sans eux. Cependant si tu partais, si tu t'éloignais de ce cercle, sentiraient-ils le vide que ta perte causerait dans leur destinée? et combien de temps?
> WERTHER.

Couple heureux et brillant, vous qui m'avez admis
Dès longtemps comme un hôte à vos foyers amis,
Qui m'avez laissé voir en votre destinée
Triomphante, et d'éclat partout environnée,
Le cours intérieur de vos félicités,
Voici deux jours bientôt que je vous ai quittés;
Deux jours, que seul, et l'âme en caprices ravie,
Loin de vous dans les bois j'essaie un peu la vie;
Et déjà sous ces bois et dans mon vert sentier
J'ai senti que mon cœur n'était pas tout entier;
J'ai senti que vers vous il revenait fidèle
Comme au pignon chéri revient une hirondelle,
Comme un esquif au bord qu'il a longtemps gardé;
Et, timide, en secret, je me suis demandé
Si, durant ces deux jours, tandis qu'à vous je pense,
Vous auriez seulement remarqué mon absence.
Car sans parler du flot qui gronde à tout moment,
Et de votre destin qu'assiége incessamment
La Gloire aux mille voix, comme une mer montante,
Et des concerts tombant de la nue éclatante

Où déjà par le front vous plongez à demi ;
Doux bruits, moins doux pourtant que la voix d'un ami ;
Vous, noble époux ; vous, femme, à la main votre aiguille,
A vos pieds vos enfants ; chaque soir, en famille,
Vous livrez aux doux riens vos deux cœurs reposés,
Vous vivez l'un dans l'autre et vous vous suffisez.
Et si quelqu'un survient dans votre causerie,
Qui sache la comprendre et dont l'œil vous sourie,
Il écoute, il s'assied, il devise avec vous,
Et les enfants joyeux vont entre ses genoux ;
Et s'il sort, s'il en vient un autre, puis un autre
(Car chacun se fait gloire et bonheur d'être vôtre),
Comme des voyageurs sous l'antique palmier,
Ils sont les bienvenus ainsi que le premier.
Ils passent : mais sans eux votre existence est pleine,
Et l'ami le plus cher, absent, vous manque à peine.
Le monde n'est pour vous, radieux et vermeil,
Qu'un atome de plus dans votre beau soleil,
Et l'Océan immense aux vagues apaisées
Qu'une goutte de plus dans vos fraîches rosées ;
Et bien que le cœur sûr d'un ami vaille mieux
Que l'Océan, le monde et les astres des cieux,
Ce cœur d'ami n'est rien devant la plainte amère
D'un nouveau-né souffrant ; et pour vous, père et mère,
Une larme, une toux, le front un peu pâli
D'un enfant adoré, met le reste en oubli.
C'est la loi, c'est le vœu de la sainte Nature ;
En nous donnant le jour : « Va, pauvre créature,
« Va, dit-elle, et prends garde au sortir de mes mains
« De trébucher d'abord dans les sentiers humains.
« Suis ton père et ta mère, attentif et docile ;
« Ils te feront longtemps une route facile :
« Enfant, tant qu'ils vivront, tu ne manqueras pas,
« Et leur ardent amour veillera sur tes pas.

« Puis, quand ces nœuds du sang relâchés avec l'âge
« T'auront laissé, jeune homme, au tiers de ton voyage,
« Avant qu'ils soient rompus et qu'en ton cœur fermé
« S'ensevelisse, un jour, le bonheur d'être aimé,
« Hâte-toi de nourrir quelque pure tendresse,
« Qui, plus jeune que toi, t'enlace et te caresse ;
« A tes nœuds presque usés joins d'autres nœuds plus forts ;
« Car que faire ici-bas, quand les parents sont morts,
« Que faire de son âme orpheline et voilée,
« A moins de la sentir d'autre part consolée,
« D'être père, et d'avoir des enfants à son tour,
« Que d'un amour jaloux on couve nuit et jour ? »
Ainsi veut la Nature, et je l'ai méconnue ;
Et quand la main du Temps sur ma tête est venue,
Je me suis trouvé seul, et j'ai beaucoup gémi,
Et je me suis assis sous l'arbre d'un ami.
O vous dont le platane a tant de frais ombrage,
Dont la vigne en festons est l'honneur du rivage,
Vous dont j'embrasse en pleurs et le seuil et l'autel,
Êtres chers, objets purs de mon culte immortel ;
Oh ! dussiez-vous de loin, si mon destin m'entraîne,
M'oublier, ou de près m'apercevoir à peine,
Ailleurs, ici, toujours, vous serez tout pour moi ;
— Couple heureux et brillant, je ne vis plus qu'en toi.

Saint-Maur, août 1829.

XIII

SONNET

IMITÉ DE WORDSWORTH

C'est un beau soir, un soir paisible et solennel ;
A la fin du saint jour, la Nature en prière
Se tait, comme Marie à genoux sur la pierre,
Qui tremblante et muette écoutait Gabriel :

La mer dort ; le soleil descend en paix du ciel ;
Mais dans ce grand silence, au-dessus et derrière,
On entend l'hymne heureux du triple sanctuaire,
Et l'orgue immense où gronde un tonnerre éternel.

O blonde jeune fille, à la tête baissée,
Qui marches près de moi, si ta sainte pensée
Semble moins que la mienne adorer ce moment,

C'est qu'au sein d'Abraham vivant toute l'année,
Ton âme est de prière, à chaque heure, baignée ;
C'est que ton cœur recèle un divin firmament.

Septembre 1829.

XIV

SONNET

IMITÉ DE WORDSWORTH

Les passions, la guerre ; une âme en frénésie,
Qu'un éclatant forfait renverse du devoir ;
Du sang ; des rois bannis, misérables à voir ;
Ce n'est pas là dedans qu'est toute poésie.

De soins plus doux la Muse est quelquefois saisie ;
Elle aime aussi la paix, les champs, l'air frais du soir,
Un penser calme et fort, mêlé de nonchaloir ;
Le lait pur des pasteurs lui devient ambroisie.

Assise au bord d'une eau qui réfléchit les cieux,
Elle aime la tristesse et ses élans pieux ;
Elle aime les parfums d'une âme qui s'exhale,

La marguerite éclose, et le sentier fuyant,
Et, quand Novembre étend sa brume matinale,
Une fumée au loin qui monte en tournoyant.

Septembre 1829.

XV

SONNET

IMITÉ DE WORDSWORTH

Quand le Poëte en pleurs, à la main une lyre,
Poursuivant les beautés dont son cœur est épris,
A travers les rochers, les monts, les prés fleuris,
Les nuages, les vents, mystérieux empire,

S'élance, et plane seul, et qu'il chante et soupire,
La foule en bas souvent, qui veut rire à tout prix,
S'attroupe, et l'accueillant au retour par des cris,
Le montre au doigt ; et tous, pauvre insensé, d'en rire !

Mais tous ces cris, Poëte, et ces rires d'enfants,
Et ces mépris si doux aux rivaux triomphants,
Que t'importe, si rien n'obscurcit ta pensée,

Pure, aussi pure en toi qu'un rayon du matin,
Que la goutte de pleurs qu'une vierge a versée,
Ou la pluie en avril sur la ronce et le thym !

Septembre 1829.

XVI

A V. H.

Ami, d'où nous viens-tu, tremblant, pâle, effaré,
Tes blonds cheveux épars et d'un blond plus doré,
Comme ceux que Rubens et Rembrandt à leurs anges
Donnent en leurs tableaux par des teintes étranges?
Ami, d'où nous viens-tu? d'où la froide sueur
De ta main qui me presse, et la blanche lueur
De ton front grand et haut comme s'il était chauve?
Ta prunelle est sanglante et ta paupière est fauve;
Ta voix tremble et frémit comme après un forfait;
Ton accent étincelle; — Ami, qu'as-tu donc fait?
Ah! oui, je le comprends, tu sors du sanctuaire;
Ton visage d'abord s'est collé sur la pierre;
Mais le Seigneur a dit, et ton effroi s'est tu;
Et tous les deux longtemps vous avez combattu;
Jacob et l'Étranger ont mêlé leurs haleines;
Mazeppa, le coursier t'a traîné par les plaines;
Honneur à toi, Poëte; — honneur à toi, vainqueur!
Oh! garde-les toujours, jeune homme au chaste cœur!
Garde-les sur ton front ces auréoles pures,
Et ne les ternis point par d'humaines souillures.
La sainte Poésie environne tes pas;
C'est le plus bel amour des amours d'ici-bas.
Oh! moi, qui vis en toi, qui t'admire et qui t'aime,
Qui vois avec orgueil grossir ton diadème,
Moi dont l'aspect t'est cher et dont tu prends la main,
Égaré de bonne heure, hélas! du droit chemin,

Si parfois mon accent vibre et mon œil éclaire,
C'est vaine passion, misérable colère,
Amour-propre blessé, que sais-je? — et si mon front
Se voile de pâleur, c'est plutôt un affront;
C'est que mon âme impure est ivre de mollesse;
C'est le signe honteux que le plaisir me laisse.

Septembre 1829.

XVII

A MON AMI LEROUX

Giunto è già 'l corso della vita mia, etc., etc.
Michel-Ange, *Sonetti*.

« Ma barque est tout à l'heure aux bornes de la vie;
« Le ciel devient plus sombre et le flot plus dormant;
« Je touche aux bords où vont chercher leur jugement
« Celui qui marche droit et celui qui dévie.

« Oh! quelle ombre ici-bas mon âme a poursuivie!
« Elle s'est fait de l'Art un monarque, un amant,
« Une idole, un veau d'or, un oracle qui ment:
« Tout est creux et menteur dans ce que l'homme envie.

« Aux abords du tombeau qui pour nous va s'ouvrir,
« O mon Ame, craignons de doublement mourir;
« Laissons là ces tableaux qu'un faux brillant anime;

« Plus de marbre qui vole en éclats sous mes doigts!
« Je ne sais qu'adorer l'adorable Victime
« Qui, pour nous recevoir, a mis les bras en croix. »

   Ainsi, vieux et mourant, s'écriait Michel-Ange;
Et son marbre à ses yeux était comme la fange,
Et sa peinture immense attachée aux autels,
Toute sainte aujourd'hui qu'elle semble aux mortels,
Lui semblait un rideau qui cache la lumière;
Détrompé de la gloire, il voulait voir derrière,
Et se sentait petit sous l'ombre du tombeau :
C'est bien, et ce mépris chez toi, grand homme, est beau!

   Tu te trompais pourtant. — Oui, le plaisir s'envole,
La passion nous ment, la gloire est une idole,
Non pas l'Art; l'Art sublime, éternel et divin,
Luit comme la Vertu; le reste seul est vain.
Avant, ô Michel-Ange, avant que les années
Eussent fait choir si bas tes forces prosternées,
Raidi tes bras d'athlète, et voilé d'un brouillard
Les couleurs et le jour au fond de ton regard,
Dis-nous, que faisais-tu? Parle haut et rappelle
Tant de travaux bénis, et plus d'une chapelle
Tout entière bâtie et peinte de tes mains,
Et les groupes en marbre, et les cris des Romains
Quand, admis et tombant à genoux dans l'enceinte,
Ils adoraient de Dieu partout la marque empreinte,
Lisaient leur jugement écrit sur les parois,
Baisaient les pieds d'un Christ descendu de la croix,
Et priant, et pleurant, et se frappant la tête,
Confessaient leurs péchés à la voix du prophète;
Car tu fus un prophète, un archange du ciel,
Et ton nom a dit vrai comme pour Raphaël.

Et Dante aussi, Milton et son aïeul Shakspeare,
Rubens, Rembrandt, Mozart, rois chacun d'un empire,
Tous ces mortels choisis, qui, dans l'humanité,
Réfléchissent le ciel par quelque grand côté,
Iront-ils, au moment d'adorer face à face
Le Soleil éternel devant qui tout s'efface,
Appeler feu follet l'astre qui les conduit,
Ou l'ardente colonne en marche dans leur nuit?
Moïse, chargé d'ans et prêt à rendre l'âme,
Des foudres du Sina renia-t-il la flamme?
Quand de Jérusalem le temple fut ouvert,
Qui donc méprisa l'arche et l'autel du désert?
Salomon pénitent, à qui son Dieu révèle
Les parvis lumineux d'une Sion nouvelle,
Et qui, les yeux remplis de l'immense clarté,
Ne voit plus ici-bas qu'ombre et que vanité,
Lui qui nomme en pitié chaque chose frivole,
Appelle-t-il jamais le vrai temple une idole?
Oh! non pas, Salomon; l'idole est dans le cœur;
L'idole est d'aimer trop la vigne et sa liqueur,
D'aimer trop les baisers des jeunes Sulamites;
L'idole est de bâtir au Dieu des Édomites,
De croire en son orgueil, de couronner ses sens,
D'irriter, tout le jour, ses désirs renaissants,
D'assoupir de parfums son âme qu'on immole;
Mais bâtir au Seigneur, ce n'est pas là l'idole.

Le Seigneur qui, jaloux de l'œuvre de ses mains,
Pour animer le monde y créa les humains,
Parmi ces nations, dans ces tribus sans nombre,
Sur qui passent les ans mêlés de jour et d'ombre,
A des temps inégaux suscite par endroits
Quelques rares mortels, grands, plus grands que les rois,
Avec un sceau brillant sur leurs têtes sublimes,

Comme il fit au désert les hauts lieux et les cimes.
Mais les hauts lieux, les monts que chérit le soleil,
Qu'il abandonne tard et retrouve au réveil,
Connaissent, chaque nuit, des heures de ténèbres,
Et l'horreur se déchaîne en leurs antres funèbres,
Tandis que sur ces fronts, hauts comme des sommets,
Le mystique Soleil ne se couche jamais.
Sans doute, dans la vie, à travers le voyage,
Il s'y pose souvent plus d'un triste nuage ;
Mais le Soleil divin tâche de l'écarter,
Et le dore, ou le perce, ou le fait éclater.
Ces mortels ont des nuits brillantes et sans voiles ;
Ils comprennent les flots, entendent les étoiles,
Savent les noms des fleurs, et pour eux l'univers
N'est qu'une seule idée en symboles divers.
Et comme en mille jets la matière lancée
Exprime aux yeux humains l'éternelle pensée,
Eux aussi, pleins du Dieu qu'on ne peut enfermer,
En des œuvres d'amour cherchent à l'exprimer.
L'un a la harpe, et l'orgue, et l'austère harmonie ;
L'autre en pleurs, comme un cygne, exhale son génie,
Ou l'épanche en couleurs ; ou suspend dans les cieux
Et fait monter le marbre en hymne glorieux.
Tous, ouvriers divins, sous l'œil qui les contemple,
Bâtissent du Très-Haut et décorent le temple.
Quelques-uns seulement, et les moindres d'entre eux,
Grands encor, mais marqués d'un signe moins heureux,
S'épuisent à vouloir, et l'ingrate matière
En leurs mains répond mal à leur pensée entière ;
Car bien tard dans le jour le Seigneur leur parla ;
Leur feu couva longtemps ; — et je suis de ceux-là.

D'abord j'errais aveugle, et cette œuvre du monde
Me cachait les secrets de son âme profonde ;

Je n'y voyais que sons, couleurs, formes, chaos,
Parure bigarrée et parfois noirs fléaux ;
Et, comme un nain chétif, en mon orgueil risible,
Je me plaisais à dire : Où donc est l'invisible ?
Mais, quand des grands mortels par degrés j'approchai,
Je me sentis de honte et de respect touché ;
Je contemplai leur front sous sa blanche auréole,
Je lus dans leur regard, j'écoutai leur parole ;
Et comme je les vis mêler à leurs discours
Dieu, l'âme et l'invisible, et se montrer toujours
L'arbre mystérieux au pacifique ombrage,
Qui, par delà les mers, couvre l'autre rivage,
— Tel qu'un enfant, au pied d'une haie ou d'un mur,
Entendant des passants vanter un figuier mûr,
Une rose, un oiseau qu'on aperçoit derrière,
Se parler de bosquets, de jets d'eau, de volière,
Et de cygnes nageant en un plein réservoir, —
Je leur dis : Prenez-moi dans vos bras, je veux voir.
J'ai vu, Seigneur, j'ai cru ; j'adore tes merveilles,
J'en éblouis mes yeux, j'en emplis mes oreilles,
Et, par moments, j'essaie à mes sourds compagnons,
A ceux qui n'ont pas vu, de bégayer les noms.

Paix à l'artiste saint, puissant, infatigable,
Qui, lorsqu'il touche au terme et que l'âge l'accable,
Au bord de son tombeau s'asseyant pour mourir
Et cherchant le chemin qu'il vient de parcourir,
Y voit d'un art pieux briller la trace heureuse,
Compte de monuments une suite nombreuse,
Et se rend témoignage, à la porte du ciel,
Que sur chaque degré sa main mit un autel !
Il n'a plus à monter ; il passe sans obstacle
Du parvis et du seuil au premier tabernacle,
Un Séraphin ailé par la main le conduit ;

Tout embaume alentour, et frémit, et reluit ;
Aux lambris, aux plafonds qu'un jour céleste éclaire,
Il reconnait de l'Art l'immuable exemplaire ;
Il rentre, on le reçoit comme un frère exilé ;
— C'est ton lot, Michel-Ange, et Dieu t'a consolé !

Septembre 1829.

XVIII

A MON AMI ANTONY DESCHAMPS

Aux moments de langueur où l'âme évanouie
Ne peut rien d'elle-même et sommeille et s'ennuie,
Moi qui vais pour aller, seul, et par un ciel gris,
Jurant qu'il n'est soleil ni printemps à Paris,
Avec quelques pensers que la marche fait naître,
Quelques regards confus sur l'homme, sur notre être,
Sur ma rêveuse enfance et son réveil amer,
Je longe tristement mon boulevard d'Enfer ;
Et quand je suis bien las de fouiller dans mon âme,
D'y remuer du doigt tant de cendres sans flamme,
Tant d'argile sans or, tant de ronces sans fleurs,
J'ouvre un livre et je lis, les yeux mouillés de pleurs ;
Et mon cœur, tout lisant, s'apaise et se console,
Tant d'un poëte aimé nous charme la parole !
Il en est que j'emporte et que je lis toujours,
Surtout leurs moindres vers et leurs chants les plus courts,

Leurs sonnets familiers, leurs poëmes intimes,
Où, du sort bien souvent autant que moi victimes,
Ils ont, mortels divins, gémi divinement,
Et fait de chaque larme étoile ou diamant.
C'est Pétrarque amoureux, au penchant des collines
Laissant voir en son cours ses perles cristallines;
Plaintif; réfléchissant les bois, le ciel profond,
Les blonds cheveux de Laure et son chaste et doux front.
C'est Wordsworth peu connu, qui des lacs solitaires
Sait tous les bleus reflets, les bruits et les mystères,
Et qui, depuis trente ans, vivant au même lieu,
En contemplation devant le même Dieu,
A travers les soupirs de la mousse et de l'onde
Distingue, au soir, des chants venus d'un meilleur monde.
C'est Michel-Ange aveugle, et jetant le ciseau;
C'est Milton, autre aveugle et son *Penseroso*,
Penseroso sublime, ardent visionnaire,
Vrai portrait de Milton avant que le tonnerre
Dont il s'arma là-haut eût consumé ses yeux,
Quand debout, chaque nuit, malade et soucieux,
Dans la vieille Angleterre, au retour d'Italie,
Exhalant les chaleurs de sa mélancolie,
Et pâle, sous la lune, au pied de Westminster,
    devinait Cromwell ou rêvait Lucifer.
J'aime fort ses sonnets, ce qu'il dit de son âge,
Et des devoirs humains en ce pèlerinage,
Et des maux que d'abord sur sa route il trouva...
Puis vient le tour de Dante et la *Vita nuova*.
Dante est un puissant maître, à l'allure hardie,
Dont j'adore à genoux l'étrange *Comédie*,
Mais le sentier est rude et tourne à l'infini,
Et j'attends, pour monter, notre guide Antony.
Le plus court me va mieux; — aussi la simple histoire
Où, de sa Béatrix recueillant la mémoire,

Il revient pas à pas sur cet amour sacré,
Est ce que j'ai de lui jusqu'ici préféré.
Plus j'y reviens et plus j'honore le poëte,
Qui, fixant, dès neuf ans, sa pensée inquiète,
Eut sa Dame, et l'aima sans lui rien demander;
La suivit comme on suit l'astre qui doit guider,
S'en forma tout d'abord une idée éternelle;
Et, quand la mort la prit dans le vent de son aile,
N'eut, pour se souvenir, qu'à regarder en lui:
Y revit l'ange pur qui si vite avait fui;
L'invoqua désormais en ses moments extrêmes,
Dans la gloire et l'exil, et dans tous ses poëmes,
Et, vers le ciel enfin poussant un large essor,
D'Elle, au seuil étoilé, reçut le rameau d'or.
J'admire ce destin, et parfois je l'envie;
Que n'ai-je eu de bonne heure un ange dans ma vie!
Que n'ai-je aussi réglé l'œuvre de chaque jour,
Chaque songe de nuit, sur un céleste amour!
On ne me verrait pas, sans but et sans pensée,
Tout droit, tous les matins, sortir, tête baissée;
Rôder le long des murs où vingt fois j'ai heurté,
Traînant honteusement mon génie avorté.
Le génie est plus grand, aidé d'un cœur plus sage.
Je sais dans la *Vita*, je sais un beau passage
Qui, dès les premiers mots, me fait toujours pleurer,
Et qui certes démontre à qui peut l'ignorer
Combien miraculeux luit en une âme ardente
Un chaste feu d'amour. Je le traduis, — c'est Dante

« En ce temps-là, dit-il, il me prit par malheur
Dans presque tout le corps une telle douleur,
Et durant plusieurs jours, que je gardai la chambre,
Puis le lit, et qu'enfin, brisé dans chaque membre
Je restai sur le dos couché, matin et soir,

Comme un homme gisant qui ne peut se mouvoir.
Et, le neuvième jour, quand ma douleur cuisante
Redoubla, tout à coup voilà que se présente
A mon esprit ma Dame, et je suivis d'abord
Ce penser consolant ; mais, se faisant plus fort,
Mon mal me ramena bientôt sur cette terre,
Me retraça longtemps sous une face austère
Cette chétive vie et sa brièveté,
Tant d'ennui, de misère, et la tombe à côté ;
Et mon cœur se disait comme un enfant qui pleure :
Il faut que Béatrix, un jour ou l'autre, meure.
A cette seule idée un frisson me glaça,
Un nuage ferma mes yeux et les pressa ;
Je sentis m'échapper mon âme en frénésie,
Et ce que vit alors l'œil de ma fantaisie,
C'étaient, cheveux épars, et me tendant les bras,
Des femmes qui passaient en disant : Tu mourras ;
Et puis d'autres encor, d'autres échevelées
Criant : Te voilà mort ; et fuyant par volées.
Ce n'étaient sur ma route, aux angles des chemins,
Que figures en deuil qui se tordaient les mains.
L'air brûlait ; au milieu d'étoiles enflammées,
Le soleil se fondait en ardentes fumées,
Et quelqu'un me vint dire : Eh ! quoi ? ne sais-tu pas,
Ami ? ta Dame est morte et s'en va d'ici-bas.
A ce mot je pleurai, mais non plus en idée ;
Je pleurai de vrais pleurs sur ma joue inondée.
Puis, regardant, je vis en grand nombre dans l'air,
Pareils aux blancs flocons de la neige en hiver,
Des anges qui berçaient, mollement remuée,
Une âme assise au bord d'une blanche nuée ;
Ils l'emportaient au ciel en chantant *Hosanna !*
Je compris, et l'Amour par la main m'emmena,
Et j'allai visiter la dépouille mortelle

Qui servait de demeure à cette âme si belle.
J'approchai de la morte en silence et tremblant;
Des dames lui couvraient le front d'un voile blanc,
Et son air reposé, sa parfaite harmonie
Semblaient dire : Je suis dans la paix infinie.
Et, la voyant si sainte en ce divin sommeil,
Je me sentis pour moi tenté d'un sort pareil,
Je désirai mourir : O Mort, viens, m'écriai-je,
Mon front est déjà froid, et la pâleur y siége;
Je suis des tiens; j'implore et j'aime ta rigueur;
Prends-moi, car tu m'as pris la Dame de mon cœur.
Et, quand j'eus vu remplir les devoirs funéraires,
Tels qu'en rendent aux morts les mères et les frères,
Je crus que je rentrais dans ma chambre; et bientôt,
Les yeux au ciel, en pleurs, je m'écriai tout haut :
Bienheureux qui jouit de ta vue, ô belle Âme!
Mais, comme j'en étais aux sanglots, une dame,
Une jeune parente, assise à mon chevet,
Ignorant que c'était mon esprit qui rêvait,
S'expliqua mes sanglots par ma douleur croissante,
Et se mit à pleurer, bonne et compatissante.
D'autres dames alors, assises plus au fond
Et qui n'entendaient rien de mon rêve profond,
Se levèrent aux pleurs de ma jeune parente,
Et vinrent ramener à temps mon âme errante;
Car de ma Béatrix déjà le nom sacré
M'échappait, et déjà je l'avais murmuré.
Sur l'instant, par bonheur, ces dames m'éveillèrent,
Puis, réveillé, honteux, toutes me consolèrent,
Et voulurent savoir de ma bouche pourquoi
En rêvant j'avais eu tant de pleurs et d'effroi;
Et je leur contai tout comme je viens de faire,
Mais sans nommer le nom qu'il faut bénir et taire. »

Ainsi son jeune amour était pour Dante enfant
Un monde au fond de l'âme, un soleil échauffant,
Un poëme éternel; et ses songes sublimes,
Entr'ouvrant devant lui le cœur et ses abîmes,
Lui montraient l'homme errant par des lieux inconnus,
Et toutes les douleurs sur la route, pieds nus,
Passant et repassant, — éparses, — rassemblées, —
Tantôt le front couvert, tantôt échevelées;
Puis, la mort, puis le ciel, séjour des vrais vivants.
Que n'ai-je eu, comme lui, mes amours à neuf ans?
Mais quoi! n'en eus-je pas? n'eus-je pas ma Camille,
Douce blonde au front pur, paisible jeune fille,
Qu'au jardin je suivais, la dévorant des yeux?
N'eus-je pas Natalie, au parler sérieux
Qui remplaça Camille, et plus d'une autre encore,
Fleurs qu'un matin d'avril en moi faisait éclore;
Blancs nuages dont l'aube entoure son réveil;
Figures que l'enfant trace à terre, au soleil?
Qui sait? ma Béatrix n'était pas loin, peut-être;
Et mon cœur aura fui trop tôt pour la connaître.
Hélas! c'est que j'étais déjà ce que je suis;
Être faible, inconstant, qui veux et qui ne puis;
Comprenant par accès la Beauté sans modèle,
Mais tiède, et la servant d'une âme peu fidèle;
C'est que je suis d'argile et de larmes pétri;
C'est que le pain des forts ne m'a jamais nourri,
Et que, dès le matin, pèlerin sans courage,
J'accuse tour à tour le soleil et l'orage;
C'est qu'un rien me distrait; c'est que je suis mal né,
Qu'aux limbes d'ici-bas justement condamné,
Je m'épuise à gravir la colline bénie
Où siège Dante, où vont ses pareils en génie,
— Où tu vas, Toi qu'ici j'ai pudeur de nommer,
Tant mon cœur sous le tien est venu s'enfermer;

Tant nous ne faisons qu'un; tant mon âme éplorée
Comme en un saint refuge en ta gloire est entrée!

Octobre 1829.

XIX

A MON AMI BOULANGER

Ami, te souviens-tu qu'en route pour Cologne,
Un dimanche, à Dijon, au cœur de la Bourgogne,
Nous allions, admirant portails, clochers et tours,
Et les vieilles maisons dans les arrière-cours?
Une surtout te plut : — au dehors rien d'antique;
Un barbier y logeait et l'avait pour boutique;
Aux murs grattés et peints, pas un vestige d'art,
Pour dire à l'étranger qui chemine au hasard,
D'entrer; — mais entrait-on par une étroite allée,
Alors apparaissait la beauté recélée,
Une façade au fond travaillée en bijou,
Merveille à faire mettre en terre le genou,
Fleur de la Renaissance. — Oh! dans la cour obscure
Quand tu vis, en entrant, luire cette sculpture,
Saillir ces bas-reliefs nés d'un ciseau divin,
Et tout cela si pur, si naïf et si fin,
Oh! que ton cœur bondit! Croisant sur la poitrine
Tes bras, levant ce front où la pâleur domine,

Semblable au pèlerin, qui, pieds nus et brisé,
S'approche d'une châsse, ou baise un marbre usé,
Et sent des pleurs pieux inonder sa paupière;
Vite, pinceaux en main, assis sur une pierre,
Te voilà, sans relâche, à l'œuvre tout le jour.
Moi, pendant ce temps-là, te laissant dans la cour,
Par la ville j'errais, libre et d'humeur oisive,
Aux maisons en chemin regardant quelque ogive;
Puis, fatigué d'aller, je revenais te voir,
Et te voyant pousser ton travail jusqu'au soir,
Retracer en tous points la muraille jaunie,
Des tons et des rapports traduire l'harmonie,
Rendre au vif chaque endroit, surtout ces quatre enfants,
Deux à deux, face à face, ailés et triomphants,
Un écusson en main, et plus bas ces mêlées
De cavaliers sortant des pierres ciselées;
T'entendant proclamer l'égal de Jean Goujon
Ce sculpteur oublié qui décorait Dijon;
Comme aussi je voyais cette cour peu hantée,
Cette arrière-maison pauvrement habitée,
Une vieille à travers la vitre sans rideau,
Une autre au puits venue et puisant un seau d'eau,
Je ne pus m'empêcher de penser qu'au génie
La gloire est de nos jours malaisément unie;
Qu'à moins d'un grand effort, suivi d'un grand bonheur,
L'artiste n'a plus droit d'attendre un long honneur;
Que, si dans l'origine, et quand peintres, poëtes,
Statuaires, régnaient sur les foules muettes,
Le monde enfant, heureux de se laisser guider,
Mit leurs noms en son cœur et les y sut garder,
Ces noms seuls ont tout pris; que la mémoire humaine
N'en peut contenir plus, tant elle est déjà pleine!
Que pour un, qui survit à son siècle glacé
Et va grossir d'un grain le trésor du passé,

Tous meurent ; qu'il le faut ; et que la part meilleure,
Sur cette terre ingrate où l'humanité pleure,
Est encor d'admirer le beau, de le sentir,
De l'exprimer sans bruit, et, le soir, de sortir.
Ami, qu'en ce moment mon propos décourage,
Ami, relève-toi ; c'est la loi de notre âge,
Et de plus grands que nous ont dû s'y conformer ;
Car, dis-moi, pourrais-tu seulement les nommer
Les auteurs inconnus de tant de cathédrales ?
Dans les inscriptions des pierres sépulcrales
Dont le chœur est pavé, cherche, quelle est la leur ?
Ils sont venus, ont fait leur tâche avec labeur,
Et puis s'en sont allés ; leur mémoire abolie
Dit assez combien vite aujourd'hui l'homme oublie ;
Et nous, de leur vieille œuvre adorateurs épars,
Nous pèlerins fervents des bons et des vrais arts,
Qui, le soir, aux abords des cités renommées,
Aimons tant voir monter du milieu des fumées
Les flèches dans la nue, et qui nous prosternons
Sous la lune aux parvis, nous ne savons leurs noms !
Destin mystérieux, destin grave et sévère,
Sans soleil, triste, nu, beau comme le Calvaire,
Tout conforme aux vertus de l'artiste chrétien !
Ami, ne pleure point, quand ce serait le tien.
Oui, dût notre œuvre aussi, moins haute, mais austère,
S'enfanter sans renom, croître dans le mystère,
Et, nous morts, n'obtenir çà et là qu'un regard,
Comme cette maison que tu vis par hasard,
Ami, ne cessons pas, et marchons jusqu'au terme ;
Tirons tout l'or caché que notre cœur enferme ;
Dans notre arrière-cour ici-bas confinés,
Usons du peu d'instants qui nous furent donnés ;
Le soir viendra trop tôt, menant la nuit funeste ;
Faisons, tant que pour voir assez de jour nous reste,

Faisons pour nous, pour l'art, pour nos amis encor,
Pour être aimés toujours de notre grand Victor.

Octobre 1829.

XX

A BOULANGER

Quand la céleste voix, oracle du Poëte,
S'affaiblit et sommeille en son âme muette,
Quand la lampe éternelle, où son œil est fixé,
S'obscurcit un moment sur l'autel éclipsé,
Alors, déchu du Ciel et perdant son tonnerre,
Dans les obscurités du monde sublunaire
Le Poëte retombe; il se mêle aux humains,
Va par les carrefours, rôde par les chemins,
Ou sur son banc de pierre assis, morne et l'œil terne,
Voit les ombres passer aux murs de la caverne.
Et comme, autour de lui, brutale et sans raison
La foule est en orgie au fond de la prison,
Trop souvent, lui Poëte, ennuyé, las d'attendre
Que la voix de son cœur se fasse encore entendre,
Que la lampe mystique à ses yeux luise encor,
Tête baissée, aussi, ravalant son essor,
Il entre dans la fête et tout entier s'y livre,
Comme un roi détrôné qui chante et qui s'enivre;
De périssables fleurs il couronne son front;
Pour noyer tant d'ennui, son verre est peu profond;

Il redouble; il est roi du banquet, il s'écrie
Que, pourvu qu'ici-bas l'homme s'oublie et rie,
Tout est bien, et qu'il faut de parfums s'arroser...
Et quelque femme, auprès, l'interrompt d'un baiser;
— Jusqu'à ce qu'une voix que n'entend point l'oreille,
Comme le chant du coq, à l'aube le réveille,
Ou que sur la muraille un mot divin tracé
Le chasse du festin, Balthazar insensé.
Ainsi fait trop souvent le Poëte en démence;
Non pas toi, noble Ami. Quand ton soleil commence,
Aux approches du soir, à voiler ses rayons,
Et qu'à terre, d'ennui, tu jettes tes crayons,
Sentant l'heure mauvaise, en toi tu te recueilles;
Comme l'oiseau prudent, dès que le bruit des feuilles
T'avertit que l'orage est tout près d'arriver,
Triste, sous ton abri tu t'en reviens rêver;
Sur ton front soucieux tu ramènes ton aile;
Mais ton âme encor plane à la voûte éternelle.
En vain ton art jaloux te cache son flambeau,
Tu te prends en idée au souvenir du Beau;
Tu poursuis son fantôme à travers l'ombre épaisse;
Sur tes yeux défaillants un nuage s'abaisse
Et redouble la nuit, et tu répands des pleurs,
Amoureux de ravir les divines couleurs.
Et nous, nous qui sortons de nos plaisirs infâmes,
Un fou rire à la bouche et la mort dans nos âmes,
Nous te trouvons malade et seul, ayant pleuré,
Goutte à goutte épuisant le calice sacré,
Goutte à goutte à genoux suant ton agonie,
Isaac résigné sous la main du génie.

XXI

SONNET

A BOULANGER.

Ami, ton dire est vrai; les peintres, dont l'honneur
Luit en tableaux sans nombre aux vieilles galeries,
S'occupaient assez peu des hautes théories,
Et savaient mal de l'art le côté raisonneur;

Mais, comme dans son champ dès l'aube un moissonneur,
En loyaux ouvriers, sur leurs toiles chéries
Ils travaillaient penchés, seuls et sans rêveries,
Pour satisfaire à temps leur maître et leur seigneur.

Nous donc aussi, laissant notre âge et ses querelles,
Et tant d'opinions s'accommoder entre elles,
Cloîtrons-nous en notre œuvre et n'en sortons pour rien,

Afin que le Seigneur, notre invisible maître,
Venu sans qu'on l'attende et se faisant connaître,
Trouve tout à bon terme et nous dise : C'est bien.

Octobre 1829.

XXII

SONNET

A Francfort-sur-le-Mein l'on entre, et l'on s'étonne
De ne voir qu'élégance, éclat, faste emprunté ;
O Francfort, qu'as-tu fait de ta vieille beauté ?
Marraine des Césars, où donc est ta couronne ?

Mais plus loin, à travers l'or faux qui t'environne,
Ton église sans flèche, au cœur de la cité,
Monte, comme un vaisseau par les vents démâté ;
Et sa tête est chenue ; et comme une lionne

Qui, des ardents chasseurs repoussant les assauts,
Tient contre elle serrés ses jeunes lionceaux,
La tour tient à ses pieds toutes les vieilles rues,

Et sur son sein les presse, et, debout, les défend :
Et cependant le Siècle, immense et triomphant,
Déborde et couvre tout de ses ondes accrues.

Octobre 1829.

XXIII

SONNET

A V. H.

Votre génie est grand, Ami; votre penser
Monte, comme Élisée, au char vivant d'Élie;
Nous sommes devant vous comme un roseau qui plie.
Votre souffle en passant pourrait nous renverser.

Mais vous prenez bien garde, Ami, de nous blesser;
Noble et tendre, jamais votre amitié n'oublie
Qu'un rien froisse souvent les cœurs et les délie;
Votre main sait chercher la nôtre et la presser.

Comme un guerrier de fer, un vaillant homme d'armes,
S'il rencontre, gisant, un nourrisson en larmes,
Il le met dans son casque et le porte en chemin,

Et de son gantelet le touche avec caresses:
La nourrice serait moins habile aux tendresses;
La mère n'aurait pas une si douce main.

Octobre 1829.

XXIV

SONNET

A MADAME L.

Madame, vous avez jeunesse avec beauté,
Un esprit délicat cher au cœur du Poëte,
Un noble esprit viril, qui, portant haut la tête,
Au plus fort de l'orage a toujours résisté;

Aujourd'hui vous avez, sous un toit écarté,
Laissant là pour jamais et le monde et la fête,
Près d'un époux chéri sur qui votre œil s'arrête,
Le foyer domestique et la félicité;

Et chaque fois qu'errant, las de ma destinée,
Je viens, et que j'appuie à votre cheminée
Mon front pesant, chargé de son nuage noir,

Je sens que s'abîmer en soi-même est folie;
Qu'il est des maux passés que le bonheur oublie,
Et qu'en voulant on peut dès ici-bas s'asseoir.

8 février 1830.

XXV

A MADEMOISELLE.....

> Alter ab undecimo tum me jam ceperat annus.
> VIRG.

J'arrive de bien loin et demain je repars.
J'admire d'un coup d'œil le fleuve, les remparts,
La haute cathédrale et sa flèche élancée;
Mais rien ne me tient tant ici que la pensée
De ma jeune cousine, hélas! et de savoir
Que je suis si près d'elle, et de n'oser la voir.
Autrefois je la vis; c'était dans ma famille;
Sa mère l'amena, toute petite fille,
Blonde et rose, et causeuse, et pleine de raison,
Chez sa grand'mère aveugle; autour de la maison
Nous aimions à courir sur la verte pelouse;
Elle avait bien quatre ans, moi j'en avais bien douze.
Alors mille douceurs charmaient nos entretiens;
Ses blonds cheveux alors voltigeaient dans les miens,
Et les nombreux baisers de sa bouche naïve
M'allumaient à la joue une flamme plus vive.
Elle disait souvent que j'étais son mari,
Et mon cœur s'en troublait, bien que j'eusse souri.
Sur le bord de la mer où sont les coquillages,
Aux bois où sont les fleurs au milieu des feuillages,
Je lui donnais la main, et nous allions devant,
Elle jasant toujours, et moi déjà rêvant :

Rêves d'or! bonheur d'ange! — O jeune fille aimée,
Ces rapides lueurs n'étaient qu'ombre et fumée.
Ta mère est repartie au bout de quelques mois,
Et je ne t'ai depuis vue une seule fois
Ta grand'mère a heurté sur sa pierre fatale,
Et moi je suis sorti de ma ville natale;
J'ai pleuré, j'ai souffert, et l'âge m'est venu.
J'ai perdu la fraîcheur et le rire ingénu
Et les vertus aussi de ma pieuse enfance.
Ton frêle souvenir m'a laissé sans défense;
Et tandis que croissant en sagesse, en beauté,
A l'ombre, loin de moi, ta verte puberté
Sous les yeux de ta mère est lentement éclose,
Et qu'un espoir charmant sur ta tête repose,
J'ai voulu trop connaître, et mes jours sont détruits;
De l'arbre avant le temps, j'ai fait tomber les fruits;
J'ai mis la hache au cœur et j'en sens la blessure;
Et tout ce qui console une âme et la rassure,
Et lui rend le soleil quand l'orage est passé,
Redouble encor l'ardeur de mon mal insensé.
Toi-même que je crois si bonne sous tes charmes,
Toi dont un seul regard doit sécher tant de larmes,
Quand un hasard m'envoie à ta porte m'asseoir,
Passant si près de toi, j'ai peur de te revoir;
Car, si tu me voyais, si ton âme incertaine,
S'interrogeant longtemps, ne retrouvait qu'à peine
Dans ces traits sillonnés, sous ce front nuageux,
Cet ami d'autrefois, compagnon de tes jeux;
Si de moi tu perdais, venant à me connaître,
Le souvenir doré que tu gardes peut-être;
Si, voulant ressaisir dans tes yeux bleus mouillés
L'image et la couleur de mes jours envolés,
J'y rencontrais l'oubli serein et sans nuage,
Si ta bouche n'avait pour moi que ce langage

Poli, froid, et qui dit au cœur de se fermer;...
Ou si tu m'étais douce, et si j'allais t'aimer!...

Et, sans savoir comment, tout rêvant de la sorte,
Je me trouvais déjà dans ta rue, à ta porte;
— Et je monte. Ta mère en entrant me reçoit;
Je me nomme; on s'embrasse avec pleurs, on s'assoit;
Et de ton père alors, de tes frères que j'aime
Nous parlons, mais de toi — je n'osais, quand toi-même
Brusquement tu parus, ne ne me sachant pas là,
Et mon air étranger un moment te troubla.
Je te vis; c'étaient bien tes cheveux, ton visage,
Ta candeur; je m'étais seulement trompé d'âge;
Je t'avais cru quinze ans, tu ne les avais pas;
L'Enfance au front de lin guidait encor tes pas;
Tu courais non voilée et le cœur sans mystère;
Tu ne sus à mon nom que rougir et te taire,
Confuse, un peu sauvage et prête à te cacher;
Et quand j'eus obtenu qu'on te fit approcher,
Que j'eus saisi ta main et que je l'eus serrée,
Tu me remercias, et te crus honorée.

O bien digne en effet de respect et d'honneur,
Jeune fille sans tache, enfant chère au Seigneur,
Digne qu'un cœur souillé t'envie et te révère;
Tu suis le vrai sentier, oh! marche et persévère;
Ton enfance paisible est à ses derniers soirs;
Un autre âge se lève avec d'autres devoirs;
Remplis-les saintement; reste timide encore,
Humble, naïve et bonne, afin que l'on t'honore.
Rien qu'à te voir ainsi, j'ai honte et repentir,
Et je pleure sur moi; — demain il faut partir;
Mais quand je reviendrai (peut-être dans l'année),
Quand l'œil humide, émue et de pudeur ornée,

Un souffle harmonieux gémira dans ta voix;
Et que nous causerons longuement d'autrefois,
Oh! que, meilleur alors, lavé de mes souillures,
Je rouvre un peu mon âme à des voluptés pures,
Et que je puisse au moins toucher, sans les ternir,
Ces jours frais et vermeils où luit ton souvenir!

Octobre 1829.

XXVI

A ALFRED DE VIGNY

Autour de vous, Ami, s'amoncelle l'orage;
La jalousie éteinte a rallumé sa rage,
Et, vous voyant tenter la scène et l'envahir,
Ils se sont à l'envi remis à vous haïr.
Honneur à vous! De peur qu'un éclatant spectacle
De l'art régénéré n'achève le miracle
Et ne montre en son plein l'astre puissant et doux,
On veut s'interposer entre la foule et vous.
On veut vous confiner dans ces régions hautes
D'où vous êtes venu; dont les célestes hôtes
Vous appelaient leur frère en vous disant adieu;
Où, loin des yeux humains, dans la splendeur de Dieu,
Votre gloire mystique et couverte d'un voile,
Apparaissant, la nuit, comme une blanche étoile,
Ne luisait que pour ceux qui veillent en priant,
Et s'évanouissait dans l'aube à l'Orient.

Aujourd'hui, des hauteurs de la sphère sacrée,
A terre descendu, vous faites votre entrée;
On sème donc, Ami, les piéges sous vos pas;
Mais tenez bon, marchez et ne trébuchez pas!
Il faut porter au bout l'ingratitude humaine;
Ce n'est plus comme au temps où votre chaste peine,
Délicieux encens, montait avec vos pleurs,
Quand Dieu vous consolait, quand vous viviez ailleurs.
Oh! que la vie alors vous était plus facile!
Repoussé d'ici-bas, vous aviez votre asile
Et vous n'en sortiez plus. Quand votre amour doua
De beautés à plaisir l'ineffable Eloa,
On jonchait le sentier de cailloux et de verre,
Mais ses beaux pieds flottants ne touchaient point la terre.
Qu'importait à Moïse, admis au Sinaï,
Contemplant Jéhovah, d'être un moment trahi
Par Aaron, oublié par le peuple? Et quand l'onde
Vengeresse noya d'un déluge le monde,
La colombe, choisie entre tous les oiseaux,
Messagère qu'un Juste envoyait sur les eaux,
Ne rencontrant partout que flot vaste et qu'abîme,
A défaut des hauts monts, du cèdre à verte cime,
A défaut des palmiers des bords de Siloé,
N'avait-elle pas l'arche et le doigt de Noé?
Ainsi vous, Chantre élu. — Mais aujourd'hui tout change;
La triste humanité monte à votre front d'ange;
Afin de mieux remplir le message divin,
Vous avez dépouillé l'aile du Séraphin,
Et, laissant pour un temps le paradis des âmes,
Vous abordez la vie et le monde et les drames.
C'est bien; là sont des maux, mille dégoûts obscurs,
Mille embûches sans nom en des antres impurs;
Là, des plaisirs trompeurs et mortels au génie;
Là, le combat douteux et longue l'agonie,

Mais aussi le triomphe immense, universel,
Et tout un peuple ému qui voit s'ouvrir le Ciel.
Et le Poëte saint, puisant au Jourdain même,
De poésie et d'art verse à tous le baptême,
Et partage à la foule, affamée à ses pieds,
Des pains, comme autrefois nombreux, multipliés.
Oh! ne désertez pas cette belle espérance;
Sans vous laisser dompter, souffrez votre souffrance;
Les pieds meurtris, noyé d'une sueur de sang,
Gagnez votre couronne, et, toujours gravissant,
Surmontez les langueurs dont votre âme est saisie;
Méritez qu'on vous dise Apôtre en poésie.
D'ailleurs, n'avez-vous pas, vous qui venez d'en haut,
Pour raffermir à temps votre cœur en défaut,
De longs ressouvenirs de vos premiers mystères,
Des élévations dans vos nuits solitaires,
De merveilleux parfums, sublimes, éthérés,
Dont vous rafraîchissez vos esprits altérés?
Ainsi l'Ange d'Amour, qui veille au purgatoire
Près des âmes en deuil, et leur redit l'histoire
D'Isaac, de Joseph, de Jésus le Sauveur,
Pour hâter leur sortie à force de ferveur;
Si cet Ange clément, consolateur des âmes,
Et pour elles vivant dans l'exil et les flammes,
Sent parfois dans son sein entrer l'âpre chaleur,
Et ses divines chairs mollir à la douleur,
Il se recueille, il prie : au même instant, son aile
Scintillante a reçu la rosée éternelle.

Et puis, un jour, — bientôt, — tous ces maux finiront,
Vous rentrerez au ciel, une couronne au front,
Et vous me trouverez, moi, sur votre passage,
Sur le seuil, à genoux, pèlerin sans message;
Car c'est assez pour moi de mon âme à porter,

Et, faible, j'ai besoin de ne pas m'écarter.
Vous me trouverez donc en larmes, en prière,
Adorant du dehors l'éclat du sanctuaire,
Et, pour tâcher de voir, épiant le moment
Où chaque hôte divin remonte au firmament.
Et si, vers ce temps-là, mon heure est révolue,
Si le signe certain marque ma face élue,
Devant moi roulera la porte aux gonds dorés,
Vous me prendrez la main, et vous m'introduirez.

Novembre 1829.

XXVII

A MON AMI VICTOR PAVIE

LA HARPE ÉOLIENNE

TRADUIT DE COLERIDGE

O pensive Sara, quand ton beau front qui penche,
Léger comme l'oiseau qui s'attache à la branche,
Repose sur mon bras, et que je tiens ta main,
Il m'est doux, sur le banc tapissé de jasmin,
A travers les rosiers, derrière la chaumière,
De suivre dans le ciel les reflets de lumière,
Et tandis que pâlit la pourpre du couchant,
Que les nuages d'or s'écroulent en marchant,

Et que de ce côté tout devient morne et sombre,
De voir à l'Orient les étoiles sans nombre
Naître l'une après l'autre et blanchir dans l'azur,
Comme les saints désirs, le soir, dans un cœur pur.
A terre, autour de nous, tout caresse nos rêves;
Nous sentons la senteur de ce doux champ de fèves;
Aucun bruit ne nous vient, hors la plainte des bois,
Hors l'Océan paisible et sa lointaine voix
Au fond d'un grand silence;

       — et le son de la Harpe,
De la Harpe en plein air, que suspend une écharpe
Aux longs rameaux d'un saule, et qui répond souvent
Par ses soupirs à l'aile amoureuse du vent.
Comme une vierge émue et qui résiste à peine,
Elle est si langoureuse à repousser l'haleine
De son amant vainqueur, qu'il recommence encor,
Et, plus harmonieux, redouble son essor.
Sur l'ivoire il se penche, et d'une aile enhardie
Soulève et lance au loin des flots de mélodie;
Et l'oreille, séduite à ce bruit enchanté,
Croit entendre passer, de grand matin, l'été,
Les sylphes voyageurs, qui, du pays des fées,
Avec des ris moqueurs, des plaintes étouffées,
Arrivent, épiant le vieux monde au réveil.
O magique pays, montre-moi ton soleil,
Tes palais, tes jardins! où sont tes Harmonies,
Elles, qui, dès l'aurore, en essaims réunies,
Boivent le miel des fleurs, et chantent, purs esprits,
Et font en voltigeant envie aux colibris?
O subtile atmosphère, ô vie universelle
Dont, en nous, hors de nous, le flot passe et ruisselle;
Ame de toute chose et de tout mouvement;
Vaste éther qui remplis les champs du firmament :

Nuance dans le son et ton dans la lumière;
Rhythme dans la pensée; — impalpable matière;
Oh! s'il m'était donné, dès cet exil mortel,
De nager au torrent de ton fleuve éternel,
Je ne serais qu'amour, effusion immense;
Car j'entendrais sans fin tes bruits ou ton silence!

Ainsi, de rêve en rêve et sans suite je vais;
Ainsi, ma bien-aimée, hier encor je rêvais,
A midi, sur le bord du rivage, à mi-côte,
Couché, les yeux mi-clos, et la mer pleine et haute
A mes pieds, tout voyant trembler les flots dormants
Et les rayons brisés jaillir en diamants;
Ainsi mille rayons traversent ma pensée;
Ainsi mon âme ouverte et des vents caressée
Chante, pleure, s'exhale en vaporeux concerts,
Comme ce luth pendant qui flotte au gré des airs.

Et qui sait si nous-même, épars dans la nature,
Ne sommes pas des luths de diverse structure
Qui vibrent en pensers, quand les touche en passant
L'esprit mystérieux, souffle du Tout-Puissant?

Mais je lis dans tes yeux un long reproche tendre,
O femme bien-aimée; et tu me fais entendre
Qu'il est temps d'apaiser ce délire menteur.
Blanche et douce brebis chère au divin Pasteur,
Tu me dis de marcher humblement dans la voie;
C'est bien, et je t'y suis; et loin, loin, je renvoie
Ces vieux songes usés, ces systèmes nouveaux,
Vaine ébullition de malades cerveaux,
Fantômes nuageux, nés d'un orgueil risible;
Car qui peut le louer, Lui, l'Incompréhensible,
Autrement qu'à genoux, abîmé dans la foi,

Noyé dans la prière? — Et moi, — moi, — surtout moi,
Pécheur qu'il a tiré d'en bas, âme charnelle
Qu'il a blanchie; à qui sa bonté paternelle
Permet de posséder en un loisir obscur
La paix, cette chaumière, et toi, femme au cœur pur!

Octobre 1829.

XXVIII

A MON AMI PAUL LACROIX

LES LARMES DE RACINE

> Comme un lis penché par la pluie
> Courbe ses rameaux éplorés,
> Si la main du Seigneur vous plie,
> Baissez votre tête et pleurez:
> Une larme à ses pieds versée
> Luit plus que la perle enchâssée
> Dans son tabernacle immortel;
> Et le cœur blessé qui soupire
> Rend des sons plus doux que la lyre
> Sous les colonnes de l'autel.
> LAMARTINE.
>
> Pour moi, je prête l'oreille aux sons que rendent les âmes saintes avec plus de respect qu'à la voix du Génie.
> L'ABBÉ GERBET.
>
> Racine qui veut pleurer viendra à la profession de la sœur Lalie.
> MADAME DE MAINTENON.

Jean Racine, le grand poëte,
Le poëte aimant et pieux,
Après que sa lyre muette
Se fut voilée à tous les yeux,

Renonçant à la gloire humaine,
S'il sentait en son âme pleine
Le flot contenu murmurer,
Ne savait que fondre en prière,
Pencher l'urne dans la poussière
Aux pieds du Seigneur, et pleurer.

Comme un cœur pur de jeune fille
Qui coule et déborde en secret,
A chaque peine de famille,
Au moindre bonheur, il pleurait;
A voir pleurer sa fille aînée;
A voir sa table couronnée
D'enfants et lui-même au déclin;
A sentir les inquiétudes
De père, tout causant d'études
Les soirs d'hiver avec Rollin;

Ou si dans la sainte patrie,
Berceau de ses rêves touchants,
Il s'égarait par la prairie
Au fond de Port-Royal des Champs,
S'il revoyait du cloître austère
Les longs murs, l'étang solitaire,
Il pleurait comme un exilé;
Pour lui, pleurer avait des charmes
Le jour que mourait dans les larmes
Ou La Fontaine ou Champmeslé.

Surtout ces pleurs avec délices
En ruisseaux d'amour s'écoulaient,
Chaque fois que sous des cilices
Des fronts de seize ans se voilaient,
Chaque fois que des jeunes filles,

Le jour de leurs vœux, sous les grille
S'en allaient aux yeux des parents ;
Et foulant leurs bouquets de fête,
Livrant les cheveux de leur tête,
Épanchaient leur âme à torrents.

Lui-même il dut payer sa dette.
Au temple il porta son agneau :
Dieu marquant sa fille cadette
La dota du mystique anneau.
Au pied de l'autel avancée
La douce et blanche fiancée
Attendait le divin Époux ;
Mais, sans voir la cérémonie,
Parmi l'encens et l'harmonie
Sanglotait le père à genoux.

Sanglots, soupirs, pleurs de tendresse,
Pareils à ceux qu'en sa ferveur
Magdeleine la pécheresse
Répandit aux pieds du Sauveur ;
Pareils aux flots de parfum rare
Qu'en pleurant la sœur de Lazare
De ses longs cheveux essuya ;
Pleurs abondants comme les vôtres,
O le plus tendre des Apôtres,
Avant le jour d'Alleluia !

Prière confuse et muette,
Effusion de saints désirs !
Quel luth se fera l'interprète
De ces sanglots, de ces soupirs ?
Qui démêlera le mystère
De ce cœur qui ne peut se taire

Et qui pourtant n'a point de voix?
Qui dira le sens des murmures
Qu'éveille à travers les ramures
Le vent d'automne dans les bois?

C'était une offrande avec plainte
Comme Abraham en sut offrir;
C'était une dernière étreinte
Pour l'enfant qu'on a vu nourrir;
C'était un retour sur lui-même,
Pécheur relevé d'anathème,
Et sur les erreurs du passé;
Un cri vers le Juge sublime
Pour qu'en faveur de la victime
Tout le reste fût effacé.

C'était un rêve d'innocence,
Et qui le faisait sangloter,
De penser que, dès son enfance,
Il aurait pu ne pas quitter
Port-Royal et son doux rivage,
Son vallon calme dans l'orage,
Refuge propice aux devoirs ;
Ses châtaigniers aux larges ombres;
Au dedans, les corridors sombres,
La solitude des parloirs.

Oh! si les yeux mouillés encore,
Ressaisissant son luth dormant,
Il n'a pas dit à voix sonore
Ce qu'il sentait en ce moment;
S'il n'a pas raconté, Poëte,
Son âme pudique et discrète,
Son holocauste et ses combats,

Le Maître qui tient la balance
N'a compris que mieux son silence;
O mortels, ne le blâmez pas!

Celui qu'invoquent nos prières
Ne fait pas descendre les pleurs
Pour étinceler aux paupières,
Ainsi que la rosée aux fleurs;
Il ne fait pas sous son haleine
Palpiter la poitrine humaine
Pour en tirer d'aimables sons;
Mais sa rosée est fécondante,
Mais son haleine immense, ardente,
Travaille à fondre nos glaçons.

Qu'importe ces chants qu'on exhale,
Ces harpes autour du saint lieu;
Que notre voix soit la cymbale
Marchant devant l'arche de Dieu;
Si l'âme trop tôt consolée,
Comme une veuve non voilée,
Dissipe ce qu'il faut sentir;
Si le coupable prend le change,
Et, tout ce qu'il paie en louange,
S'il le retranche au repentir?

XXIX

A MON AMI M. P. MÉRIMÉE

> .... May my fears
> My filial fears be vain!..
> COLERIDGE.

Ainsi, plongé longtemps au plus bas de l'abîme,
Enfermé dans la fosse où je niais le Ciel,
Ainsi le repentir descendait sur mon crime,
Et je sortais vivant, pareil à Daniel!

Ainsi, pauvre Joseph, du fond de ma citerne
Appelant vainement mes frères par leurs noms,
Puis vendu comme esclave, et dans une caverne
Mêlé, pâtre moi-même, à d'impurs compagnons,

Cru mort de tous, pleuré de ma tribu chérie,
Ainsi l'ombre sortait un jour de mon chemin;
Dieu disait de couler à la source tarie;
Et j'embrassais encor Jacob et Benjamin!

Aujourd'hui donc, heureux dans l'humaine misère,
Dans le sentier du bien remonté par degrés,
De peur de retomber (car mon âme est légère)
Je veille sur mes sens, et les tiens entourés.

Du mal passé je crains de réveiller la trace;
Une sainte amitié m'enchaîne sous sa loi;
L'art occupe mon cœur, ne laissant jour ni place
Aux funestes pensers d'arriver jusqu'à moi.

Je m'accoutume en paix aux voluptés tranquilles;
Quand la ville et ses bruits m'importunent, j'en sors;
Tantôt, près de Paris, la Marne et ses presqu'îles,
Solitaire pieux, m'égarent sur leurs bords;

Tantôt, pour épuiser mon fond d'inquiétude,
Je vais; le Rhin au pied de ses coteaux pendants
M'emporte; et du séjour avec la solitude
Je reviens chaque fois plus paisible au dedans.

Et mon vœu le plus cher serait, on peut le croire,
D'abjurer à l'instant orgueil et vanité,
De n'être plus de ceux qui luttent pour la gloire,
Mais de cacher mon nom sous un toit écarté,

Où mon plus haut rosier montant à ma fenêtre
Rejoindrait le jasmin qui viendrait au-devant;
Où je respirerais l'esprit divin du Maître
Dans le bouton en fleur, dans la brise et le vent;

Où, vers le soir, à l'heure où la terre est muette,
Près de ma bien-aimée, en face du couchant,
Entendant, sans la voir, le chant de l'alouette,
Je dirais : « Douce amie, écoutons bien ce chant;

« C'est ainsi que la voix du bonheur nous arrive,
« Peu bruyante, lointaine et nous venant du ciel;
« Il faut qu'à la saisir l'âme soit attentive,
« Que tout fasse silence en notre cœur mortel. »

Or, pour qui ne souhaite ici-bas pour lui-même
Que la paix du dedans, et n'a point d'autre vœu
Sinon qu'au genre humain, à ses frères qu'il aime,
S'étende cette paix, — pour celui-là, mon Dieu!

Il est amer et triste, à l'heure où son cœur prie,
Et dans l'effusion des plus secrets moments,
D'entendre à ses côtés les pleurs de la patrie,
Des clameurs de colère et des gémissements;

Il est dur que toujours un destin nous rentraîne
Aux civiques combats qu'on croyait achevés,
De voir aux passions s'ouvrir encor l'arène
Et s'enfuir la concorde et le bonheur rêvés !

Rien qu'à ce seul penser, tout ce qu'en moi j'apaise
Est prêt à s'irriter; la haine me reprend;
Et pour qui veut guérir, toute haine est mauvaise;
Et pourtant je ne puis rester indifférent !

Oh ! meurent les soupçons ! oh ! Dieu nous garde encore
De ces duels armés entre un peuple et son Roi !
Sous les soleils d'Août dont la chaleur dévore,
Le sang bouillonne vite, et nul n'est sûr de soi (1).

J'ai, dès mes jeunes ans, palpité pour la France;
A l'aigle du tonnerre, enfant, je m'attachai;
Loin des jeux, l'œil en pleurs, le suivant avec transe,
Quand il tomba du ciel, longtemps je le cherchai.

Waterloo me noya dans des larmes amères;
Mes nuits se consumaient à recréer ces temps,
Ces temps si glorieux, si détestés des mères,
Et dont, moi, j'avais vu les spectacles flottants.

---

(1) Ceci a été écrit sous le ministère Polignac; le volume parut vers mi-mars 1830. Le poëte, en pronostiquant le danger des *soleils d'Août*, ne s'était trompé, dans son présage sur la révolution de Juillet, que de bien peu de jours.

La Liberté bientôt m'étala ses miracles;
Le reste s'abaissa, je m'élançai plus haut;
Et, repoussant du pied le présent plein d'obstacles,
J'allai tendre la main aux morts de l'échafaud.

Nobles morts! cœurs à l'aise au milieu des tempêtes!
Poëte à l'archet d'or, Vierge au sanglant poignard (1),
Vous tous qui m'appeliez comme un frère à vos fêtes,
Que me demandiez-vous? j'étais venu trop tard!

Ces éclats n'allaient plus à nos mornes journées;
J'étouffais, je cherchais de larges horizons;
Partout au fond de moi grondaient mes destinées...
Un soir, je vis un luth, et j'en tirai des sons;

Et, comme aux saints accords d'une harpe bénie
S'apaisait de Saül le tourment insensé,
Ainsi mes sens émus rentraient en harmonie,
Et le démon de guerre et de sang fut chassé.

Depuis lors, plus heureux, bien que parfois je pleure,
Abandonnant mon âme à de secrets penchés,
Remis des passions, croyant la paix meilleure,
Je console mes jours en y mêlant des chants.

Si, dès les premiers pas, quelque faiblesse impure,
Quelque délire encor, m'a dans l'ombre entraîné,
Je ne m'en souviens plus, j'ai lavé la souillure;
Mon seuil est désormais sans tache et couronné.

Faut-il m'en arracher? et d'où ces cris sinistres,
Qui sortent tout à coup du pays ébranlé?

(1) Charlotte Corday, — André Chénier.

La vieille dynastie, en proie à ses ministres,
A, dans un jour fatal, de dix ans reculé!

Tout se rouvre et tout saigne ; — ô Roi digne de plainte,
Vieillard qui veux le bien et, courbé devant Dieu,
Cherches en tes conseils l'inspiration sainte,
O Roi, qu'as-tu donc fait pour la trouver si peu?

Prêtres qui l'entourez, et dans d'obscures trames
Enchaînez sa vieillesse à vos vœux d'ici-bas,
N'avez-vous point assez du service des âmes?
Le Siècle est, dites-vous, impie ; — il ne l'est pas ;

Il est malade, hélas! il soupire, il espère ;
Il sort de servitude, implorant d'autres cieux ;
Vers les lieux inconnus que lui marqua son Père,
Il s'avance à pas lents et comme un fils pieux ;

Il garde du passé la mémoire fidèle
Et l'emporte au désert ; — dès qu'on lui montrera
Un temple où poser l'arche, une enceinte nouvelle,
Tombant la face en terre, il se prosternera!

Décembre 1829.

FIN DES CONSOLATIONS

POÉSIES DIVERSES

Les trois pièces suivantes sont assez dans le ton des *Consolations* pour qu'on les puisse placer ici.

I

Dans un article inséré à la *Revue des Deux-Mondes*, sur M. de Lamartine, pendant son voyage en Orient (juin 1832), on lisait : « L'absence ha-
« bituelle où M. de Lamartine vécut loin de Paris et souvent hors de
« France, durant les dernières années de la Restauration, le silence pro-
« longé qu'il garda après la publication de son *Chant d'Harold*, firent
« tomber les clameurs des critiques, qui se rejetèrent sur d'autres poètes
« plus présents : sa renommée acheva rapidement de mûrir. Lorsqu'il
« revint au commencement de 1830 pour sa réception à l'Académie fran-
« çaise et pour la publication de ses *Harmonies*, il fut agréablement
« étonné de voir le public gagné à son nom et familiarisé avec son œuvre.
« C'est à un souvenir de ce moment que se rapporte la pièce de vers
« suivante, dans laquelle on a tâché de rassembler quelques impressions
« déjà anciennes, et de reproduire, quoique bien faiblement, quelques
« mots échappés au poète, en les entourant de traits qui peuvent le pein-
« dre. — A lui, au sein des mers brillantes où ils ne lui parviendront pas,
« nous les lui envoyons, ces vers, comme un vœu d'ami durant le voyage. »

Un jour, c'était au temps des oisives années,
Aux dernières saisons, de poésie ornées
Et d'art, avant l'orage où tout s'est dispersé,
Et dont le vaste flot, quoique rapetissé,
Avec les rois déchus, les trônes à la nage,

A pour longtemps noyé plus d'un secret ombrage,
Silencieux bosquets mal à propos rêvés,
Terrasses et balcons, tous les lieux réservés,
Tout ce Delta d'hier, ingénieux asile,
Qu'on devait à quinze ans d'une onde plus facile!

De retour à Paris après sept ans, je crois,
De soleils de Toscane ou d'ombre sous les bois,
Comptant trop sur l'oubli, comme durant l'absence,
Tu retrouvais la gloire avec reconnaissance.
Ton merveilleux laurier sur chacun de tes pas
Étendait un rameau que tu n'espérais pas;
L'écho te renvoyait les paroles aimées;
Les moindres des chansons anciennement semées;
Sur ta route en festons pendaient comme au hasard;
Les oiseaux par milliers, nés depuis ton départ,
Chantaient ton nom, un nom de tendresse et de flamme,
Et la vierge, en passant, le chantait dans son âme.
Non, jamais toit chéri, jaloux de te revoir,
Jamais antique bois où tu reviens t'asseoir,
Milly, ses sept tilleuls; Saint-Point, ses deux collines,
N'ont envahi ton cœur de tant d'odeurs divines,
Amassé pour ton front plus d'ombrage, et paré
De plus de nids joyeux ton sentier préféré!

Et dans ton sein coulait cette harmonie humaine,
Sans laisser d'autre ivresse à ta lèvre sereine
Qu'un sourire suave, à peine s'imprimant;
Ton œil étincelait sans éblouissement,
Et ta voix mâle, sobre et jamais débordée,
Dans sa vibration marquait mieux chaque idée!

Puis, comme l'homme aussi se trouve au fond de tout,
Tu ressentais parfois plénitude et dégoût.

— Un jour donc, un matin, plus las que de coutume,
De tes félicités repoussant l'amertume,
Un geste vers le seuil qu'ensemble nous passions :
« Hélas! t'écriais-tu, ces admirations,
« Ces tributs accablants qu'on décerne au génie,
« Ces fleurs qu'on fait pleuvoir quand la lutte est finie,
« Tous ces yeux rayonnants échos d'un seul regard,
« Ces échos de sa voix, tout cela vient trop tard!
« Le dieu qu'on inaugure en pompe au Capitole,
« Du dieu jeune et vainqueur n'est souvent qu'une idole.
« L'âge que vont combler ces honneurs superflus,
« S'en repaît, — les sent mal, — ne les mérite plus!
« Oh! qu'un peu de ces chants, un peu de ces couronnes,
« Avant les pâles jours, avant les lents automnes,
« M'eût été dû plutôt à l'âge efflorescent,
« Où jeune, inconnu, seul avec mon vœu puissant,
« Dans ce même Paris cherchant en vain ma place,
« Je n'y trouvais qu'écueils, fronts légers ou de glace,
« Et qu'en diversion à mes vastes désirs,
« Empruntant du hasard l'or qu'on jette aux plaisirs,
« Je m'agitais au port, navigateur sans monde,
« Mais aimant, espérant, âme ouverte et féconde!
« Oh! que ces dons tardifs où se heurtent mes yeux
« Devaient m'échoir alors, et que je valais mieux! »

Et le discours bientôt sur quelque autre pensée
Échappa, comme une onde au caprice laissée;
Mais ce qu'ainsi ta bouche aux vents avait jeté,
Mon souvenir profond l'a depuis médité.

Il a raison, pensais-je, il dit vrai, le poète!
La jeunesse emportée et d'humeur indiscrète
Est la meilleure encor; sous son souffle jaloux
Elle aime à rassembler tout ce qui flotte en nous

De vif et d'immortel ; dans l'ombre où la tempête
Elle attise en marchant son brasier sur sa tête ;
L'encens monte et jaillit ! Elle a foi dans son vœu ;
Elle ose la première à l'avenir en feu,
Quand chassant le vieux Siècle un nouveau s'initie,
Lire ce que l'éclair lance de prophétie.
Oui, la jeunesse est bonne ; elle est seule à sentir
Ce qui, passé trente ans, meurt, ou ne peut sortir,
Et devient comme une âme en prison dans la nôtre ;
La moitié de la vie est le tombeau de l'autre ;
Souvent tombeau blanchi, sépulcre décoré,
Qui reçoit le banquet pour l'hôte préparé.
C'est notre sort à tous ; tu l'as dit, ô grand homme !
Eh ! n'étais-tu pas mieux celui que chacun nomme,
Celui que nous cherchons, et qui remplis nos cœurs,
Quand par delà les monts d'où fondent les vainqueurs,
Dès les jours de Wagram, tu courais l'Italie,
De Pise à Nisita promenant ta folie,
Essayant la lumière et l'onde dans ta voix,
Et chantant l'oranger pour la première fois ?
Oui, même avant la corde ajoutée à ta lyre,
Avant le Crucifix, le Lac, avant Elvire,
Lorsqu'à regret rompant tes voyages chéris,
Retombé de Pestum aux étés de Paris,
Passant avec Jussieu (1) tout un jour à Vincennes
A tailler en sifflets l'aubier des jeunes chênes ;
De Talma, les matins, pour Saül, accueilli ;
Puis retournant cacher tes hivers à Milly,
Tu condamnais le sort, — oui, dans ce temps-là même,
(Si tu ne l'avais dit, ce serait un blasphème),
Dans ce temps, plus d'amour enflait ce noble sein.

---

(1) M. Laurent de Jussieu, l'un des plus anciens amis de M. de Lamartine.

Plus de pleurs grossissaient la source sans bassin,
Plus de germes errants pleuvaient de ta colline,
Et tu ressemblais mieux à notre Lamartine!
C'est la loi : tout poëte à la gloire arrivé,
A mesure qu'au jour son astre s'est levé,
A pâli dans son cœur. Infirmes que nous sommes!
Avant que rien de nous parvienne aux autres hommes,
Avant que ces passants, ces voisins, nos entours,
Aient eu le temps d'aimer nos chants et nos amours,
Nous-mêmes déclinons! comme au fond de l'espace
Tel soleil voyageur qui scintille et qui passe,
Quand son premier rayon a jusqu'à nous percé,
Et qu'on dit : *Le voilà*, s'est peut-être éclipsé!

Ainsi d'abord pensais-je ; armé de ton oracle,
Ainsi je rabaissais le grand homme en spectacle ;
Je niais son midi manifeste, éclatant,
Redemandant l'obscur, l'insaisissable instant.
Mais en y songeant mieux, revoyant sans fumée,
D'une vue au matin plus fraîche et ranimée,
Ce tableau d'un poëte harmonieux, assis
Au sommet de ses ans, sous des cieux éclaircis,
Calme, abondant toujours, le cœur plein, sans orage,
Chantant Dieu, l'univers, les tristesses du sage,
L'humanité lancée aux océans nouveaux,...
— Alors je me suis dit : Non, ton oracle est faux,
Non, tu n'as rien perdu ; non, jamais la louange,
Un grand nom, — l'avenir qui s'entr'ouvre et se range, —
Les générations qui murmurent : *C'est lui!*
Ne furent mieux de toi mérités qu'aujourd'hui.
Dans sa source et son jet, c'est le même génie ;
Mais de toutes les eaux la marche réunie,
D'un flot illimité qui noierait les déserts.
Égale, en s'y perdant, la majesté des mers.

Tes feux intérieurs sont calmés, tu reposes ;
Mais ton cœur reste ouvert au vif esprit des choses.
L'or et ses dons pesants, la Gloire qui fait roi,
T'ont laissé bon, sensible, et loin autour de toi
Répandant la douceur, l'aumône et l'indulgence.
Ton noble accueil enchante, orné de négligence.
Tu sais l'âge où tu vis et ses futurs accords ;
Ton œil plane : ta voile, errant de bords en bords,
Glisse au cap de Circé, luit aux mers d'Artémise ;
Puis l'Orient t'appelle, et sa terre promise,
Et le Mont trois fois saint des divines rançons !
Et de là nous viendront tes dernières moissons,
Peinture, hymne, lumière immensément versée,
Comme un soleil couchant ou comme une Odyssée !...

Oh ! non, tout n'était pas dans l'éclat des cheveux,
Dans la grâce et l'essor d'un âge plus nerveux,
Dans la chaleur du sang qui s'enivre ou s'irrite !
Le Poëte y survit, si l'Ame le mérite ;
Le Génie au sommet n'entre pas au tombeau,
Et son soleil qui penche est encor le plus beau !

II

On lit au chapitre XXI du roman de *Volupté* les vers suivants :

Un mot qu'on me redit, mot léger, mais perfide,
Te contriste et te blesse, ô mon Ame candide ;
Ce mot tombé de loin, tu ne l'attendais pas ;

Fuyant, jeune, l'arène et ta part aux ébats,
Soustraite à tous jaloux en ta cellule obscure,
Il te semblait qu'on dût t'y laisser sans injure,
Et qu'il convenait mal au parvenu puissant,
Quand on se tait sur lui, d'aller nous rabaissant,
Comme si, dans sa brigue, il lui restait encore
Le loisir d'insulter à l'oubli que j'adore!
Tu te plains donc, mon Ame! — Oui,... mais attends un peu;
Avant de t'émouvoir, avant de prendre feu
Et de troubler ta paix pour un long jour peut-être,
Rentrons en nous, mon Ame, et cherchons à connaître
Si, purs du vice altier qui nous choque d'abord,
Nous n'aurions pas le nôtre, avec nous plus d'accord.
Car ces coureurs qu'un Styx agite sur ses rives,
Au festin du pouvoir ces acharnés convives,
Relevant d'un long jeûne, étonnés, et collant
A leur sueur d'hier un velours insolent (1)....
Leurs excès partent tous d'une fièvre agissante;
Une plus calme vie aisément s'en exempte;
Mais les écueils réels de cet autre côté
Sont ceux de la paresse et de la volupté.
Les as-tu fuis, ceux-là? Sonde-toi bien, mon Ame;
Et si, sans chercher loin, tu rapportes le blâme,
Si, malgré ton timide effort et ma rougeur,
La nef dormit longtemps en un limon rongeur,
Si la brise du soir assoupit trop nos voiles,
Si la nuit bien souvent eut pour nous trop d'étoiles,
Si jusque sous l'Amour, astre aux feux blanchissants,
Des assauts ténébreux enveloppent mes sens,
Ah! plutôt que d'ouvrir libre cours à ta plainte

---

(1) C'était une allusion, autant qu'il m'en souvient, à quelqu'un de ces pairs de France de création récente, auquel il était échappé alors sur mon compte un de ces mots étourdis ou perfides, comme on se les refuse si peu à l'occasion.

Et de frémir d'orgueil sous quelque injuste atteinte,
O mon Ame, dis-toi les vrais points non touchés;
Redeviens saine et sainte à ces endroits cachés;
Et, quand tu sentiras ta guérison entière,
Alors il sera temps, Ame innocente et fière,
D'opposer ton murmure aux propos du dehors;
Mais à cette heure aussi, riche des seuls trésors,
Maîtresse de ta pleine et douce conscience,
Le facile pardon vaincra l'impatience.
Tu plaindras nos puissants d'être peu généreux;
Leur dédain, en tombant, t'affligera sur eux,
Et, si quelque amertume en toi s'élève et crie,
Ce sera pure offrande à ce Dieu que tout prie!

III

Southey adressait la pièce suivante à l'un de ses amis qu'il désigne sous le nom de *William*, et qui était athée comme le *Wolmar* de la *Nouvelle Héloïse*; ce qui m'a fait substituer ce dernier nom.

L'AUTOMNE

IMITÉ DE L'ANGLAIS DE SOUTHEY

Non, cher Wolmar, non pas! Pour moi, l'année entière,
Dans sa succession muable et régulière,
Ne m'offre tour à tour que diverses beautés,
Toutes en leur saison. — Au déclin des étés,
Ce feuillage, là-bas, dont la frange étincelle,
Et qui, plus jaunissant, rend la forêt plus belle

Quand un soleil oblique y prolonge ses feux,
Tout ce voile enrichi ne présente à tes yeux
Que l'hiver, — l'hiver morne, aride. En ta pensée
Se dresse tout d'abord son image glacée :
Tu vois d'avance au loin les bois découronnés,
Dans chaque arbre un squelette aux longs bras décharnés ;
Plus de fleurs dont l'éclat au jour s'épanouisse ;
Plus d'amoureux oiseaux dont le chant réjouisse ;
La Nature au linceul épand un vaste effroi. —
Pour toi quand tout est mort, Ami, tout vit pour moi :
Ce déclin que l'Automne étale avec richesse
Me parle, à moi, d'un temps de fête et d'allégresse,
Du meilleur des saints jours, — alors qu'heureux enfants,
Sur les bancs de la classe, en nos vœux innocents,
Les feuilles qui tombaient ne nous disaient encore
Que le très-doux Noël et sa prochaine aurore.
Pour tout calendrier j'avais ma marque en bois ;
Et là, comptant les jours recomptés tant de fois,
Vite, chaque matin, j'y rayais la journée,
Impatient d'atteindre à l'aube fortunée. —
Pour toi, dans ses douceurs la mourante saison
N'est qu'un affreux emblème, et le dernier gazon
Te rappelle celui de la tombe certaine,
Durant ce long hiver où va la race humaine.
Tu vois l'homme écrasé, débile, se traînant
Sous le faix, et pourtant à vivre s'acharnant ;
Car cette vie est tout. Pour moi, ces douces pentes
Me peignent le retour des natures contentes,
L'heureux soir de la vie, — un esprit calme et sûr
Qui, pour la fin des ans, réserve un fruit plus mûr ;
Dans un œil languissant je crois voir l'étincelle,
Un céleste rayon d'espérance fidèle,
La jeunesse du cœur et la paix du vieillard. —
Tout, pour toi, dans ce monde est ténèbres, hasard :

Un grand principe aveugle, un mouvement sans cause
Anime tour à tour et détruit chaque chose ;
Par tous les éléments, sous les eaux, dans les airs,
Chaque être en tue un autre : ainsi vit l'Univers ;
Et dans ce grand chaos, bien plus chaos lui-même,
L'homme, insondable sphinx, ajoute son problème,
Crime et misère, en lui, qui se donnent la main ;
La douleur ici-bas, et point de lendemain —
Oh ! ma croyance, Ami, que n'est-elle la tienne !
Que n'as-tu, comme moi, l'espoir qui te soutienne,
Qui te montre la vie en germe dans la mort,
Le mal à se détruire épuisant son effort !
Dans la confuse nuit où l'orage nous laisse,
Que ne découvres-tu l'Étoile de promesse,
Qui ramène l'errant vers le bercail chéri !
Alors, Ami blessé, ton cœur serait guéri ;
Chaque vivant objet, que la trame déploie,
Te rendrait un écho d'harmonie et de joie ;
Et soumis, adorant, tu sentirais partout
Dieu présent et visible, et tout entier dans tout !

JUGEMENTS DIVERS ET TÉMOIGNAGES

SUR

LES CONSOLATIONS

JUGEMENTS DIVERS ET TÉMOIGNAGES

Je ferai ici comme j'ai fait au sujet de *Joseph Delorme*, je rassemblerai les preuves tant publiques que particulières de l'impression que produisit quand il parut en 1830, dans les derniers mois de la Restauration, et comme un dernier fruit de cette époque d'activité intellectuelle, de loisir et de rêve, le Recueil des *Consolations*.

Le journal *le Globe*, auquel j'avais appartenu dès l'origine, mais dont je m'étais un peu séparé depuis ma liaison avec l'école poétique de Victor Hugo et par mes propres essais trop marqués, donna, à la date du lundi 15 mars 1830, un extrait du Recueil, en le faisant précéder de ces lignes bienveillantes qui renfermaient un premier jugement :

« Il y a un an environ, il parut un livre de poésies, tableau déchirant des souffrances morales d'un pauvre jeune étudiant mourant à la fois de langueur et de travail; tantôt appelé par la tendresse de son âme aux rêveries les plus douces et les plus élevées, tantôt rabaissé par le malheur et par la vie des amphithéâtres et des hôpitaux à un sensualisme ironique, et amoureux de la laideur par amertume contre l'humanité. Ici les mystérieuses délicatesses d'un amour religieux et pur, là les ivresses insensées d'un plaisir sans choix, se disputaient cette âme de poëte ; et par-dessus tout cela le doute, ou plutôt le désespoir d'une incrédulité savante et réfléchie, avec toutes les angoisses de la mauvaise fortune. Dans les salons dorés, au milieu des élégances aisées d'une vie sans privation et sans contrainte, ce livre fut accueilli comme œuvre de mauvais ton ; il fut reçu avec enthousiasme dans les rangs de cette classe moyenne que notre système politique provoque à toutes les ambitions, et qui rencontre partout pour s'élever des obstacles toujours cruels, souvent infranchissables, contre lesquels s'use la vie et le génie même. Une analyse profonde, une recherche un peu systématique, mais cependant toujours vraie, des plus humbles détails, un style grave et tendu, chargé de couleurs toujours étincelantes, quoique quelquefois se heurtant ou s'éteignant dans le vague, une harmonie douloureuse, si je peux m'exprimer ainsi, ébranlèrent toutes les imaginations rêveuses et maladives. Les esprits froids se vengèrent par la raillerie d'une exaltation qui les humilie toujours. Quelques affectations de manière et de versification leur donnèrent beau jeu, et il fut convenu, parmi les élégants et les académiciens, que rien de ce petit livre n'était ni de bon sens ni de bon style. Cependant bientôt le vent a changé, la faveur est revenue au poëte pour ses rêves et ses folies de douleur aux lieux d'où naguère il était banni comme immoral. Le voici aujourd'hui suivant, libre et sincère, le progrès de son esprit, dépouillant sa maladive incrédulité, et s'élançant presque consolé dans le sein d'un mysticisme à moitié philosophique et à moitié chrétien. Ce n'est pas encore la foi ni la piété, mais c'est déjà le désir et l'aspiration à Dieu : c'est l'heure de passage de la vie telle que nous la vivons, faibles et corrompus, à la vie telle que nous devrions la vivre, purs et saints, sous la garde d'une religion qui malheureusement ne répond plus aux besoins de notre cœur, ni aux convictions de notre intelligence. Nous n'avons certes aujourd'hui ni l'envie ni la prétention de juger. Ce livre des *Consolations* enferme d'assez hautes et profondes idées, une poésie assez originale, pour qu'il faille le méditer : il fera bien lui-même son sort sans l'appui des amitiés. Plus tard nous le reprendrons avec charme et profit. En ces temps de passion et de colère, à la veille peut-être de misérables mais cependant cruelles agitations, il y a plaisir à se reposer sur de grandes pensées d'art et de religion, exprimées avec énergie, grâce et douceur.

« Nous choisissons comme extrait les deux pièces suivantes, qui nous semblent assez bien faire comprendre l'esprit de tout le livre. Nous ne saurions trop recommander aux lecteurs que cette amorce tentera de bien lire chaque pièce en situation, comme on dit au théâtre, c'est-à-dire à sa place dans l'ouvrage; car il en est des *Consolations* comme des *Poésies de Delorme :* c'est le roman d'une idée ou d'un sentiment, marchant et se développant par accès lyriques, par fantaisies détachées, mais cependant toutes parfaitement co ordonnées au but de l'ensemble. »

Le *Globe* citait ensuite la pièce IX du Recueil :

Ami, soit qu'emporté de passions sans nombre.. ...;

et la pièce XVII tout entière :

Ma barque est tout à l'heure aux bornes de la vie....

L'article d'examen et de fond ne parut que le vendredi 7 mai, il était signé O, et de la plume de cet homme d'esprit, M. Duvergier de Hauranne, qui partageait alors entre la littérature et la politique son actif intérêt et sa sagacité vigilante. Rien, dans ce qui a suivi, ne saurait me faire oublier ce qu'à la plus belle heure de ma jeunesse j'ai dû d'encouragement et de douceur à l'indulgent suffrage d'un critique exact et probe que l'amitié elle-même d'ordinaire ne fléchissait pas. Je donnerai cet article tout entier comme un de mes titres d'honneur :

« Il y a quelques années, une réputation de poëte se gagnait en France à bon marché. On apprenait en seconde ou en rhétorique à faire des vers; puis, maître de la césure et de la rime, on cherchait dans les livres quelque lieu commun de morale philosophique, ou dans la nature quelque sujet banal de description. Cela fait, on se mettait à son bureau, et il n'est pas qu'après s'être cinq ou six heures passé la main sur le front, on n'en tirât à la fin une centaine de vers raisonnables et corrects. Quand on n'aspirait qu'à l'épître ou à la satire, deux ou trois séances suffisaient. On les multipliait si l'on voulait s'élever à la tragédie ou au poëme épique; car, entre les unes et les autres, ce n'était à vrai dire qu'une différence de longueur et de temps. Venaient ensuite les lectures confidentielles d'abord, puis l'Almanach des Muses, puis l'impression ou la représentation; épreuves plus effrayantes que dangereuses, et dont, à l'aide de quelques précautions, on se tirait avec honneur. Ainsi paisiblement et sans bruit une renommée grandissait, jusqu'à ce qu'elle reçût enfin de l'Académie une éclatante sanction.

« Aujourd'hui les choses se passent moins bien. D'un côté, les poëtes que nous venons de décrire ont singulièrement baissé dans l'opinion; de l'autre, ceux qui voudraient les remplacer n'avancent dans la carrière qu'à la sueur de leur front. Il est en effet bon nombre de gens encore pour qui la poésie est tout entière dans les mots. Prenez les sentiments les plus insignifiants, les images les plus ternes; puis, que dans des lignes régulièrement mesurées et rimées ces sentiments et ces images se déguisent en périphrases pompeuses, ou s'habillent de sonores épithètes; et, pourvu qu'il n'y ait rien dans tout cela de trop nouveau, ces gens-là battront des mains et vous proclameront poëte. Mais pour ces mouvements secrets de l'âme qui se traduisent en paroles simples et littérales, pour ces brillantes créations de l'esprit qui impriment au style leur forme et leur couleur, n'attendez de telles gens ni grâce ni indulgence. Parce qu'ils ne sentiront pas, ils nieront qu'il y ait sentiment; parce qu'ils ne comprendront pas, qu'il y ait pensée.

« Ainsi l'on a fait quand *les Consolations* ont paru. Par un travers assez rare dans notre vieille école poétique, l'auteur sent à sa manière et écrit comme il sent; de plus le mètre n'est pour lui que le moyen, non le but. Triste et souffrant, il a donc fait un livre empreint d'un bout à l'autre de tristesse et de souffrance. Toutes ces choses sont dans un certain monde de mauvais exemple et de mauvais goût. Aussi les a-t-on tout d'abord déclarées artificielles et systématiques. Pour nous, nous l'avouons, si jamais œuvre nous parut émanée d'un sentiment véritable et profond, c'est celle que nous annonçons. Que ce sentiment déplaise, nous le concevons; qu'on le trouve mal ou faiblement exprimé, nous le concevons encore; mais il y a, ce nous semble, étrange aveuglement à le nier, ou plutôt il y a parti pris. Car si la petite église poétique à laquelle fait profession d'appartenir l'auteur des *Consolations* a d'extravagants sectateurs, elle a des ennemis qui ne sont guère plus sages. Pour les uns, tout est admirable et sublime; tout est, pour les autres, absurde et ridicule. Mais au milieu se trouve un public impartial et sincère qui, sans fermer les yeux sur les défauts, ne demande qu'à goûter les beautés, public jeune en général, et que n'égarent ni de vieux ni de nouveaux préjugés. C'est à ce public que nous essaierons de parler.

« On se souvient d'un modeste volume qui parut l'an dernier sous le titre de *Poésies de Joseph Delorme*. Ce volume, où il y avait beaucoup à louer et beaucoup à reprendre, fut, comme il arrive toujours, fort diversement jugé. Ceux qui prirent la peine de le lire en entier y trouvèrent, en général, une rare originalité, et tous les germes d'un talent qui devait se développer et grandir. Ceux, au contraire, qui ne le connurent que par deux ou trois pièces choisies maladroitement ou à mauvaise intention, déclarèrent l'auteur indigne de tout examen sérieux. Cet auteur est encore celui des *Consolations*, et, quand il ne l'avouerait pas dans sa préface, de l'un à l'autre de ces ouvrages il y a filiation évidente : ce sont en quelque sorte le premier et le second chapitre d'un roman qui est encore loin d'être fini. *Joseph Delorme*, en un mot, exprime un certain état de l'âme; *les Consolations*, un autre état de la même âme; mais chacun des deux volumes n'en exprime qu'un seul. De là, si on veut le comprendre et le sentir, la nécessité, cette fois comme l'autre, de lire toutes les pièces dans leur ordre. Isolées, elles perdent leur sens, ou seulement mises hors de leur place : ce ne sont plus alors que des fragments séparés d'une œuvre qui se lie; ce ne sont plus que les membres disjoints d'un corps qui se tient. Il y a dans cette manière de procéder quelque chose d'un peu lent et peut-être d'assez monotone, mais qui ne manque pas de charme. On aime à suivre cette pensée unique à travers tous ses détours et sous toutes ses transformations; à la voir avancer doucement, puis se replier sur elle-même, puis avancer de nouveau. Ainsi elle se produit bien plus complète, elle se développe bien plus large que si, conçue par un esprit vif et encadrée dans cinq ou six strophes, elle y brillait un moment pour disparaître après.

« Nous avons dû commencer par cette observation, parce qu'elle est capitale. Elle explique comment des esprits judicieux et droits se sont complétement mépris sur le livre de M. Sainte-Beuve; elle nous explique à nous-même comment, éprouvant d'abord peu de sympathie pour son talent, nous nous sommes par degrés laissé prendre et entraîner. Une poésie un peu intime a d'ailleurs besoin, même chez le lecteur, de solitude et de méditation. Jetée comme délassement au milieu des préoccupations politiques, ou prise après dîner pour stimuler la langueur d'une conversation qui ennuie, comment pourrait-elle être sentie?

« Maintenant disons quel est le sujet des *Consolations*. *Joseph Delorme* nous avait montré un pauvre jeune homme doué de belles facultés, mais brisé par le malheur, aigri par la pauvreté, égaré par le désespoir, mélange douloureux de sentiments élevés et de basses fantaisies, rêvant un monde meilleur, et remuant avec joie toutes les fanges de la vie ; repoussant l'idée de Dieu, et incessamment poursuivi de la pensée du suicide. Ici le désespoir a fait place à une douce tristesse, l'impiété s'est convertie en un vague sentiment religieux. Vous vous souvenez des admirables leçons où M. Cousin nous a si bien peint l'état singulier de ces âmes qui, par dégoût du scepticisme, se jettent dans le mysticisme, et l'embrassent avec amour. Eh bien ! on pourrait dire que les *Poésies de Joseph Delorme* et *les Consolations* sont les deux chaînons qui unissent l'un à l'autre. Le scepticisme, dans *Joseph Delorme*, n'était pas encore parti, mais il s'en allait. Le mysticisme, dans *les Consolations*, n'est pas encore venu, mais il vient. Ce n'est point l'orgueilleuse et triste incrédulité de lord Byron, encore moins la foi paisible et pure de M. de Lamartine : c'est un état bien plus commun aujourd'hui, état d'incertitude et de transition, penchant vers la philosophie par l'esprit, vers la religion par le cœur, ne croyant pas, mais aspirant à croire. En un mot, pour parler comme l'auteur, la maladie commence à céder, et c'est à la poésie d'abord, c'est surtout à l'amitié qu'il en est redevable. Aussi dans cette nouvelle phase de son existence la poésie et l'amitié sont-elles intimement unies. Chaque morceau du recueil porte le nom d'un ami, non par une vaine affectation, mais parce que le souvenir de cet ami était en effet présent, lorsque le morceau a été composé. Et si, parmi ces noms, il en est un qui revient sans cesse, c'est que celui que ce nom désigne n'est jamais absent de la pensée de l'auteur ; c'est que, plus que personne, cet ami a su décider en lui la crise dont il se réjouit. Nous savons tout ce que peuvent prêter au ridicule ce dévouement sans bornes et cette admiration sans limites ; mais nous sentons aussi tout ce qu'ils ont de sincère et par conséquent de touchant.

« On le voit ; ici l'auteur et le livre sont tellement identifiés, que, raconter l'histoire de l'un, c'est presque rendre compte de l'autre. Assurément, que l'état que nous venons de décrire soit ou non raisonnable et bon, il est vrai, il est profond, et par conséquent éminemment poétique. Reste à savoir si l'exécution n'a pas manqué à la conception et l'artiste au penseur. Car ce n'est pas tout de renfermer en son sein une mine de poésie abondante et riche ; il faut encore l'en extraire et la montrer pure et brillante au dehors. D'après ce que nous avons dit en commençant, on connaît déjà un des caractères principaux de la forme poétique de M. Sainte-Beuve : c'est la lenteur avec laquelle sa pensée se développe. On ne peut donc, nous le répétons, le juger sur un fragment détaché, ni même sur une pièce entière isolée des pièces qui précèdent et qui suivent.

Cependant nous en citerons une, qui, jointe à celles que *le Globe* a déjà citées, pourra, ce nous semble, donner des autres une assez juste idée. Quand on l'aura lue pour en goûter l'ensemble, nous prions de la relire pour en examiner les détails; nulle part peut-être la facture de M. Sainte-Beuve ne se montre plus à nu :

Dans l'île Saint-Louis, le long d'un quai désert....

(Suit la pièce entière dédiée à M. Auguste Le Prévost, qui commence par ce vers.)

« Nous ne savons, mais rien dans notre langue ne nous fait éprouver le même genre de plaisir que ce morceau si touchant et si simple. Il semble que nous marchions côte à côte avec l'auteur, et que le long de ce quai désert notre pensée erre avec la sienne et se prenne machinalement aux mêmes vieux souvenirs, s'abandonne aux mêmes réflexions. C'est une rêverie comme dans nos moments de paisible contemplation nous nous y sentons tous entraînés. Telle est en effet l'imagination, ou, si l'on veut, la muse de M. Sainte-Beuve. Il ne lui faut ni grandes catastrophes ni sublimes spectacles. Plus modeste et plus bourgeoise, elle loge en garni, dîne à table d'hôte, se promène sur les quais ou les boulevards, et partout s'inspire de ce qui l'entoure, s'anime de ce qu'elle voit. Tout, en un mot, est pour elle source d'émotion et de poésie : une vieille maison qui projette son ombre sur le quai, une sculpture abandonnée dans une cour, une branche d'arbre qui pend devant sa fenêtre, tout, jusqu'aux recoins poudreux de sa chambre. C'est de là que toujours elle part pour s'élever aux méditations les plus hautes; c'est là qu'ensuite elle vient se reposer, et prendre des forces nouvelles.

« Plusieurs poètes en Angleterre ont ainsi procédé; mais aucun en France. Aussi, comme toute innovation, celle-ci fait-elle jeter de grands cris. « C'est, dit-on, rabaisser la poésie que de la faire descendre à de si vulgaires détails. La poésie est fille des dieux et ne doit pas déroger. » Admirable critique! Faut-il cent fois répéter que la poésie est partout où il existe un poète, et là seulement? Que d'honnêtes jeunes gens nous avons connus qui, au sortir du collège, se mettaient en quête de poésie au delà des Alpes ou des Apennins! Les cheveux longs et la barbe touffue, on les voyait le matin errer dans les rues de Pompéia, gravir le Vésuve, s'asseoir au Colisée; et, malgré tout cela, cette inspiration qu'ils étaient venus chercher si loin les fuyait comme à Paris ou à Lyon. « J'ai du malheur, nous disait un d'eux, un jour que nous le rencontrâmes dans les cata-

8

combes de Naples. Je me promène ici depuis bientôt six heures, et je ne trouve rien : cependant les catacombes sont bien poétiques. » C'est que si la nature extérieure a sa poésie, cette poésie n'est qu'un germe que peut seule féconder une âme poétique ; c'est de plus qu'en poésie comme en amour les penchants sont divers. Il n'est pas sûr que le Pausilippe inspirât M. Sainte-Beuve aussi bien que son boulevard d'Enfer.

« Toutes les pièces du recueil ne sont pourtant pas du même genre. Souvent le poëte nous initie moins au travail de son imagination, et l'inspiration nous apparaît sans que nous la voyions venir. Nous citerons, par exemple, la pièce adressée à mademoiselle ***, chef-d'œuvre, selon nous, de sensibilité et de grâce ; nous citerons *la Harpe éolienne*, traduction ravissante du poëte anglais Coleridge, avec lequel M. Sainte-Beuve a de si remarquables rapports. Nous citerons enfin l'admirable morceau *sur l'art*, que *le Globe* a inséré tout entier. Il n'y a point là de ces détails qu'on appelle vulgaires ; mais ce n'en est pas moins une poésie de même nature. Bien différent de ces poëtes qui font des vers pour en faire, M. Sainte-Beuve pense et sent, et ses pensées comme ses sentiments débordent en poésie.

« Pour parler à fond du style, il nous faudrait presque un second article. Le style de M. Sainte-Beuve, en effet, a deux caractères, l'un qui lui est propre, et l'autre qu'il tient de l'école à laquelle il appartient. Cette école, on le sait, croit, et nous croyons avec elle, que la langue poétique de la France a, depuis Corneille et Molière, été continuellement s'effaçant. C'est donc au commencement du dix-septième siècle, au delà même de Racine qu'elle cherche à remonter. Là, selon elle, est un instrument souple et fort, plein et varié, instrument que les poëtes du dernier siècle ont à tort délaissé, et que leurs successeurs doivent tâcher de ressaisir. Telle est, en fait de style, la révolution, ou, si l'on veut, la restauration, qu'avec persévérance et courage poursuivent en ce moment les poëtes de la nouvelle école. Mais une restauration est toujours pleine de difficultés et de dangers, et peut-être n'ont-ils pas su toujours s'en garantir. Peut-être, par haine de la régularité monotone du vers qu'ils attaquent, ont-ils trop brisé leur vers, et, par ennui du solennel, trop recherché le familier. De là, plusieurs singularités qui, comme on l'a déjà dit dans ce journal, sont en quelque sorte leur cocarde. Cette cocarde, M. Sainte-Beuve la montre beaucoup moins dans ce nouveau recueil que dans le premier ; mais il ne la cache pas encore tout à fait. Quant à son style propre, il est, si nous pouvons parler ainsi, tout d'une pièce avec la pensée, et c'est ce qui le rend de temps en temps traînant et pénible. Le sentiment restant toujours un peu vague, l'expression en effet n'en saurait être parfaitement précise. La période va donc s'allongeant et s'étendant sans mesure. En un mot, c'est avec quelque effort que la pensée se dégage et se produit au dehors, ce qui nous paraît tenir surtout à la pensée elle-même. Nous ne disons pourtant pas que la difficulté ne pût être plus heureusement surmontée. M. Sainte-Beuve (il le reconnaît quelque part lui-même) n'est pas encore parfaitement maître de la langue poétique : il faut, pour la dompter, qu'il lutte et se débatte ; et la victoire quelquefois peut rester incomplète.

« En résumé, en France, où nous avons si peu de poésie personnelle, M. Sainte-Beuve est, nous le croyons, appelé à tenir un haut rang. Il est, d'ailleurs, ce que ne sont pas tous les poëtes, un penseur et un homme d'esprit. Qu'on ne cherche en lui ni vif intérêt dramatique, ni morceaux de bruit et d'éclat ; le bruit dérangerait ses rêveries, l'éclat conviendrait mal à ses habitudes craintives et simples. Nous avons entendu reprocher à M. Sainte-Beuve d'avoir imité M. Victor Hugo ; pour nous, à quelques prétentions de style près, nous ne connaissons pas deux poëtes plus dissemblables. M. Hugo est surtout un poëte d'imagination, M. Sainte-Beuve un poëte de pensée. C'est par l'image que le premier arrive presque toujours au sentiment ; par le sentiment, que le second arrive à l'image. Nous pourrions pousser plus loin ce parallèle ; mais cet article est déjà trop long. Répétons donc en terminant que de *Joseph Delorme* aux *Consolations* il y a progrès très-notable. Nous avons la confiance que l'auteur ne s'arrêtera pas là.

« O. (DUVERGIER DE HAURANNE.) »

Tous les journaux ne me furent pas aussi favorables : *le National*, par la plume de M. Louis Peisse, se montra d'un classicisme rigoureux. Je ne reproduis pas (ce serait trop d'humilité), mais je signale aux lecteurs qui aiment la contradiction cet article d'un esprit exact, sobre et un peu chagrin (28 mars 1830). Armand Carrel lui-même, que je connaissais peu alors, voulut bien, à la fin d'une série d'articles sur *Hernani* (29 mars 1830), déplorer avec politesse mon égarement : « On ne peut, disait-il en terminant, attaquer par trop d'endroits à la fois une production pareille, quand on voit, par la préface des *Consolations*, la déplorable émulation qu'elle peut inspirer à un esprit délicat et naturellement juste. »

Le mot d'*émulation* n'était peut-être pas très-justement choisi; et bien que tous mes vœux fussent certainement pour le succès d'*Hernani*, l'esprit du Recueil des *Consolations* et toute l'intention de la préface étaient plutôt en faveur de l'inspiration lyrique et intérieure, de manière même à faire contraste avec le mouvement dramatique dans lequel on se lançait. Il semblait déjà qu'il y eût de ma part un léger regret et une plainte.

Carrel n'y regardait pas de si près en littérature. Mais la plupart des esprits purement littéraires me furent favorables. Dans les lettres nombreuses qui m'arrivèrent alors et dont j'ai conservé quelques-unes, je me hasarde à choisir celles qui ont quelque chose de remarquable par les noms des signataires ou par les jugements. Je laisse au lecteur le soin d'y faire la part du compliment et de l'opinion sincère.

M. de Chateaubriand m'écrivait :

« 30 mars 1830.

« Je viens, monsieur, de parcourir trop rapidement vos *Consolations*; des vers pleins de grâce et de charme, des sentiments tristes et tendres se font remarquer à toutes les pages. Je vous félicite d'avoir cédé à votre talent, en le dégageant de tout système. Écoutez votre génie, monsieur ; chargez votre muse d'en redire les inspirations, et pour atteindre la renommée, vous n'aurez besoin d'être porté dans le *casque* de personne (1).

« Recevez, monsieur, je vous prie, mes sentiments les plus empressés et mes sincères félicitations.

« CHATEAUBRIAND. »

Lamartine n'avait été qu'à demi satisfait de *Joseph Delorme*; il y voyait pour la forme une imitation d'André Chénier qu'il

---

(1) C'est une allusion au sonnet à Victor Hugo (XXIII), où il est dit :

Comme un guerrier de fer, un vaillant homme d'armes,
S'il rencontre, gisant, un nourrisson en larmes,
Il le prend dans son casque et le porte en chemin.

prisait peu alors; il me l'écrivit en des termes plus indulgents pour moi que justes pour A. Chénier. Mais la première pièce des *Consolations* qu'il avait lue un jour manuscrite chez Victor Hugo sur la marge d'un vieux *Ronsard* in-folio qui nous servait d'album, l'avait tout à fait conquis. Je le connus personnellement dans l'été de cette année 1829, et en souvenir d'une promenade et d'un entretien au Luxembourg, je lui adressai la pièce qui est la VIe des *Consolations*. Il y répondit aussitôt, et le jour même où il la recevait, par une Épître qu'il griffonna au crayon sur son album. Quelques jours après il me l'envoyait copiée avec ce mot :

« Saint-Point, 24 août 1829.

« Je vous tiens parole, mon cher Sainte-Beuve, plus tôt que je ne comptais. Voici ces vers que je suis parvenu à vous griffonner en trois jours sur les idées que votre épître délicieuse m'avait inspirées quand je la reçus, et qui étaient ensevelis et effacés sur mon album au crayon...

« Pardonnez-moi de vous répéter en vers mes injures poétiques sur quelques morceaux de *Joseph Delorme*, vous verrez qu'elles sont l'ombre de la lumière qui environnera son nom. Et si ce sans-façon poétique vous déplait, déchirez-les.

« Adieu et mille amitiés à vous et à nos amis (1).

« LAMARTINE. »

Ce fut dans l'été de 1830 que parurent les deux volumes des *Harmonies*, sur lesquels je fis des articles au *Globe*. Lamartine m'en remercia par une lettre qui exprime bien les préoccupations et les pensées de ce temps, et qui en fixe exactement la

(1) Ces amis, c'étaient Hugo, David le sculpteur, de Vigny; mais de Vigny demeurait alors dans le quartier du Roule, où il habite encore aujourd'hui; et nous, au contraire, Hugo, moi-même, David ainsi que les Devéria, nous étions dans la rue *Notre-Dame-des-Champs* ou aux environs : c'était toute une petite colonie qui fut au complet de 1827 jusqu'à l'automne de 1830. — Ne pas confondre cette période plus ancienne de la jeunesse de Victor Hugo avec l'époque de la *Place Royale* qui fut un cadre et un monde tout différents.

nuance. Il y mêle son jugement sur *les Consolations*, lequel est si favorable qu'il y aurait pudeur à le produire, si lui-même, bien des années après, n'avait dit les mêmes choses, et en des termes presque semblables, dans un de ses *Entretiens* familiers sur la littérature.

« Au château de Saint-Point, 27 juin 1830.

« Recevez mes bien vifs remercîments, mon cher Sainte-Beuve, pour toute la peine que vous a donnée le laborieux enfantement de mes deux volumes au jour. J'ai lu avec reconnaissance les deux articles du *Globe*. On m'a dit que *le Constitutionnel* même avait parlé assez favorablement. Le grand nombre de lettres particulières d'inconnus que je reçois tous les jours me font assez bien augurer pour l'avenir de cette publication...

« Je suis enfin au lieu du repos ; les élections l'ont un moment troublé ; mais elles sont partout comme ici, si prononcées dans un sens hostile qu'il n'y a plus rien à faire qu'à s'envelopper de son manteau et à attendre les événements. Lorsque, comme nous, on déplore les sottises des deux partis, on passe sa vie à gémir. Tout marche à un renversement de l'État, provisoirement tranquille, où nous étions depuis quelques années ; hâtez-vous de faire entendre votre voix poétique pendant qu'il y a encore au moins le silence de la terreur ; bientôt peut-être on n'entendra plus que le cri des combattants. Les symptômes sont alarmants ; vos paisibles amis de Paris qui font de la politique avec leur encre et leur papier dans la liberté des théories, verront à quels éléments réels ils vont avoir affaire. La plume cédera au sabre. Soyez-en sûr..... (1).

« Hier j'ai relu *les Consolations* pour me consoler de ce que j'entrevois ; elles sont ravissantes. Je le dis et je le répète ; c'est ce que je préfère dans la poésie française intime. Que de vérité, d'âme, d'onction et de poésie ! J'en ai pleuré, moi qui oncques ne pleure.

---

(1) On trouvera peut-être que M. de Lamartine se méprenait ici dans ses présages trop sombres. Mais le poëte voit de loin ; et en 1830, si M. de Lamartine s'est trompé dans ses prévisions immédiates, ce n'était qu'affaire de temps et de distance ; il anticipait 1848 et 1851 ; il voyait deux ou trois horizons à la fois. Ce qu'il ne prévoyait pas, c'est qu'il serait l'Orphée qui plus tard dirigerait et réglerait par moments de son archet d'or cette invasion de barbares.

Soyez en repos contre vos détracteurs; je vous réponds de l'avenir avec une telle poésie : croissez seulement et multipliez.

« Adieu. Mille amitiés.

« A. DE LAMARTINE. »

Béranger, de son côté, avec une indulgence presque égale, mais aussi avec cette malice légère dont il savait assaisonner les éloges et en ne craignant pas de badiner et de sourire à de certains passages, m'écrivait :

« Mars 1830.

« Mon cher Delorme,

« Sachant que j'ai écrit à Hugo au sujet d'*Hernani*, peut-être, en recevant ma lettre, allez-vous croire que je veux me faire le thuriféraire de toute l'école romantique. Dieu m'en garde! et ne le croyez pas. Mais, en vérité, je vous dois bien des remercîments pour les doux instants que votre nouveau volume m'a procurés. Il est tout plein de grâce, de naïveté, de mélancolie. Votre style s'est épuré d'une façon remarquable, sans perdre rien de sa vérité et de son allure abandonnée. Moi, pédant (tout ignorant que je suis), je trouverais bien encore à guerroyer contre quelques mots, quelques phrases; mais vous vous amendez de si bonne grâce et de vous-même, qu'il ne faut que vous attendre à un troisième volume. C'est ce que je vais faire, au lieu de vous tourmenter de ridicules remarques.

« Savez-vous une crainte que j'ai? c'est que vos *Consolations* ne soient pas aussi recherchées du commun des lecteurs que les infortunes si touchantes du pauvre Joseph, qui pourtant ont mis tant et si fort la critique en émoi. Il y a des gens qui trouveront que vous n'auriez pas dû vous consoler sitôt; gens égoïstes, il est vrai, qui se plaisent aux souffrances des hommes d'un beau talent, parce que, disent-ils, la misère, la maladie, le désespoir sont de bonnes muses. Je suis un peu de ces mauvais cœurs. Toutefois, j'ai du bon; aussi vos touchantes *Consolations* m'ont pénétré l'âme, et je me réjouis maintenant du calme de la vôtre. Il faut pourtant que je vous dise que moi, qui suis de ces poëtes tombés dans l'ivresse des sens dont vous parlez, mais qui sympathise même avec le mysticisme, parce que j'ai sauvé du naufrage une croyance inébranlable, je trouve la vôtre un peu affectée dans ses expressions. Quand vous vous servez du mot de *Seigneur*, vous me faites penser à ces cardinaux anciens qui remerciaient Jupiter et tous les dieux de l'Olympe de l'élection d'un nouveau pape. Si je vous pardonne ce lambeau de culte jeté sur votre foi de déiste, c'est qu'il me semble que c'est à quelque beauté, tendrement superstitieuse, que vous l'avez emprunté par condescendance amoureuse. Ne regardez pas cette observation comme un effet de critique impie. Je suis croyant, vous le savez et de très-bonne foi; mais aussi je tâche d'être vrai en tout, et je voudrais que tout le monde le fût, même dans les moindres détails. C'est le seul moyen de persuader son auditoire.

« Qu'allez-vous conclure de ma lettre? Je ne sais trop. Aussi, je sens le besoin de me résumer.

« A mes yeux vous avez grandi pour le talent et grandi beaucoup. Le sujet de vos divers morceaux plaira peut-être moins à ceux qui vous ont le plus applaudi d'abord; il n'en sera pas ainsi pour ceux d'entre eux qui sont sensibles à tous les épanchements d'une âme aussi pleine, aussi délicate que la vôtre. L'éloge qui restera commun aux deux volumes, c'est de nous offrir un genre de poésie absolument nouveau en France, la haute poésie des choses communes de la vie. Personne ne vous avait devancé dans cette route; il fallait ce que je n'ai encore trouvé qu'en vous seul pour y réussir. Vous n'êtes arrivé qu'à moitié du chemin, mais je doute que personne vous y devance jamais; je dirai plus : je doute qu'on vous y suive. Une gloire unique vous attend donc; peut-être l'avez vous déjà complétement méritée; mais il faut beaucoup de temps aux contemporains pour apprécier les talents simples et vrais; ne vous irritez donc point de nos hésitations à vous décerner la couronne. Mettez votre confiance en Dieu; c'est ce que j'ai fait, moi, poëte de cabaret et de mauvais lieux, et un tout petit rayon de soleil est tombé sur mon fumier. Vous obtiendrez mieux que cela et je m'en réjouis. A vous de tout mon cœur.

« Béranger. »

Ce n'est pas sans un sentiment de plaisir mélangé de tristesse et d'étonnement, après tant d'années durant lesquelles ont eu le temps de se refroidir ou de s'altérer les vives et faciles attractions de la jeunesse, que je retrouve, au sujet du même Recueil, des lettres toutes tendres de M. Vitet, tout aimables de M. Duchâtel, de M. Edmond de Cazalès qui avait rendu compte du livre dans *le Correspondant*, une pièce de vers en strophes lyriques que m'adressait Alexandre Dumas, une lettre de Buchez le saint-simonien, non encore catholique, et qui, au nom même de mes sympathies, me conviait à une direction religieuse nouvelle (31 mars 1830) :

« Monsieur, je viens de lire vos *Consolations ;* et je ne puis résister au désir de vous écrire. Vous êtes poëte ; il faut que je vous parle encore : vous êtes poëte, m'écouterez-vous ? écouterez-vous des mots que je crois simples, qui sont durs, peut-être ? Vous m'avez fait pleurer, et, cependant, je suis déjà vieux. Au nom de ces pleurs, je vous parle... »

Suivait une discussion, une allocution pressante et chaleureuse, un *Compelle intrare* dans la religion de l'avenir.

Mais je dus à Beyle (Stendhal), le spirituel épicurien et l'un des plus osés romantiques de la prose, un des suffrages qui étaient le plus faits pour me flatter. Il était peu disposé, en général, en faveur des vers, et des vers français en particulier. Dans un premier écrit sur le Romantisme en 1818, il avait dit :

« ..... La France et l'Allemagne sont muettes : le génie poétique éteint chez ces nations n'est plus représenté que par des foules de versificateurs assez élégants, mais le feu du génie manque toujours; mais si on veut les lire, toujours l'ennui comme un poison subtil se glisse peu à peu dans l'âme du lecteur ; ses yeux deviennent petits, il s'efforce de lire, mais il bâille, il s'endort et le livre lui tombe des mains. »

Quelle fut donc ma surprise quand je reçus de lui, avec qui je n'avais eu d'ailleurs que des relations assez rares et de rencontre, une lettre ainsi conçue !

« Après avoir lu *les Consolations* trois heures et demie de suite, le vendredi 26 mars (1830).

« S'il y avait un Dieu, j'en serais bien aise, car il me payerait de son paradis pour être honnête homme comme je suis.

« Ainsi je ne changerais rien à ma conduite, et je serais récompensé pour faire précisément ce que je fais.

« Une chose cependant diminuerait le plaisir que j'ai à rêver avec les douces larmes que fait couler une bonne action : cette idée d'en être *payé* par une récompense, un paradis.

« Voilà, monsieur, ce que je vous dirais en vers, si je savais en faire aussi bien que vous. Je suis choqué que vous autres qui *croyez en Dieu*, vous imaginiez que, pour être *au désespoir* trois ans de ce qu'une maîtresse vous a quittés, il faille croire en Dieu. De même un Montmorency s'imagine que, pour être brave sur le champ de bataille, il faut s'appeler Montmorency.

« Je vous crois appelé, monsieur, aux plus grandes destinées littéraires, mais je trouve encore un peu d'affectation dans vos vers. Je voudrais qu'ils ressemblassent davantage à ceux de La Fontaine. Vous parlez trop de gloire. On aime à travailler, mais Nelson (lisez sa *Vie* par l'infâme Southey), Nelson ne se fait tuer que pour devenir *pair d'Angleterre*. Qui diable sait si la gloire viendra ! Voyez Diderot promettre l'immortalité à M. Falconet sculpteur.

« La Fontaine disait à la Champmeslé : « Nous aurons la gloire, moi pour écrire et vous pour réciter. » Il a deviné. Mais pourquoi parler de ces choses-là ? La passion a sa pudeur, pourquoi révéler ces choses intimes ? pourquoi des noms ? Cela a l'air d'une prônerie, d'un *puff*.

« Voilà, monsieur, ma pensée et toute ma pensée. Je crois qu'on parlera de vous en 1890. Mais vous ferez mieux que *les Consolations*, quelque chose de plus *fort* et de plus *pur*. »

Ce même Beyle, quelques mois après et au lendemain de la révolution de Juillet, nommé consul à Trieste, et se croyant prêt à partir (il n'obtint pas l'*Exequatur*), m'écrivait cet autre billet tout aimable, qui me prouvait une fois de plus qu'il augurait bien de moi et qu'il ne tenait pas à lui que je ne devinsse quelque chose :

« 71, rue Richelieu, ce 29 septembre 1830.

« Monsieur, on m'assure à l'instant que je viens d'être nommé consul à Trieste. On dit la nature belle en ce pays. Les îles de l'Adriatique sont pittoresques. Je fais le premier acte de consulat en vous engageant à passer six mois ou un an dans la maison du consul. Vous seriez, monsieur, aussi libre qu'à l'auberge ; nous ne nous verrions qu'à table. Vous seriez tout à vos inspirations poétiques.

« Agréez, monsieur, l'assurance de mes sentiments les plus distingués.

« BEVLE. »

C'était aux *Consolations* et aux espérances qu'elles donnaient que je devais tous ces témoignages

Parmi mes amis du *Globe* ou qui appartenaient par leurs idées à ce groupe, il en est deux de qui je reçus des marques de sympathie accompagnées de quelques indications justes et dont j'aurais pu profiter. M. Viguier, l'un des maîtres les plus distingués et les plus délicats de l'ancienne École normale, à qui j'avais dédié l'une des pièces (la IIe) du Recueil, après m'avoir remercié cordialement, après m'avoir dit : « Ce n'est pas un livre, c'est « encore cette fois une âme vivante que vous m'avez fait lire; « telle est votre manière : entre votre talent et votre manière « morale il y a intimité; » ajoutait ces paroles que j'aurais dû peser davantage et dont j'ai vérifié depuis la justesse :

« Voilà donc une phase nouvelle, un autre degré de l'échelle poétique et morale. Il faudra bien vous laisser dire que l'on ne voit pas assez clairement le point où vous arrivez dans la foi, ni celui où vous tendez; que le désespoir, avec tous ses scandales, fait plus pour le succès et pour une certaine originalité qu'un premier retour à des pensées religieuses; que vous paraissez menacé du mysticisme dévot, et qu'en attendant, le mysticisme d'une rêverie toute subjective ne laisse pas assez arriver dans ce sanctuaire toujours tendu de deuil l'air du dehors, le soleil, la vie du monde. Qu'importe? ce n'est encore qu'une seule année de votre vie! L'unité du ton, quand il est vrai, fort et animé, n'est point la monotonie. Ce n'est pas la popularité, c'est la durée qui doit faire votre succès. Vous n'avez qu'à vivre pour varier les applications d'un si beau talent. Vivez donc, mon cher Sainte-Beuve, et vivez heureux! Que le bonheur vous inspire aussi bien que les chagrins et la pénitence : ce sera une double satisfaction pour ceux qui vous aiment. »

L'ami intime de M. Viguier, Farcy, qui devait quelques mois

après tomber sous une balle royaliste dans le combat des derniers jours de Juillet, et avec qui je m'étais lié depuis peu, ne me parlait pas différemment, et de plus il fixait par écrit pour lui-même ses observations critiques dans des pages qui ne m'ont été communiquées qu'après sa mort. Les voici : c'est une appréciation critique complète de mes deux premiers Recueils, et bien que les pages soient restées inachevées, elles ne laissent rien à désirer pour le sens : combien j'en ai admiré la pénétration et reconnu au dedans de moi la portée exacte et précise! Farcy avait touché tous les points secrets :

« Dans le premier ouvrage (dans *Joseph Delorme*), disait-il, c'était une âme flétrie par des études trop positives et par les habitudes des sens qui emportent un jeune homme timide, pauvre, et en même temps délicat et instruit ; car ces hommes ne pouvant se plaire à une liaison continuée où on ne leur rapporte en échange qu'un esprit vulgaire et une âme façonnée à l'image de cet esprit, ennuyés et ennuyeux auprès de telles femmes, et d'ailleurs ne pouvant plaire plus haut ni par leur audace ni par des talents encore cachés, cherchent le plaisir d'une heure qui amène le dégoût de soi-même. Ils ressemblent à ces femmes bien élevées et sans richesses, qui ne peuvent souffrir un époux vulgaire, et à qui une union mieux assortie est interdite par la fortune.

« Il y a une audace et un abandon dans la confidence des mouvements d'un pareil cœur, bien rares en notre pays et qui annoncent le poëte.

« Aujourd'hui (dans *les Consolations*) il sort de sa débauche et de son ennui ; son talent mieux connu, une vie littéraire qui ressemble à un combat, lui ont donné de l'importance et l'ont sauvé de l'affaissement. Son âme honnête et pure a ressenti cette renaissance avec tendresse, avec reconnaissance. Il s'est tourné vers Dieu d'où vient la paix et la joie.

« Il n'est pas sorti de son abattement par une violente secousse : c'est un esprit trop analytique, trop réfléchi, trop habitué à user ses impressions en les commentant, à se dédaigner lui-même en s'examinant beaucoup ; il n'a rien en lui pour être épris éperdument et pousser sa passion avec emportement et audace ; plus tard peut-être... Aujourd'hui il cherche, il attend et se défie.

« Mais son cœur lui échappe et s'attache à une fausse image de l'amour. L'étude, la méditation religieuse, l'amitié, l'occupent si elles ne le remplissent pas, et détournent ses affections. La pensée de l'art noblement conçu le soutient et donne à ses travaux une dignité que n'avaient pas ses premiers essais, simples épanchements de son âme et de sa vie habituelle. — Il comprend tout, aspire à tout, et n'est maître de rien ni de lui-même. Sa poésie a une ingénuité de sentiments et d'émotions qui s'attachent à des objets pour lesquels le grand nombre n'a guère de sympathie, et où il y a plutôt travers d'esprit ou habitudes bizarres de jeune homme pauvre et souffreteux, qu'attachement naturel et poétique. La misère domestique vient gémir dans ses vers à côté des élans d'une noble âme et causer ce contraste pénible qu'on retrouve dans certaines scènes de Shakespeare (*Lear*, etc.), qui excite notre pitié, mais non pas une émotion plus sublime.

« Ces goûts changeront ; cette sincérité s'altérera ; le poète se révélera avec plus de pudeur ; il nous montrera les blessures de son âme, les pleurs de ses yeux, mais non plus les flétrissures livides de ses membres, les égarements obscurs de ses sens, les haillons de son indigence morale. Le libertinage est poétique quand c'est un emportement du principe passionné en nous, quand c'est philosophie audacieuse, mais non quand il n'est qu'un égarement furtif, une confession honteuse. Cet état convient mieux au pécheur qui va se régénérer ; il va plus mal au poète qui doit toujours marcher simple et le front levé, à qui il faut l'enthousiasme ou les amertumes profondes de la passion.

« L'auteur prend encore tous ses plaisirs dans la vie solitaire, mais il y est ramené par l'ennui de ce qui l'entoure, et aussi effrayé par l'immensité où il se plonge en sortant de lui-même. En rentrant dans sa maison, il se sent plus à l'aise, il sent plus vivement par le contraste ; il chérit son étroit horizon où il est à l'abri de ce qui le gêne, où son esprit n'est pas vaguement égaré par une trop vaste perspective. Mais si la foule lui est insupportable, le vaste espace l'accable encore, ce qui est moins poétique. Il n'a pas pris assez de fierté et d'étendue pour dominer toute cette nature, pour l'écouter, la comprendre, la traduire dans ses grands spectacles. Sa poésie par là est étroite, chétive, étouffée : on n'y voit pas un miroir large et pur de la nature dans sa grandeur, la force et la plénitude de sa vie ; ses tableaux manquent d'air et de lointains fuyants.

« Il s'efforce d'aimer et de croire, parce que c'est là-dedans qu'est le poète ; mais sa marche vers ce sentiment est critique et logique, si je puis ainsi dire. Il va de l'amitié à l'amour comme il a été de l'incrédulité à l'élan vers Dieu.

« Cette amitié n'est ni morale ni poétique... »

Il avait raison. — Il me fut difficile, pourquoi ne l'avouerais-je pas? de tenir tout ce que *les Consolations* avaient promis. Les raisons, si on les cherchait en dehors du talent même, seraient longues à donner, et elles sont de telle nature qu'il faudrait toute une confession nouvelle pour les faire comprendre. Ceux qui veulent bien me juger aujourd'hui avec une faveur relativement égale à celle de mes juges d'autrefois, trouveront une explication toute simple, et ils l'ont trouvée : « Je suis critique, disent-ils, je devais l'être avant tout et après tout; le critique devait tuer le poëte, et celui-ci n'était là que pour préparer l'autre. » Mais cette explication n'est pas, à mes yeux, suffisante.

En effet, la vie est longue, et avant que la poésie, « cette maîtresse jalouse et qui ne veut guère de partage, » songeât à s'enfuir, il s'écoula encore bien du temps. J'étais poëte avant tout en 1829, et je suis resté obstinément fidèle à ma chimère pendant quelques années, la critique n'étant guère alors pour moi qu'un prétexte à analyse et à portrait. Qu'ai-je donc fait durant les saisons qui ont suivi? La Révolution de Juillet interrompit brusquement nos rêves, et il me fallut quelque temps pour les renouer. Moi-même, à la fin de l'année 1830, j'éprouvai dans ma vie morale des troubles et des orages d'un genre nouveau. Des années se passèrent pour moi à souffrir, à me contraindre, à me dédoubler. Je confiai toujours beaucoup à la Muse, et le Recueil qu'on va lire (les *Pensées d'août*), aussi bien que les fragments dont j'ai fait suivre précédemment l'ancien *Joseph Delorme* et que j'ai glissés sous son nom, le prouvent assez. Le roman de *Volupté* fut aussi une diversion puissante, et ceux qui voudront bien y regarder verront que j'y ai mis beaucoup de cette matière subtile à laquelle il ne manque qu'un rayon pour éclore en poésie.

Mais l'impression même sous laquelle j'ai écrit *les Consolations* n'est jamais revenue et ne s'est plus renouvelée pour moi. « Ces six mois célestes de ma vie, » comme je les appelle, ce mélange de sentiments tendres, fragiles et chrétiens, qui faisaient un charme, cela en effet ne pouvait durer ; et ceux de mes amis (il en est) qui auraient voulu me fixer et comme m'immobiliser dans cette nuance, oubliaient trop que ce n'était réellement qu'une nuance, aussi passagère et changeante que le reflet de la lumière sur des nuages ou dans un étang, à une certaine heure du matin, à une certaine inclinaison du soir.

PENSÉES D'AOUT

> « Tous les petits sujets qui se présentent, rendez-les chaque jour dans leur fraicheur, ainsi vous ferez de toute manière quelque chose de bon, et chaque jour vous apportera une joie... Toutes mes poésies sont des poésies de circonstance ; elles sont sorties de la réalité, et elles y trouvent leur fonds et leur appui. Pour les poésies en l'air, je n'en fais aucun cas. »
> Paroles de Gœthe à Eckermann.

OCTOBRE 1837

Le titre général de ce volume est tiré de la première pièce, comme c'était la coutume dans plusieurs des recueils poétiques des Anciens. Ce titre exprime d'ailleurs avec assez de justesse la disposition (faut-il dire l'inspiration?) d'où sont nés presque tous ces vers. Il en est qui ont été composés sans doute à d'autres instants de l'année que ceux que le nom d'*Août* signale; mais, si l'on considère la saison morale de l'âme, on verra qu'ils sont, en effet, le fruit quelquefois, et plus souvent le passe-temps des lents jours et des heures du milieu. Que ces heures ne paraissent pas trop lentes et sommeillantes, c'est seulement ce que je désire. Si j'avais suivi mon vœu, ces vers, au lieu de paraître réunis dans un petit volume à part et d'appeler sur eux une attention toujours redoutée, se seraient ajoutés et glissés à la suite d'une édition in-8° des *Consolations*, non pas dans le courant de ce recueil dont la nuance est close et veut ne pas être rompue, mais comme appendice et complément du volume. J'avais même essayé déjà d'en insérer quelques-uns à la suite de l'édition in-8° de 1835; mais les éditions futures pouvant tarder indéfiniment, les vers pourtant s'accumulaient; je les dispersais çà et là dans des journaux et recueils périodiques, je les mêlais à mes articles de critique, où ils n'étaient pas lus comme il convient à des vers; et le reproche m'était fait par plusieurs personnes indulgentes de garder, depuis un recueil favorablement reçu, un silence sans cause. Ce que j'assemble est donc uniquement pour montrer que je n'ai jamais déserté un art chéri. Depuis mars 1830, époque où parurent *les Consolations*, et à travers toute espèce de distractions dans les choses ou dans les pensées, j'ai fait beaucoup de vers; j'en ai fait surtout de deux sortes. Je me trouve avoir en ce moment, et sans trop y avoir visé, deux recueils entièrement finis. Celui qu'aujourd'hui je donne, le seul des deux qui doive être de longtemps, de fort longtemps publié, n'est pas, s'il convient de le dire, celui même sur lequel mes prédilections secrètes se sont le plus arrêtées. Il n'exprime pas, en un mot, la partie que j'oserai appeler la plus directe et la plus sentante de mon âme en ces années. Mais on ne peut toujours se distribuer soi-même au public dans sa chair et dans son sang, et après l'indiscrétion naïve des premiers aveux, après l'effusion encore permise des seconds, il vient un âge où la pudeur redouble pour ce qu'on a, une troisième et dernière fois, exprimé; soit qu'on ait exprimé des sentiments qui bientôt eux-mêmes expirent, mais que rien ne remplacera désormais, soit qu'on ait préparé en silence le monument de ce qui durera en nous autant que nous, de ce qui ne changera plus. Ce recueil actuel, tout autre, n'est donc, si on le veut bien, que le superflu des heures, leur agrément, leur ennui, l'attente, l'intervalle, la réflexion parfois monotone et bien sérieuse, parfois le retour presque riant et qu'on dirait volage: mais on y retombe vite toujours au mélancolique et au grave, on n'y perd jamais trop de vue le lointain religieux, et surtout, dans l'ordre des affections exprimées, bien qu'elles puissent sembler éparses et nombreuses, on n'y soit jamais de la vérité intime des sentiments. L'unité peut être ailleurs, la sincérité du moins est partout ici. L'amitié encore a la plus grande part de ces chants; et si ce n'est plus, comme dans le précédent recueil, une amitié presque unique et dominante qui inspire, c'est toujours l'amitié choisie, le plus souvent l'amitié profonde.

Septembre 1837.

P. S. Un mot encore, pour préciser davantage le genre et la manière de ce qui suit. L'auteur a composé en tout quatre recueils de vers, dans chacun desquels, n'aimant pas trop à se répéter, il aurait voulu avoir fait quelque chose de nouveau et de distinct. On a dans *Joseph Delorme* et *les Consolations* les deux premiers de ces recueils; les *Pensées d'Août* sont le quatrième. Entre celui-ci et *les Consolations* il y a donc, à certains égards, une lacune, un intervalle : la nuance certainement est autre. Dans les *Pensées d'Août*, le poète, plus désintéressé, plus rassis, moins livré désormais aux confidences personnelles, aurait désiré établir un certain genre moyen; développer, par exemple, l'espèce de récit domestique et moral déjà touché dans l'anecdote du vicaire John Kirkby (X^e pièce des *Consolations*), puis aussi entremêler certaines épîtres à demi critiques, comme celles qu'on lira adressées à M. Villemain, à M. Patin. En ajoutant aux *Pensées d'Août*, dans cette réimpression, l'*Épître à Boileau* et l'anecdote de *Maria*, l'auteur rentre tout à fait dans cette double pensée, et il offre, en ces deux cas du moins, un échantillon final très-net de ce qu'il aurait voulu.

Décembre 1844.

PENSÉES D'AOUT

PENSÉE D'AOUT

Assis sur le versant des coteaux modérés
D'où l'œil domine l'Oise et s'étend sur les prés ;
Avant le soir, après la chaleur trop brûlante,
A cette heure d'été déjà plus tiède et lente ;
Au doux chant, mais déjà moins nombreux, des oiseaux ;
En bas voyant glisser si paisibles les eaux,
Et la plaine brillante avec des places d'ombres,
Et les seuls peupliers coupant de rideaux sombres
L'intervalle riant, les marais embellis
Qui vont vers Gouvieux finir au bois du Lys,
Et plus loin, par delà prairie et moisson mûre,
Et tout ce gai damier de glèbe et de verdure,
Le sommet éclairé qui borne le regard
Et qu'après deux mille ans on dit *Camp de César*

Comme si ce grand nom que toute foule adore
Jusqu'au vallon de paix devait régner encore !...
M'asseyant là, moi-même à l'âge où mon soleil,
Où mon été décline, à la saison pareil;
A l'âge où l'on s'est dit dans la fête où l'on passe :
« La moitié, sans mentir, est plus jeune et nous chasse; »
— Rêvant donc, j'interroge, au tournant des hameaux,
La vie humaine entière, et son vide et ses maux :
Si peu de bons recours où, lassé, l'on s'appuie;
Où, la jeune chaleur trop tôt évanouie,
On puise le désir et la force d'aller,
De croire au bien encor, de savoir s'immoler
Pour quelqu'un hors de soi, pour quelque chose belle.
Aux champs, à voir le sol nourricier et fidèle,
Et cet ensemble uni d'accords réjouissants,
Comment désespérer? Et pourtant, je le sens,
Le mal, l'ambition, la ruse et le mensonge,
Faux honneur, vertu fausse, et que souvent prolonge
L'histoire, ambitieuse autant que le César,
Grands et petits calculs coupés de maint hasard,
Voilà ce qui gouverne et la ville et le monde.
Où donc sauver du bien l'arche sainte sur l'onde?
Où sauver la semence? en quel coin se ranger?
Et quel sens a la vie en ce triste danger?
Surtout le premier feu passé de la jeunesse,
Son foyer dissipé de rêve et de promesse,
Après l'expérience et le mal bien connu,
Que faire? Où reporter son effort soutenu?
Durant cette partie aride et monotone
Qui, bien avant l'hiver, dès le premier automne
Commence dans la vie, et quand par pauvreté,
Malheur, faute (oh! je sais plus d'un sort arrêté),
Tout espoir de choisir la chaste jeune fille
Et de recommencer sa seconde famille

PENSÉES D'AOUT.

Dont il sera le chef, à l'homme est refusé,
Où se prendre? où guérir un cœur trop vite usé?
En cette heure de calme, en ce lieu d'innocence,
Dans ce fond de lointain et de prochain silence,
La réponse est distincte, et je l'entends venir
Du Ciel et de moi-même, et tout s'y réunir.
Oh! oui; ce qui pour l'homme est le point véritable,
La source salutaire avec le rocher stable;
Ce qui peut l'empêcher ou bien de s'engourdir
Aux pesanteurs du corps, ou bien de s'enhardir,
S'il est grand et puissant, à l'orgueilleuse idée
Qu'il pose ensuite au monde en idole fardée
Et dans laquelle il veut à tout jamais se voir,
Ce qu'il faut, c'est à l'âme *un malheur, un devoir!*

— Un malheur (et jamais il ne tarde à s'en faire),
Un malheur bien reçu, quelque douleur sévère
Qui tire du sommeil et du dessèchement,
Nous arrache aux appâts frivoles du moment,
Aux envieux retours, aux aigreurs ressenties;
Qui mette bas d'un coup tant de folles orties
Dont avant peu s'étouffe un champ dans sa longueur,
Et rouvre un bon sillon avec peine et sueur!
— Un devoir accepté, dont l'action n'appelle
Ni l'applaudissement ni le bruit après elle,
Qui ne soit que constance et sacrifice obscur;
Sacrifice du goût le plus cher, le plus pur,
Tel que l'honneur mondain jamais ne le réclame,
Mais voulu, mais réglé dans le monde de l'âme,
Et c'est ainsi qu'il faut, au Ciel, avant le soir,
A son cœur demander *un malheur, un devoir!*

Marèze avait atteint à très-peu près cet âge
Où le flot qui poussait s'arrête et se partage;

Jusqu'à trente-trois ans il avait persisté
Avec zèle et succès au sentier adopté,
Sentier sombre et mortel aux chimères légères.
Il tenait, comme on dit, un cabinet d'affaires ;
De finance ou de droit il débrouillait les cas,
Et son conseil prudent disait les résultats
Or, Marèze cachait sous ce zèle authentique
Un esprit libre et grand, peut-être poétique,
Ou politique aussi, mais capable à son jour
D'arriver s'il voulait, et de luire alentour.
A sa tâche, où le don inoccupé se gâte,
Trop longtemps engagé, tout bas il avait hâte
De clore et de sortir, et de recommencer
Une vie autre et vraie, appliquée à penser.
Plus rien n'allait gêner son être en renaissance :
Son cabinet vendu lui procurait aisance,
Sa sœur avait famille en un lointain pays,
Et son père et sa mère étaient morts obéis
Car l'abri paternel qui protège et domine
S'abattant, on est maître, hélas ! sur sa colline.

Dans ce frais pavillon au volet entr'ouvert,
Où la lune en glissant dans la lampe se perd,
Devant ce *Spasimo* (1) comme une autre lumière
Dont la paroi du fond s'éclaire tout entière,
Près des rayons de cèdre où brillent à leur rang
Le poëte d'hier aisément inspirant,
L'ancien que moins on suit plus il convient d'entendre,
Que fait Marèze ? Il veille et se dit d'entreprendre.
Depuis un an passé qu'il marche vers son vœu,
Le joug est jeté loin ; il s'en ressouvient peu,
Hors pour mieux posséder sa pensée infinie.

(1) La gravure du beau tableau de Raphaël qui porte ce nom.

Cet esprit qu'aussi bien on salûrait génie,
Retardé jusque-là, mais toujours exercé,
Arrive aux questions plus ferme et plus pressé,
Poëte et sage, il rêve alliance nouvelle ;
Lamartine l'émeut, Montesquieu le rappelle ;
Il veut être lui-même, et que nul n'ait porté
Plus d'élévation dans la réalité.
Solennel est ce soir, car son âme qui grande
Sent voltiger plus près et sa forme et son monde.
Marèze est sur la pente ; il va gravir là-haut,
Où tant de glorieux montent comme à l'assaut,
Disant *Humanité* pour leur cri de victoire,
Nommés les bienfaiteurs, commençant par le croire,
Et qui, forts de trop faire et de régénérer,
Finissent par soi-même et soi seuls s'adorer.

Mais on frappe ; une femme entre et se précipite :
— « O mon frère ! » — « O ma sœur ! » — Explosion subite,
Joie et pleurs, questions, les deux mains que l'on prend,
Et tout un long récit qui va comme un torrent :
Un mari mort, des noirs en révolte, la ville
Livrée au feu trois jours par un chef imbécile,
La fuite avec sa fille au port voisin, si bien
Qu'elle n'a plus qu'un frère au monde pour soutien.
Marèze entend : d'un geste il répond et console,
Il baise au front l'enfant, beauté déjà créole,
Et, comme à ces discours on oublirait la nuit,
Jusqu'au lit du repos lui-même les conduit.

Le voilà seul. — Allons ! ose, naissant génie ;
Il faut à ton baptême annoncer l'agonie.
Dix ans s'étaient passés à comprimer l'essor,
A mériter ton jour ; donc, recommence encor !
Devant ces vers du maître harmonieux et sage,

Devant ce Raphaël et sa sublime page,
Au plus mourant soupir du chant du rossignol,
Au plus fuyant rayon où s'égarait ton vol,
Dis-toi bien : Tout ce beau n'est que faste et scandale
Si j'hésite, et si l'ombre à l'action s'égale.

Marèze un seul instant n'avait pas hésité ;
Il s'est dit seulement, dans sa force excité,
Que peut-être il saurait, son œuvre commencée,
Nourrir enfant et sœur du lait de sa pensée.
Il hésite, il espère en ce sens, et bientôt,
L'aube éteignant la nuit, son œil plus las se clôt.

Au matin un réveil l'attendait qui l'achève.
Une ancienne cliente à lui, madame Estève,
Avait, par son conseil, confié le plus clair
D'une honnête fortune à quelque premier clerc
Établi depuis peu, jusqu'alors sans reproche ;
Mais le voilà qui part, maint portefeuille en poche.
La pauvre dame est là, hors d'elle, racontant.
Marèze y perd aussi, peu de chose pourtant ;
Mais il se croit lié d'équité rigoureuse
A celle qu'un conseil a faite malheureuse.
Courage ! il rendra tout ; il soutiendra sa sœur,
Il mariera sa nièce ; et, sans plus de longueur,
Il court chez un ami : tout juste un commis manque ;
Commis, le lendemain, il entre en cette banque ;
Et là, remprisonné dans les ais d'un bureau,
Sans verdure à ses yeux que le vert du rideau,
Il vit, il y blanchit, régulier, sans murmure,
Heureux encor le soir d'une simple lecture
A côté de sa sœur, — un poëte souvent
Qu'un retour étouffé lui rend trop émouvant,
Et sa voix s'interrompt ;... — lecture plus sacrée

A l'âme délicate et tout le jour sevrée !

Il a gagné pourtant en bonheur : jusque-là,
Plus d'un mystère étrange, et que Dieu nous voila,
Avait mis au défi son âme partagée.
La vérité nous fuit par l'orgueil outragée.
Mais alors, comme au prix d'un sacrifice cher,
Sans plus qu'il y pensât en Prométhée amer,
De vertus en vertus, chaque jour, goutte à goutte,
La croyance, en filtrant, emporta tout son doute ;
La persuasion distilla sa saveur,
Et la pudique foi lui souffla la ferveur.

— Doubux (exemple aussi) n'est pas, comme Marèze,
De ceux qui sentiraient leur âme mieux à l'aise
A briller au soleil et mouvoir les humains
Qu'à compter pas à pas les chardons des chemins.
Il chemine et se croit tout en plein dans sa trace.
Très-doux entre les doux et les humbles de race,
Il n'a garde de plus, ne prévaut sur pas un ;
Celui seul qui se baisse a connu son parfum ;
La racine en tient plus, et la fleur dissimule.
Son prix, son nom nommé lui serait un scrupule.
Enfant, simple écolier, se dérobant au choix,
Avant qu'il eût son rang il se passait des mois ;
Il n'en tâchait pas moins, sans languir ni se plaindre,
Mais comme au fond craignant de paraître et d'atteindre.
Jeune homme, étroitement casé, non rétréci,
Cœur chaste à l'amitié, n'eut-il donc pas aussi
Quelque passion tendre, humble, et, je le soupçonne,
Muette, et que jamais il n'ouvrit à personne,
Mais pour qui sa rougeur parle encore aujourd'hui,
Si l'objet par hasard est touché devant lui ?
Avant tout il avait sa mère bien-aimée,

Infirme plus que vieille, assez accoutumée
A l'aisance, aux douceurs, et dont le mal réel
Demandait pour l'esprit éveil continuel.
Il la soigna longtemps, et lui, l'épargne même,
Pour adoucir les soirs de la saison suprême,
N'eut crainte d'emprunter des sommes par deux fois,
S'obérant à toujours : mais ce fut là, je crois,
Ce qui, sa mère morte, a soutenu son zèle
Et prolongé pour lui le but qui venait d'elle ;
Car, à cet âge, avec ces natures, l'effort
Souvent manque, au dedans s'amollit le ressort ;
Le vrai motif cessant, on s'en crée un bizarre,
Et la source sans lit dans les cailloux s'égare.
Douban, que maint caillou séduit, s'en est sauvé ;
Le soin pieux domine, et tout est relevé.

En plein faubourg, là-haut, au coin de la mansarde,
Dans deux chambres au nord, que l'étoile regarde ;
A cinq heures rentrant ; ou l'été, matinal ;
Un grand terrain en face et le triste canal (1)
(Car, presque chaque jour allant au cimetière,
Il s'est logé plus près), voyez ! sa vie entière,
Son culte est devant vous : un unique fauteuil
Où dix ans s'est assis l'objet saint de son deuil,
Un portrait au-dessus ; puis quelque porcelaine
Où la morte buvait, qu'une fois la semaine
Il essuie en tremblant ; des Heures en velours
Où la morte priait, dont il use toujours !
Le maigre pot de fleurs, aussi la vieille chatte :
Piété sans dédain, la seule délicate !
Comme écho de sa vie, il se dit à mi-voix
Quelque air des jours anciens qui voudrait le hautbois,

(1) Probablement le canal Saint-Martin, du côté du Père La Chaise.

Quelque sentimentale et bonne mélodie,
Paroles de Sedaine, autrefois applaudie
Des mères, que chantait la sienne au clavecin,
Comme Jean-Jacque aussi, dont il sait *le Devin*.
Il copie, et par là dégrève un peu sa dette,
Chaque heure d'un denier. Son équité discrète
A taxé ce travail de ses soirs, mais si bas,
Que, s'il fallait offrir, on ne l'oserait pas.
Au delà sa pudeur est sourde à rien entendre ;
Et quand l'ingrat travail a quelque page tendre,
Agréable, on dirait qu'en recevant son dû
Il se croit trop payé du charme inattendu.
— Hier ses chefs le marquaient pour avancer en place ;
Il se fait moins capable, empressé qu'on l'efface.

O vous, qui vous portez, entre tous, gens de cœur ;
Qui l'êtes, — non pas seuls, — et qui, d'un air vainqueur,
Écraseriez Doudun et cette élite obscure,
Leur demandant l'audace et les piquant d'injure ;
Ne les méprisez pas, ces frères de vertu,
Qui vous laissent l'arène et le lot combattu !
Si dans l'ombre et la paix leur cœur timide habite,
Si le sillon pour eux est celui qu'on évite,
Que guerres et périls s'en viennent les saisir ;
Ils ont chef Catinat, le héros sans désir !

Et cette âme modique, à plaisir enfouie,
Ce fugitif qui craint tout éclair dans sa vie,
Qu'à l'un des jours d'essor, de soleil rayonnant,
Comme on en a chacun, il rencontre au tournant
Du prochain boulevard quelque ami de collège
Qui depuis a pris gloire et que le bruit assiège,
Sympathique talent resté sincère et bon,
Oh ! les voilà bien vite aux nuances du ton.

L'artiste est entendu tout bas du solitaire :
Quel facile unisson aux cordes de mystère!
Que d'échanges subtils au passage compris!
Et cette âme qui va diminuant son prix,
Comme elle est celle encor que devrait le génie
Vouloir pour juge en pleurs, pour cliente bénie!

Mais ce n'est pas aux doux et chastes seulement,
Aux intègres de cœur, que contre un flot dormant
Un malheur vient rouvrir les voiles desserrées
Et remorquer la barque au delà des marées :
Un seul devoir tombant dans un malheur sans fond
Jette à l'âme en désastre un câble qui répond;
Fait digue à son endroit aux vagues les plus hautes;
Arrête sur un point les ruines des fautes;
Et nous peut rattacher, en ces ans décisifs,
Demi-déracinés, aux rameaux encor vifs.

Ramon de Santa-Cruz, un homme de courage
Et d'ardeur, avait, jeune, épuisé maint orage,
Les flots des passions et ceux de l'Océan.
Commandant un vaisseau sous le dernier roi Jean
En Portugal, ensuite aux guérillas d'Espagne,
Le Brésil et les mers et la rude montagne
L'avaient vu tour à tour héroïque d'effort;
Mais l'âme forte avait plus d'un vice du fort.
Pour l'avoir trop aidé, proscrit du roi son maître;
A Bordeaux, — marié, — des torts communs peut-être,
Ses âpretés surtout et ses fougues de sang
Éloignèrent sa femme après un seul enfant.
A Paris, de projets en projets, et pour vivre,
Ayant changé son nom, il entreprit un livre,
Quelque Atlas brésilien-espagnol-et-naval;...
Alors je le connus; — mais, l'affaire allant mal.

Il courut de ces mots qu'à la légère on sème,
Et j'en avais conçu prévention moi-même.
Pourtant quelqu'un m'apprit ses abîmes secrets,
Et l'ayant dû chez lui trouver le jour d'après,
Oh! je fus bien touché!

     — Tout d'abord à sa porte
Affiches, prospectus, avis de toute sorte,
Engagement poli d'entrer et de *tourner* :
Comme c'était au soir, il me fallut sonner.
Une dame fort vieille, et de démarche grande
Et lente, ouvrit, et dit sur ma simple demande
Son fils absent : c'était la mère de Ramon.
Mais quand j'eus expliqué mon objet et mon nom :
« Attendez, attendez ; seulement il repose,
« Car il sort tout le jour ; mais, à moins d'une cause,
« J'évite d'avertir. » Elle entra, je suivis,
Déjà touché du ton dont elle a dit *Mon fils*.
Pendant qu'elle annonçait au dedans ma venue,
Je parcourais de l'œil cette antichambre nue,
Et la pièce du fond, et son grillage en bois
Mis en hâte, et rien autre, et le gris des murs froids.
Au salon vaste et haut qu'un peu de luxe éclaire,
L'ombre est humide encore au mois caniculaire;
La dame s'en plaignit doucement : j'en souffris
Songeant à quels soleils burent leurs ans mûris.
Mais rien ne m'émut tant que lorsqu'une parole
Soulevant quelque point d'étiquette espagnole,
— D'étiquette de cour, — Ramon respectueux
Se tourna vers sa mère, interrogeant des yeux.
Oh! dans ce seul regard, muette déférence,
Que d'éveils à la fois, quel appel de souffrance
A celle qui savait ce pur détail royal
Pour l'avoir pratiqué dans un Escurial!

Et du trouble soudain où mon âme en fut mise,
Sans aller saluer la vieille dame assise,
Tout causant au hasard, du salon je sortis;
Et je m'en ressouvins et je m'en repentis,
Craignant de n'avoir pas assez marqué d'hommage;
Car tout aux malheureux est signe et témoignage.
Et depuis lors, souvent je me suis figuré
Quels étaient ces longs soirs entre l'homme ulcéré
De Rio, de Biscaye et des bandes armées,
Et des fureurs de cœur encor mal enfermées,
Proscrit qui veut son ciel, père qui veut son fils, —
Entre elle et lui, navrés ensemble et radoucis.
Oh! si toujours, malgré l'amertume et l'entrave,
Il maintint sur ce point cette piété grave,
Qu'il ait été béni! Que son roc, sans fléchir,
Ait pu fondre au cœur même, et son front s'assagir!
Qu'il ait revu l'enfant que de lui l'on sépare,
Et Lisbonne, meilleure au moins que sa Navarre (1)!

   Un but auprès de soi, hors de soi, pour quelqu'un,
Un seul devoir constant; — hélas! moins que Doudun,
Que Ramon et Marèze, AUBIGNÉ *le poëte*
L'a compris, et son cœur aujourd'hui le regrette;
Poëte, car il l'est par le vœu du loisir,
Par l'infini du rêve et l'obstiné désir.
En son fertile Maine, aux larges flots de Loire,
Bocagère et facile il se montrait la gloire,
Se disant qu'aux chansons on l'aurait sur ses pas
Comme Annette des champs dont l'amour ne ment pas.
Tandis qu'après René planait l'astre d'Elvire,

(1) L'Étranger, en effet, dont on veut ici parler, est mort depuis à Lisbonne; il avait fait partie de l'expédition de don Pedro, et occupait un rang distingué dans l'armée portugaise. Au moment où l'on écrivait cette pièce, on pouvait encore dire que Lisbonne était *meilleure* que la Navarre.

Jean-Jacque et Bernardin composaient son délire,
Et tardif, ignorant ce monde aux rangs pressés,
Il s'égarait sans fin aux lieux déjà laissés.
Vainement les parents voulaient l'état solide :
Pour lui, c'était assez si, l'*Émile* pour guide,
Le havre-sac au dos, léger, pour de longs mois
Il partait vers les monts et les lacs et les bois,
Pèlerin défilant ses grains de fantaisie, —
Fantassin valeureux de libre poésie (1).
Aux rochers, aux vallons, combien il en semait!
Aux buissons, à midi, sous lesquels il dormait!
Combien alors surtout en surent les nuages!
Infidèles témoins, si l'on n'a d'autres gages;
Car, prenant le plus beau du projet exhalé,
Ils ne reviennent plus, et tout s'en est allé.
La fable des enfants parle encore aux poëtes :
Rêveurs, rêveurs, semez aux chemins que vous faites
Autre chose en passant que ces miettes de pain ;
Les oiseaux après vous mangeraient le chemin!

Du moins, si visitant, comme il fit, ces contrées,
Grandes, et du génie une fois éclairées,
Meillerie et Clarens, noms solennels et doux,
Bosquets qu'un enchanteur fit marcher devant nous,
— S'il gravit tour à tour à la cime éternelle,
Redescendit au lac, demanda la brunelle (2)
A l'île de Saint-Pierre, et, d'un cœur palpitant,

---

(1) *Fantaisie, fantassin*; ces rencontres de sons, ces conformités amenées à dessein ou en jouant n'ont rien en elles-mêmes qui doivent déplaire. C'est ce que les Anciens appelaient παρήχησις; les exemples en sont fréquents chez eux; voyez chez Homère, si vous êtes curieux, un exemple tout pareil (*Odyssée*, IX, 154, 155); consonances, assonances, *allitérations* de toutes sortes. — M. Nettement, qui se moque de nous à ce sujet, appelle cela des *oblitérations*; et voilà nos Aristarques!

(2) Petite fleur fort affectionnée de Rousseau, durant le séjour qu'il fit en cette île. Voir ses *Rêveries, cinquième Promenade*.

Aux Charmettes cueillit la pervenche en montant ;
S'il revit l'œil en pleurs ce qu'avait vu le maître,
Que ne l'a-t-il donné quelquefois à connaître,
D'un vers rajeunissant, qui charme avec détour,
Et laisse aussi sa trace aux lieux de son amour !
C'est qu'à moins du pur don unique, incomparable,
L'effort seul initie à la forme durable,
Secret du bien-parler que d'un Virgile apprend
Même un Dante, et qui fuit tout vaporeux errant.
Aubigné, sans dédain, effleura le mystère
Et ne l'atteignit pas. Que d'essais il dut faire,
Au hasard amassés ! Et les ans s'écoulaient ;
Les plaintes des parents, plus hautes, s'y mêlaient ;
Les dégoûts, les fiertés, une âme déjà lasse,
L'éloignaient chaque jour des sentiers où l'on passe ;
Il n'en suivit jamais. S'il tente quelque abord,
Tout lui devient refus, et son rêve est plus fort.
Puis, plus on tarde, et plus est pénible l'entrée :
La jeunesse débute, et sa rougeur agrée ;
Elle ose, on lui pardonne, on l'aide à revenir :
Mais, quand la ride est faite, il faut mieux se tenir.
La main se tend moins vite à la main déjà rude.
Bref, d'essais en ennuis, d'ennuis en vague étude,
Des parents rejeté, qui, d'abord complaisants,
Bientôt durs, à la fin se sont faits méprisants,
Aubigné, ce cœur noble et d'un passé sans tache,
Usé d'un lent malheur qu'aucun devoir n'attache,
Ne sait plus d'autre asile à ses cuisants affronts,
A ses gênes, hélas ! que quand aux bûcherons
Des forêts d'Oberman (1), et les aidant lui-même,
Il va demander gîte, ajournant tout poëme,
Ou toujours amusé du poëme incertain

---

(1) Probablement la forêt de Fontainebleau.

Qu'il y vit une fois flotter à son matin.
De Jean-Jacque il se dit la gloire commencée
Tard ; — rappel infidèle ! — Ame à jamais lassée !

Vous dont j'ai là trahi le malheur, oh ! pardon !
Ami, vous qui n'avez rien que d'honnête et bon,
Et de grand en motif au but qui vous oppresse,
Au fantôme, il est temps, cessez toute caresse.
Rejoignez, s'il se peut, à des efforts moins hauts
Quelque prochain devoir qui tire fruit des maux,
Et d'où l'amour de tous redescende et vous gagne,
— Afin que, revenant au soir par la campagne,
Sans faux éclair au front et sans leurre étranger,
Il vous soit doux de voir les blés qu'on va charger
Et chaque moissonneur sur sa gerbe complète ;
Et là-haut, pour lointain à l'âme satisfaite,
Au sommet du coteau dont on suit le penchant,
Les arbres détachés dans le clair du couchant.

Précy.

MONSIEUR JEAN

MAITRE D'ÉCOLE (1)

> « La prière et les sacrifices sont un
> souverain remède à leurs peines; mais
> une des plus solides et plus utiles cha-
> rités envers les morts est de faire les
> choses qu'ils nous ordonneraient s'ils
> revenaient au monde, et de nous mettre
> pour eux en l'état auquel ils nous sou-
> haitent à présent. Par cette pratique
> nous les faisons revivre en nous. »
>
> PASCAL, sur la mort de son père.

En ces temps de vitesse et de nivellement,
De pouvoir sans sommet comme sans fondement,
Où rien ne monte un peu qui soudain ne chancelle,
Il est encore, il est, tout au bas de l'échelle,

---

(1) Ce petit poëme est assez compliqué, et, dans la première publication que j'en ai faite au *Magasin Pittoresque*, il a été peu compris. Il me semble pourtant que j'y ai réalisé peut-être ce que j'ai voulu. Or, voici en partie ce que j'ai voulu. Dans son admirable et charmant *Jocelyn*, M. de Lamartine, avec sa sublimité facile, a d'un pas envahi tout ce petit domaine de poésie dite intime, privée, domestique, familière, où nous avions essayé d'apporter quelque originalité et quelque nouveauté. Il a fait comme un possesseur puissant qui, apercevant hors du parc quelques petites chaumières, quelques *cottages* qu'il avait jusque-là négligés, étend la main et transporte l'enceinte du parc au delà, enserrant du coup tous ces petits coins curieux, qui à l'instant s'agrandissent et se fécondent par lui. Or, il m'a semblé qu'il était bon peut-être de replacer la poésie domestique, et familière, et réelle, sur son terrain nu, de la transporter plus loin, plus haut, même sur les collines pierreuses, et hors d'atteinte de tous les magnifiques ombrages. *Monsieur Jean* n'est que cela. Magister et non prêtre, janséniste et non catholique d'une interprétation nouvelle; puisse-t-il, dans sa maigreur un peu ascétique, ne pas paraître trop indigne de venir bien respectueusement à la suite du célèbre vicaire de notre cher et divin poëte !

Un bien humble pouvoir, et qui n'a pas failli,
Qui s'est perpétué par delà le bailli
Au maire, sans déchoir : c'est le maître d'école.
Et je ne veux pas faire un portrait sur parole,
Quelque idylle rêvée au retour de Longchamp,
Comme un abbé flatteur en son pastel changeant (1) :
C'est le vrai. Tout village a son maire suprême,
Son curé dont le poids n'est plus partout le même,
Son médecin qui gagne... Après, au-dessous d'eux,
En un rang moins brillant, aussi moins hasardeux,
Est le maître d'école. Un maire a ses naufrages ;
Quelque Juillet arrive et veut de nouveaux gages ;
Dix ans, quinze ans peut-être, on garde son curé,
Mais l'évêque le tient et le change à son gré ;
Le magister demeure. Il n'a, lui, ni disgrâce
A craindre, ni rival. Le curé, face à face,
Voit croître chaque jour l'esprit-fort, le docteur.
Le docteur suit sa guerre avec le rebouteur,
Dont maint secret encor fait merveille et circule ;
Plus d'un croit à l'onguent, sur le reste incrédule.
Le magister n'a rien de ces chétifs combats,
Et d'abord, il est tout : la règle et le compas,
La toise est dans ses mains ; géomètre, il arpente
Et sait les parts autant que le notaire. Il chante
Au lutrin, et récite au long la Passion.
Secrétaire au civil, si quelque question
Arrive à l'improviste au nom du ministère,
Combien d'orge, ou de lin, ou de vin, rend la terre ?
Le maire embarrassé lui dit : *Voyez !* Il va,
Il rencontre un voisin qui guère n'y rêva,
Et là-dessus le prend ; l'autre répond à vue
De pays, et voilà sa statistique sue.

(1) Delille, en son *Homme des Champs*, a fait du maître d'école de village un portrait arrangé, plein d'ailleurs de détails piquants et spirituels.

Le chiffre aussitôt part et remplit son objet ;
Il fait autorité, l'on en cause au budget.
Mais est-ce par hasard quelque inspecteur primaire,
Novice, qui de loin s'informe près du maire ?
C'est mieux : le magister tout d'abord en sait long,
Et lui-même à souhait sur lui-même répond.
Il ne se doute pas, d'aplomb dans sa science,
Qu'un jour de ce côté viendra sa déchéance ;
Que cet œil scrutera ses destins importants ;
Il ne s'en doute pas ;... qu'il l'ignore longtemps !
La marge est longue encore. — En hiver, son école
Abonde, et son foyer, autant que sa parole,
Assemble autour de lui, comme frileux oiseaux,
Les enfants que l'été disperse aux durs travaux.
Plus nombreux il les voit, plus son zèle se flatte ;
Il s'anime, il les pousse ; et, s'il est Spartiate,
Il peut avec orgueil, le front épanoui,
Vous en citer déjà qui lisent mieux que lui !

    Mais je ne veux pas rire, et je sais un modèle
Bien grand et respectable, où ce détour m'appelle :
J'y viens. —

        Je connaissais madame de Cicé,
De ce monde ancien à tout jamais passé,
Dévote et bonne, et douce avec un fond plus triste,
Dès le berceau nourrie au dogme janséniste
Par sa mère, autrefois, la Présidente de... ;
Mais sous cette rigueur faisant aimer son Dieu (1),

(1) Sur cette rime, une remarque peut ne pas être inutile : si l'on avait nommé la présidente, par exemple, la présidente *de Novion*, ou *de Lamoignon*, le *de* se prononçait en courant et sans qu'on y insistât ; mais, du moment qu'on s'arrête tout court après, le *de* prend l'accent, et il se prononce exactement comme s'il s'écrivait *deu*, ce qui nous a paru faire une rime très-suffisante dans ce genre familier, *sermo pedestris*.

Elle restait l'année entière dans sa terre ;
J'y passais, chaque automne, un long mois salutaire,
Un jour qu'après la messe, et son bras sur le mien,
Nous sortions pas à pas : « Oh ! remarquez-le bien. »
Dit-elle d'une voix aussitôt pénétrée,
Et de l'œil m'indiquant, vers le portail d'entrée,
Le magister debout ; « remarquez, il est vieux,
« Il ne vivra plus guère : un jour vous saurez mieux,
« Si je survis... » — « Déjà, repartis-je, aux offices,
« J'ai souvent admiré ses pieux exercices,
« Son chant accentué, son œil fin, et sa voix
« Ferme encore, et cet air du meilleur d'autrefois.
« On l'estime partout. » — « Oh ! ce n'est rien, dit-elle,
« Près du vrai ; c'est un saint, c'est l'ouvrier fidèle ! »

Elle continuait : aussi loin qu'elle alla,
J'écoutai, pressentant quelque chose au delà.

Tout après la Terreur, n'étant plus un jeune homme,
Monsieur Jean (c'est son nom, seul nom dont on le nomme,
Et ce mot de *monsieur* chaque fois s'y joignait
Tandis que la Marquise ainsi me le peignait),
Monsieur Jean, jusqu'alors absent, en maint voyage,
S'en était revenu se fixer au village,
Au clocher qui gardait bien des tombes d'amis :
Sans parents, c'était là qu'en nourrice il fut mis.
Dans le temps qu'il revint, la tempête trop forte
Expirait ; de l'école il rouvrit l'humble porte ;
Ce fut un bienfaiteur en ces ans dévastés :
Il renoua la chaîne, et des plus révoltés
Concilia l'ardeur, n'accusant que l'injure.
Ce qu'il dit, ce qu'il fit dans sa sagesse obscure,
Ce que reçut au cœur de bon grain en partant
Plus d'un enfant du lieu qui, mort en combattant,

S'est souvenu de lui, ce qu'il disait aux mères
(Car le prêtre, encor loin, manquait dans ces misères),
Celui-là seul le sait, qui sait combien d'épis
Recèlent en janvier les sillons assoupis!

 Ce village où Senlis est la ville prochaine,
Qu'éloignent de Paris dix-neuf bornes à peine,
A tout un caractère à qui l'observe bien.
Pas de vice, de l'ordre; et pourtant le lien
De famille est peu fort. On y tient à la terre;
Chacun en veut un coin; être propriétaire
D'un petit bout de champ derrière la maison,
D'où se tire le pain, même en dure saison,
C'est le vœu. Rien après, de quoi l'on se soucie :
Que fait le pain de l'âme à leur âme endurcie?
L'industrie elle-même a l'air de trop pour eux :
Quand les hameaux voisins, chaque jour plus nombreux,
Aux fabriques surtout gagnent le nécessaire,
Ceux-ci sont des terriens qui les regardent faire.
La famille, ai-je dit, compte peu cependant :
Le fils, avec sa part, s'isole indépendant;
Aux filles qui s'en vont, sans leur mère, à la danse,
La morale du père est la seule prudence.
Bref, l'égoïsme au fond, de bon sens revêtu,
Et quelques qualités sans aucune vertu!

 Le mal existe aux champs. Quand, lassé de la ville,
Et ne voulant d'abord qu'un peu d'ombre et d'asile,
On arrive, le calme, et la douce couleur,
L'air immense, tout plaît et tout paraît meilleur,
Tout paraît innocent, et l'homme et la nature.
Regardez plus à fond, et percez la verdure!
Un jour que j'admirais de jeunes plants naissants,
Aux lisières d'un bois un semis de deux ans,

Varié, tendre à voir : « Hélas! me dit le maître,
« Tout croissait à ravir; me faudra-t-il en être
« A mes frais d'espérance et d'entretien perdu! »
— « Et pourquoi? » — « Cette année, à foison répandu,
« Enfouissant partout sa ponte sans remède,
« Le hanneton fait rage, et le ver qui succède
« Prépare sa morsure à tout ce bois léger :
« A la racine un seul, l'arbre va se ronger,
« Bien peu résisteront. » — Ce mot fait parabole :
Le mal n'est jamais loin, le ver creuse et désole.

    Monsieur Jean voit le mal, et, sous les dehors lourds
D'égoïsme rampant, il l'attaqua toujours.
Pour vaincre aux jeunes cœurs la coutume charnelle,
Il tâche d'y glisser l'étincelle éternelle,
Et de les prémunir aux grossiers intérêts
Par la pure morale et ses vivants attraits.
Chaque enfant près de lui, c'est une âme en otage.
Simple, il dit ce qu'il faut : il dirait davantage
S'il ne se contenait au cercle rétréci;
Et pourtant il se plaint d'avoir peu réussi.
Ces quinze derniers ans lui sont surtout arides;
Soit que ses saints désirs se fassent plus avides
En approchant du terme, ou soit que, tristement,
Le bon germe en ces cœurs devienne plus dormant.
A peine il les éveille, et l'exemple l'emporte;
Honnêtes... ils le sont, mais l'étincelle est morte;
La communion fait le terme habituel
Où cesse de leur part tout souci vers le Ciel :
Ce tour ingrat le navre. Ame à bon droit bénie,
Il a d'amers moments d'angoisse et d'agonie.
    « Je l'ai vu, me disait madame de Cicé,
    « Ces jours-là, vers mes bois errer le front baissé:
    « Et si je l'interroge et lui parle d'école :

« — Oh! tout n'est rien, dit-il, sans Celui qui console.
« Je les sais d'humeur calme, assez laborieux,
« Rangés par intérêt, mais non pas vertueux;
« Mais plus de Christ pour eux passé quinze ans, madame! —
« Ainsi souvent dit-il dans le cri de son âme. »

Et cet automne-là, c'est tout ce que je sus.
Mais l'automne prochain, retournant, j'aperçus
En entrant à la messe, au bord du cimetière,
Debout et blanche aux yeux, une nouvelle pierre,
Où je lus : « Monsieur Jean ci-gît enseveli,
« Mort à quatre-vingts ans, son exil accompli. »
Et le reste du jour, à partir de l'église,
Comme nous fûmes seuls, j'écoutai la Marquise,
Qui, cette fois, m'ouvrit les secrets absolus
Du mort qu'elle pleurait. Elle-même n'est plus,
Je transmets à mon tour : il en est temps encore;
Assez d'échos bruyants; disons ce qu'on ignore!

Depuis trois ans le siècle atteignait son milieu,
Quand un soir, aux Enfants-Trouvés, près l'Hôtel-Dieu,
Un pauvre enfant de plus fut mis. Il eut nourrice
Dès le lendemain même, et partit pour Saint-Brice,
Où demeurait la femme à qui son sort échut.
Cette femme à l'enfant, dès qu'elle le reçut,
S'attacha, le nourrit d'un lait moins mercenaire,
Puis le voulut garder, et lui fut une mère.
Ayant changé d'endroit, elle vint où l'on sait.
La Présidente de..., qui tous les ans passait
Six mois à son château, put connaître de reste
La femme que louait ce dévoûment modeste;
Et l'enfant grandissait, objet de plus d'un soin.
La sage-femme aussi venait de loin en loin;
Car, au lieu de le perdre au gouffre de misère,

Elle l'avait marqué d'une marque légère
A l'insu des parents, et l'avait pu savoir
Depuis en bonnes mains, fidèle à le revoir;
Et la dernière fois qu'elle vint au village,
La Présidente eut d'elle un entier témoignage,
Mais dont rien au dehors ne s'était répété,
Sur l'origine, hélas! du pauvre rejeté.

Et l'enfant profitait entre ceux de l'école.
Son esprit appliqué sans un moment frivole,
Sa douceur au travail et ses jeux à l'écart,
Des larmes fréquemment au bleu de son regard,
Ses vives amitiés, ses tristesses si vraies
Qui soudain le chassaient sauvage au long des haies,
Sa prière angélique où le calme rentrait,
Tout assemblait sur lui la plainte et l'intérêt.
En avançant en âge, il ne quitta plus guère
La Présidente, et fut comme son secrétaire;
Dans ses livres nombreux, mais purs et sans danger,
Elle l'abandonnait, le sachant diriger.
On avait quelquefois, de Paris, la visite
D'un grave et saint vieillard, front d'antique lévite,
Cœur aux divins larcins, qui de foi, d'amitié,
A Port-Royal croulant jadis initié,
Avait longtemps, autour de Châlons et de Troyes,
Chez les pauvres semé les plus fertiles joies.
Par lui l'on avait vu, dans un village entier,
Chaque femme en filant lire aussi le Psautier,
Et chaque laboureur fixer à sa charrue
L'Évangile entr'ouvert, annonce reparue!
Mais depuis par l'évêque, à force de détours,
Relancé de là-bas, il s'était pour toujours
Dérobé dans Paris, au fond d'une retraite,
Gardant sur quelques-uns direction secrète,

Vrai médecin de l'âme, à qui rien ne manquait
Du pouvoir transféré des Singlin, des Duguet.
Monsieur Antoine donc (l'humilité prudente
Avait choisi ce nom) (1) près de la Présidente
Vit l'enfant, et sourit à ce tendre fardeau.
Durant les courts séjours du vieillard au château,
L'enfant l'accompagnait chaque soir aux collines,
Et, d'une âme dès lors inclinée aux racines,
Il l'écoutait parler du germe naturel
Endurci, corrompu, du mal perpétuel
Que même un cœur enfant engendre, s'il ne veille;
De la Grâce surtout (ô frayeur et merveille!)
Qu'assez, assez jamais on ne peut implorer,
Assez tâcher en soi d'aimer, de préparer,
Mais qui ne doit descendre au vase qu'on lui creuse
Que par un plein surcroît de bonté bienheureuse.
Et s'entr'ouvrant, après tout un jour nuageux,
Le couchant quelquefois éclairait de ses jeux
Le discours, et peignait l'espérance lointaine!
Et l'enfant se prenait à cette marche humaine
Ainsi sombre et voilée, et rude de péril,
Chemin creux sous des bois dans le torrent d'exil,
Mais qu'à l'extrémité de la voûte abaissée
Là-bas illuminait l'éternelle pensée.
Et ce terme meilleur et son jour attendri,
Et l'intervalle aussi, le torrent et son cri,
L'écho de Babylone au bois de la vallée,
Conviaient la jeune âme, à souhait désolée.
Sa tristesse en prière à temps se relevait,
Aux étoiles le soir, la nuit à son chevet,
Il disait avec pleurs le mal et le remède;

(1) Ce monsieur Antoine ne devait pas être autre que M. Collard, dont on a les *Lettres spirituelles* et un traité sur *l'Humilité*; il était grand-oncle de M. Royer-Collard.

A ses frères en faute il se voyait en aide,
Et contait, le matin, son projet avancé
A celle qui sera madame de Cicé,
Bien jeune fille alors, de cinq ans moins âgée
Que lui, mais qu'il aimait d'amitié partagée.
Et, de neuf à treize ans, les deux petits amis,
Sur l'erreur à combattre et sur les biens promis,
Sur l'homme et son naufrage, et le saint port qui brille,
S'en allaient deviser le long de la charmille,
Répandant de leur âme en ces graves sujets
Plus de chants que l'oiseau, plus d'or que les genêts,
Tout ce qu'a le printemps d'exhalaisons divines
Et de blancheur de neige aux bouquets des épines;
Et saint François de Sale, écoutant par hasard
Derrière la charmille, en aurait pris sa part (1).

Pour le jeune habitant à qui tout intéresse,
Ainsi de jour en jour, au château, la tendresse
Augmentait de douceur. Pourtant l'âge arrivait;
La puberté brillante apportait son duvet;
Et, sans un juste emploi dans la saison féconde,
Trop d'âme allait courir en sève vagabonde.
La Présidente aussi, d'un soin plus évident,
Avait le cœur chargé. Souvent le regardant
Avec triste sourire et sérieux silence,
Elle semblait rêver à quelque ressemblance,
Et jusqu'au fond de l'œil et dans le fin des traits
Chercher une réponse à des effrois secrets.
Bien que bleu, cet œil vif et petit étincelle;
Cette bouche fermée est comme un sceau qu'on scelle;

(1) J'ai voulu, dans ce passage, exprimer toute la fleur de poésie compatible avec les dogmes rigoureux de Port-Royal, en allant jusqu'à la limite où saint François de Sales y touche. — Pour l'intelligence complète, ne pas séparer cette lecture de celle du tome premier de *Port-Royal*, et même de celle de tout l'ouvrage.

Ce blond sourcil avance, et ce léger coton
N'amollit que de peu la vigueur du menton.
Ses longs cheveux de lin sont d'un catéchumène ;
Mais sa taille bondit et chasserait le renne.
Tel il est à vingt ans ; tel debout je le vois,
Quand, après des conseils roulés depuis des mois,
La Présidente, émue autour de cette histoire,
Un matin l'appelant seul dans son oratoire,
Lui dit :

« Dieu, mon enfant, sur vous a des desseins ;
« Ses circuits prolongés marquent certaines fins ;
« C'est à vous tout à l'heure à trouver ce qu'il cache.
« Mais il faut pour cela qu'un dur aveu m'arrache
« Ce que je sais de vous en pure vérité,
« De qui vous êtes fils ! j'ai longtemps hésité :
« Mais il me semble, hélas ! que, sans être infidèle,
« Sans injure et larcin pour votre âme si belle,
« Je ne puis plus en moi dérober le dépôt,
« Dût l'amertume en vous déborder aussitôt !
« Vous êtes désormais d'âge d'homme ; vous êtes
« Un chrétien affermi, capable des tempêtes.
« Dans le premier tumulte où ce mot vous mettra,
« Priez et demeurez ; l'Esprit vous parlera.
« Que tout se passe au fond en sa seule présence,
« Entre votre frayeur et sa toute-puissance,
« Entre sa Grâce entière et votre abaissement !
« Il vous a jusqu'ici, comme visiblement,
« Préparé de tous points, choisi hors de la route
« Dans un but singulier, qui n'attend plus sans doute,
« Pour s'éclairer à vous, que le soudain rayon
« A qui va donner jour l'ébranlement d'un nom.
« A genoux, mon enfant ! et que Dieu vous suggère
« Un surcroît de faveurs, pauvre âme moins légère,

« Vous que de plus de nœuds il chargeait au berceau,
« Vous le cinquième enfant de Jean-Jacques Rousseau ! »

Montrant le Conseiller, l'Expiateur suprême,
Elle sortit.

   D'un mot, c'était l'histoire même.
La sage-femme Gouin, qui de chaque autre enfant,
Docile, avait livré le maillot vagissant,
Se repentit de voir l'homme déjà célèbre (1)
Les vouer tous par elle à cette nuit funèbre.
Les langes du dernier, marqués à l'un des coins,
La tinrent sur la trace et guidèrent ses soins.
Dans l'entretien qu'elle eut avec la Présidente,
Elle la vit utile et sûre confidente,
Et dit tout. Celle-ci, l'ayant fait s'engager
A n'en parler jamais à nul autre étranger,
Jamais surtout au père, en retour fit promesse
D'être mère à l'enfant jusqu'en pleine jeunesse.
Et cette sage-femme était morte depuis.
La Présidente seule agitait les ennuis
D'un secret si pesant, et souvent fut tentée
De tout laisser rentrer dans l'ombre méditée.
Mais quoi ? complice aussi ! quoi ? chrétienne, étouffant
Le germe de l'épreuve à l'âme de l'enfant ;
Supprimant ce calvaire où le bien se consomme !
Monsieur Antoine crut qu'il fallait au jeune homme
Tout déclarer, afin de tirer de son cœur
L'entier tribut, payable au Maître en sa rigueur.

  Le coup était subit, et rude fut l'attaque :
Le jeune homme en fléchit. Il n'avait de Jean-Jacque

---

(1) Vers 1755, en effet, Rousseau était déjà connu par son Discours sur les sciences par et *le Devin du Village*.

Bien lu jusqu'à ce jour; mais le nom assez haut
Suffisait à l'oreille et faisait son assaut.
Si loin qu'il eût vécu du monde, jeune athlète,
Des assiégeants du temple il savait la trompette.
Dans un petit voyage et séjour à Paris
Avec monsieur Antoine, il avait trop compris
De quels traits redoutés fulminait dans l'orage
Cette gloire, qu'en face il faut qu'il envisage,
En face,... il le faut bien,... il faut qu'il sache voir
De combien sur lui pèse un si brusque devoir
On doutait ;... la lecture à la fin fut permise :
Émile, il vous lut donc; il vous lut, *Héloïse!*
Il lut tous ces écrits d'audace et de beauté,
Troublants, harmonieux, mensonge et vérité,
Éloquence toujours! — O trompeuse nature!
Simplicité vantée, et sitôt sans pâture!
Foi de l'âme livrée aux rêves assouvis!
Conscience fragile! oh! qui mieux que ce fils
Vous saisit, vous sonda dans l'œuvre enchanteresse,
Embrassant, rejetant avec rage ou tendresse,
Se noyant tout en pleurs aux endroits embellis,
Se heurtant tout sanglant aux rocs ensevelis;
N'en perdant rien,... grandeur, éclat, un coin de fange?...
Et son cœur en révolte imitait le mélange.
Sous son ardent nuage ensemble et sous sa croix,
En ces temps-là, farouche, il errait par les bois,
Et collé sur un roc, durant une heure entière,
Il répétait *Grand Être!* ou l'*Ave*, pour prière.
Autant auparavant il ne la quittait pas,
Autant depuis ce jour il évitait les pas
De la jeune compagne, à son tour plus contrainte :
Il se taisait près d'elle et rougissait de crainte.
La Présidente aussi demeurait sans pouvoir;
Et la lutte durait. Enfin il voulut voir,

Voir cet homme, ce père admirable et funeste,
Qu'il aime et qu'il renie, et que le siècle atteste,
Ce sincère orgueilleux, tendre et dénaturé,
Mêlant croyance et doute, et d'un ton si sacré ;
Tentateur au désert, sur les monts, qui vous crie
Que c'est pourtant un Dieu que le fils de Marie !

Il part donc, il accourt au Paris embrumé ;
Il cherche au plein milieu, dans sa rue enfermé,
Celui qu'il veut ravir ; il a trouvé l'allée,
Il monte ;... à chaque pas, son audace troublée
L'abandonnait. — Faut-il redescendre ? — Il entend,
Près d'une porte ouverte, et d'un cri mécontent,
Une voix qui gourmande et dont l'accent lésine (1) ;
C'était là ! Le projet que son âme dessine
Se déconcerte ; il entre, il essaie un propos,
Le vieillard écoutait sans détourner le dos,
Penché sur une table et tout à sa musique.
Le fils balbutiait ; mais, avant qu'il s'explique,
D'un regard soupçonneux, sans nulle question,
Et comme saisissant sur le fait l'espion ;
« Jeune homme, ce métier ne sied point à ton âge ;
Épargne un solitaire en son pauvre ménage ;
Retourne d'où tu viens ! ta rougeur te dément ! »
Le jeune homme, muet, dans l'étourdissement,
S'enfuit, comme perdu sous ces mots de mystère,
Et se sentant deux fois répudié d'un père.
Et c'était là celui qu'il voudrait à genoux
Racheter devant Dieu, confesser devant tous !
C'était celle... O douleur ! impossible espérance !
Dureté d'un regard ! et quelle différence !
Avec monsieur Antoine, aussi persécuté,
Mais tendre, hospitalier en sa rigidité.

(1) Sans doute la voix de Thérèse.

Son vrai père de l'âme !... Et pourtant c'était l'autre
Dont il s'émouvait d'être et le fils et l'apôtre !

Tendresse et piété surmontant ses effrois,
Il tenta la rencontre une seconde fois.
Dans la rue il voulait lui parler au passage,
Pourvu qu'un seul sourire éclairât son visage.
Mais, bien loin d'un sourire à ce front sans bonheur,
Le sourcil méfiant du pauvre promeneur
Le contint à distance, et fit rentrer encore
Ce nom à qui le Ciel interdisait d'éclore.

La crise était à bout, ce moment abrégea.
Il revint au château, plus raffermi déjà.

La lèpre de naissance et l'exil sur la terre.
L'expiation lente et son âpre mystère ;
L'invisible rachat des fautes des parents ;
A côté des rigueurs, les secrets non moins grands
De la miséricorde, et dans ce saint abîme,
Lui, peut-être, attendu de tout temps pour victime ;
Son rôle nécessaire, ici-bas imposé,
De réparer un peu de ce qu'avait osé,
Trop haut, l'immense orgueil dans un talent immense,
Et sa tâche avant tout de vanner la semence ;
Ce lourd trajet humain plus sombre que jamais,
Plus que jamais réglé sur les lointains sommets :
Tout en lui s'ordonna ; la Grâce intérieure,
Par un tressaillement, lui disait : *Voilà l'heure !*
Avec la Présidente il s'ouvrit d'un parti ;
On conféra longtemps ; bref, il fut consenti
Que, pour gravir, chrétien, sa première montée;
Pour mûrir ; pour ne plus demeurer à portée
De cet homme au grand nom, près de qui, chaque jour,

Le pouvait rentraîner l'espoir vain d'un retour ;
Et pour d'autres raisons d'absence et de voyage,
Il s'en irait à pied comme en pèlerinage.
Dans sa route tracée, il devait, en passant,
Visiter plus d'un frère opprimé, gémissant,
De saintes sœurs en deuil, et pour sûre parole
Montrer quelque verset aux marges d'un Nicole.

Comment (en y songeant me suis-je demandé),
Comment ce qui fut fait alors et décidé
Ou senti seulement, tout ce détail extrême,
Madame de Cicé le sut-elle elle-même ?
Était-ce de sa mère en ce temps, ou de lui
Qui sauvage, ce semble, et craintif, aurait fui ?
Pourtant c'était de lui plutôt que de sa mère
Qui, je crois, en sut moins. Par un récit sommaire,
De lui donc, et plus tard ?... Mais non ;... si retraçants
Étaient ses souvenirs, quand, après bien des ans,
Elle me déroula l'histoire à sa naissance,
Qu'elle avait dû cueillir chaque image en présence !
Si j'osais, en tremblant, à de si purs destins,
Vieillesses où j'ai lu la blancheur des matins,
Mêler une pensée, oh ! non pas offensante,
Et pourtant attendrie, et toujours innocente ;
Si j'osais traverser tant de fermes décrets
D'une vague rougeur, d'un trouble, je dirais
Que peut-être, en partant pour ses lointains voyages,
Le jeune homme chrétien, entre autres raisons sages,
Eut celle aussi de fuir un trop proche trésor,
Et qu'avant le départ, sous la charmille encor,
En deux ou trois adieux d'intimité reprise,
Il put se confier et raconter la crise.
Elle donc, près du terme, et si loin de ces temps,
Se plaisait à rouvrir ces souvenirs sortants

De première amitié, tout au moins fraternelle,
Qu'un si cher intérêt avait gravés en elle.

A dater du départ, un long espace fuit.
Monsieur Antoine meurt, la Présidente suit;
Madame de Cicé devient épouse et veuve;
Lui, voyage toujours et mène son épreuve,
Soit en France, en visite aux amis que j'ai dits,
Soit bientôt, ses désirs saintement agrandis,
En Suisse, pour y voir cette éternelle scène,
Majestueux rochers où le tirait sa chaîne.
Il semble qu'en son cœur, dès ce temps, il fit vœu
De partout repasser, humble, aux sillons de feu,
Aux pas où le génie avait forcé mesure,
Et d'y semer parfum, aumône, action sûre.
Souvent il demeurait en un lieu plus d'un an,
Y vivant de travail, y couronnant son plan,
Puis reprenait à pied sa fatigue bénie.
La guerre, en Amérique, à peine était finie ;
Il se hâta d'aller, avide dans son choix
Des pratiques vertus de ces peuples sans rois,
Heureux s'il y trouvait un exemple fertile
De ce *Contrat* fameux ! — Imaginez Émile
Nourri de Saint-Cyran, élève de Singlin,
Venant aux fils de Penn, aux neveux de Franklin.
Il les aima, si francs et simples dans leur force;
Mais, discernant dès lors l'intérêt sous l'écorce,
Il ne vit point Éden par delà l'Océan.
C'est vers ce temps qu'il prit ce nom de monsieur Jean,
Un nom qui fût un nom aussi peu que possible,
Et qui pourtant tenait par un reste sensible
A celui qui partout si haut retentissait.
La Révolution qui chez nous avançait,
Ballottant ce grand nom dans mille échos sonores,

L'inscrivant de sa foudre au sein des météores,
Le lui lançait là-bas, aux confins des déserts,
Grossi de tous les vents, de tous les bruits des mers.
A l'auberge, le soir, quand son repas s'achève,
Souvent ce nom nommé, comme un orage, crève.
C'était là son abîme et son rêve effaré!
Car tout ce qui s'en dit de cher et de sacré,
D'injuste et de sanglant, amour, culte ou colère,
Qu'on l'appelle incendie ou fanal tutélaire,
Tout aboutit en lui, le déchire à la fois,
Tout crie au même instant en son âme aux abois.
La tendresse, la chair, en un sens se décide;
Mais l'esprit se soulève, à demi parricide;
Le martyre est au comble : ainsi, pressant les coups,
Un seul cœur assemblait cette lutte de tous;
Invisible, il était l'autel expiatoire
Du génie hasardeux, la Croix de cette gloire.

Monsieur Jean s'en revint en France avec projet.
L'effroi cessait enfin dans ceux qu'on égorgeait.
Il se dit qu'en ce flot de sentiments contraires,
Le parti le plus sûr était d'être à ses frères,
Aux moindres, si privés de tous secours chrétiens;
Et voilant ses motifs, modérant ses moyens,
Au village rentré chez sa vieille nourrice,
Il réunit bientôt, sous son regard propice,
Ce petit peuple enfant qui s'allait égarer,
Seule famille ici qu'il eût droit d'espérer.
Les filles en étaient d'abord; mais l'une d'elles
Se forma par son soin à ces charges nouvelles.
Aux plus ingrats moments de son rude labeur,
Trop tenté de penser que tout germe est trompeur,
Que toute peine est vaine, après quelque prière
S'endormant de fatigue, une douce lumière

Lui montrait quelquefois, à ses yeux revenu,
Celui-là qui jamais ne l'avait reconnu,
Dont il est bien la chair, mais qui, d'un lent sourire,
Lui semblait à la fin l'applaudir, et lui dire
Que, si l'homme mérite, il était méritant,
Et qu'en son lieu lui-même en voudrait faire autant.
Mais le fils, déjà prompt aux genoux qu'il embrasse,
S'éveille, et serre l'ombre, et cherche en vain la trace ;
Et rappelant le deuil à ses esprits flattés,
Il accuse l'éloge et ses témérités.

   Tel, sévère en son but, voué sous sa souffrance,
Madame de Cicé, plus tard rentrée en France,
Le retrouva tout proche, et put, durant trente ans,
Noter son lent martyre et ses actes constants.
Les premiers mois passés du retour, dans leur vie
Ils convinrent entre eux d'une règle suivie :
Ainsi l'exigea-t-il. Un jour, un seul par an,
Il dînait désormais chez elle, à la Saint-Jean,
Douce fête d'été, champêtre anniversaire,
De ses contentements le rendez-vous sincère.
Il ne la visitait même que cette fois,
Et ne lui parlait plus qu'à de rares endroits.
Après l'église, ou quand le sentier qui le mène
Forçait en un détour leur rencontre soudaine.

   Dans le soin des enfants, il tâchait d'allier
A ce qu'il sait du mal qu'il faut humilier,
Et sans fausser en rien la solide doctrine,
Quelques points de l'*Émile* et de sa discipline ;
Heureux, l'ayant greffé, de voir le rameau franc
Revivre à l'olivier qu'arrose un Dieu mourant.
Vers les champs, volontiers, ses images parlantes
Empruntent aux moissons et choisissent aux plantes ;

De la nature enfin il veut donner le goût,
Mais montrant le mélange et la sueur en tout.
Pour remettre au devoir une enfance indocile,
S'il ne frappe jamais, il remercie *Émile*.

    Cette simple commune, où le moindre habitant,
Sans misère aussi bien que sans luxe irritant,
A son coin à bêcher, semblait juste voulue
Pour la félicité pleinement dévolue,
Selon un rêve illustre, au hameau laboureur,
Aux innocents mortels : « Pourtant voyez l'erreur,
Se disait monsieur Jean ; de l'habitude agreste
Voyez les duretés, si Dieu ne fait le reste,
Si le saint Donateur, au creux de tout sillon,
Comme il dore l'épi, ne mûrit le colon. »
Ah ! si Jean-Jacque a su, d'aversion profonde,
Les pestes de la ville et le mal du beau monde,
Monsieur Jean a senti, par un exact retour,
La pierre de la glèbe au fond de son labour.
Il s'écriait souvent : *Esprit ! Esprit ! mystère !* —
« Qu'est-ce donc si c'est là le meilleur de la terre,
Se disait-il encore, et si moins de méchants
Nous font par contre-coup de telles bonnes gens ? »
Et repassant le monde en cet étroit modèle ;
« Voilà donc, sans la foi, l'avenir qu'on appelle ;
Sinon vices brillants, sourds intérêts couverts ;
Peu d'âmes, par delà comme en deçà des mers ! »

    Et ces mots, après lui si tristes à redire,
Étaient, je le veux croire, un point de son martyre,
L'un payant en détail sous l'horizon fermé
Les éclairs par où l'autre avait tout enflammé.

Dieu d'amour! Dieu clément! il eut pourtant des heures
Que ton ciel agrandi lui renvoya meilleures;
Où, sa religion et sa foi demeurant,
Son cœur justifié redevint espérant
Pour l'avenir, pour tous, pour ce grand mort lui-même!
Sur la création s'apaisait l'anathème.
Un mois avant sa fin, à la Saint-Jean d'été,
Doux saint que son école avait toujours fêté,
Il la voulut, joyeuse, emmener tout entière,
Et pour longue faveur qu'il jugeait la dernière,
Au parc d'Ermenonville, à ce beau lieu voisin,
Cette fête riante avait son grand dessein.
Deux heures suffisaient, même en lourd attelage;
On partit à l'aurore, et sous le plein feuillage ;
En ordre, à rangs pressés, tous les enfants assis
S'animaient aux projets, bourdonnaient en récits,
Et, malgré le bedeau dont la tâche est prudente,
Atteignaient, secouaient chaque branche pendante,
Et par eux la rosée allait à tous instants
Sur le vierge vieillard aux quatre-vingts printemps.
Sitôt du chariot la bande descendue,
A l'avance réglée, une messe entendue
(Vous devinez l'objet et pour l'âme de qui)
Bénit et confirma ce jour épanoui.
Et monsieur Jean pleurait, tressaillait d'espérance,
Songeant pour qui ces cœurs demandaient délivrance,
Essaim fidèle encor, qui, priant comme il faut,
Concourait sans savoir au sens connu d'en haut.
La messe dite, seul, et l'âme plus voilée,
Dans l'île il voulut voir le vide mausolée,
Défendant aux enfants tout le lac alentour.
Mais, revenu de là, pour le reste du jour
Il ne les quitta plus, et se donna l'image
De leur entier bonheur. Les jardins sans dommage

Traversés, le *Désert* (1) les reçut plus courants :
Leurs voix claires montaient sous les pins murmurants.
Et détachés du jeu, quelque demi-douzaine
Que le respect, qu'aussi la fatigue ramène,
D'un esprit attentif, déjà moins puéril,
Écoutaient le vieillard : « Voilà, leur disait-il,
« De beaux lieux, mes enfants, et ce matin encore
« Vous les imaginiez comme ce qu'on ignore.
« Il est bien d'autres lieux, il en est un plus beau,
« Le seul vrai, près duquel ceci n'est qu'un tombeau.
« A se l'imaginer, on ne saurait que feindre ;
« Plus haut que le soleil il faut aller l'atteindre,
« Plus haut qu'à chaque étoile où vos yeux se perdront.
« Ce voyage si grand, il est aussi bien prompt :
« On le fait dans la mort sur les ailes de l'âme.
« Comportez-vous déjà pour que plus tard, sans blâme,
« Le Maître vous reçoive ; il vous connait ici. »
— Comme l'un demandait : « A qui donc est ceci ?
« Quel est le maître ? » — « Enfants, il est toujours un maître
« Quand on voit de beaux lieux ; seulement, sans paraître,
« Il vous laisse vous plaire et courir en passant.
« Ainsi Dieu fit pour l'homme en l'univers naissant :
« Mais l'homme, enfant malin, a gâté la merveille ;
« Le Christ l'a réparée ; il faut qu'on se surveille. »
— « Ce maître, ajoutait-il, est absent : moi bientôt,
« Qui suis là, mes enfants, je partirai là-haut ;
« Je deviendrai, pour vous, absent dans vos conduites :
« Mais mon œil vous suivra ; pensez-y donc, et dites :
« Le vieux maître est absent, mais toujours il nous voit,
« Et, si nous faisons bien, Dieu l'aime et le reçoit.
« J'eus aussi mon vieux maître, à cet âge où vous êtes :
« Il me suit, et nous voir c'est une de ses fêtes. »

(1) C'est le nom qu'on donne, à Ermenonville, au second parc plus sauvage.

— Dans le Désert assis, tout autour du goûter
Les tenant à ses pieds plus prêts à l'écouter,
Il mêlait l'autre pain, l'immortel et l'aimable,
Que Platon n'eût pas cru des petits saisissable ;
Il le multipliait ; et si, sous son regard,
Deux d'entre eux disputaient une meilleure part,
Un simple mot, au cœur du plus fort, le désarme,
Le fait céder au faible et s'éloigner sans larme ;
Et bientôt, comme ensemble il les voyait remis,
La querelle oubliée : « Ainsi, jeunes amis,
« Disait-il, si plus tard l'intérêt dans la vie
« Vous sépare, il vaut mieux que le fort sacrifie,
« Que le faible épargné se repente à son tour,
« Vous souvenant qu'ici vous fûtes tous un jour,
« Vous souvenant qu'à l'âme une secrète joie
« Vaut mieux que double part où le mal fait sa proie.
« Heureux par le vieux maître, aimez-vous tous pour lui ! »
— Et le jour allait finir ; une étoile avait lui,
Et d'un tertre à ses pieds leur montrant la campagne,
D'un cœur surabondant que le passé regagne,
Un écho du *Vicaire* en lui retentissait :
Mais ce prompt souvenir à l'instant se taisait
  Dans le Sermon sur la Montagne !

Jean-Jacques, si pour l'homme ici trop relégué
Ta religion vague et son appui tronqué
Suffisaient,... si pourtant tes simples Élysées
N'étaient pas le faux jour des clartés trop aisées,
Que peux-tu dire encore ? Il fut digne de toi ;
Tu l'as connu pour fils aux rayons de sa foi,
Et le tirant, Esprit, aux sphères où tu restes,
Tu le montres d'orgueil aux Sagesses célestes.
Mais si tu t'es trompé, si ce natif orgueil
A pour tous et pour toi fait dominer l'écueil ;

Si le Maître, à la fois plus tendre et plus sévère,
Nous tient dès l'origine et de plus près nous serre,
Mesurant de tous temps l'abîme et les appuis,
Ménageant au retour d'invisibles conduits ;
Si, plus clément peut-être à la terre purgée,
Il est toujours le Dieu de la Croix affligée,
Ce fils meilleur que toi qui l'es dit le meilleur,
Ce fils dont les longs jours ont passé tout d'un pleur,
Par l'effet répandu d'un vivant sacrifice
Ne t'a-t-il pu tirer des limbes, ton supplice ?
Et délivrés tous deux et par delà ravis,
Ne peut-on pas vous dire : *Heureux père ! Heureux fils !*

N. B. — Je reviens sur une de mes remarques précédentes, et je prie une dernière fois les personnes qui liront sérieusement ces études, et qui s'occupent encore de la *forme*, de voir si, dans quelque vers qui, au premier abord, leur semblerait un peu dur ou négligé, il n'y aurait pas précisément une tentative, une intention d'harmonie particulière par alliteration, assonance, etc. ; ressources que notre poésie classique a trop ignorées, dont la poésie classique des Anciens abonde, et qui peuvent dans certains cas rendre à notre prosodie une sorte d'accent. Ainsi Ovide dans ses *Remèdes d'Amour* :

> Vince cupidineas pariter, Parthasque sagittas.

Ainsi moi-même dans un des sonnets qui suivent :

> J'ai rasé ces rochers que la grâce domine...
> Sorrente m'a rendu mon doux rêve infini...

Mais c'est en dire assez pour ceux qui doivent entendre, et beaucoup trop pour les autres.

A MADAME TASTU

Madame Tastu, dans une pièce de vers de 1833, avait dit :

    Hélas! combien sont morts de ceux qui m'ont aimée!
    Combien d'autres pour moi le temps aura changés!
    Je n'en murmure pas; j'ai tant changé moi-même!
    . . . .
    . . . . Il est des sympathies
    Qui, muettes un jour, cessent d'être senties;
    Et tel, par qui jadis ces chants étaient fêtés,
    A peine s'avouera qu'il les ait écoutés!

Il lui a été répondu :

Non, tous n'ont pas changé, tous n'ont pas, dans leur route,
Vu fuir ton frais buisson au nid mélodieux ;
Tous ne sont pas si loin : j'en sais un qui t'écoute
    Et qui te suit des yeux.

Va! plusieurs sont ainsi, plusieurs, je le veux croire,
De ceux qu'autour de toi charmaient tes anciens vers,
De ceux qui, dans la course en commun à la gloire,
    T'offraient leurs rangs ouverts.

Mais plusieurs de ceux-là, mais presque tous, je pense,
Vois-tu? belle Ame en deuil, depuis ce jour flatteur,
Victimes comme toi, sous une autre apparence,
    Ont souffert dans leur cœur.

L'un, dès les premiers tons de sa lyre animée,
A senti sa voix frêle et son chant rejeté,
Comme une vierge en fleur qui voulait être aimée
    Et qui perd sa beauté.

L'autre, en poussant trop haut jusqu'au char du tonnerre,
S'est dans l'âme allumé quelque rêve étouffant.
L'un s'est creusé, lui seul, son mal imaginaire ;...
    L'autre n'a plus d'enfant !

Chacun vite a trouvé son écart ou son piège :
Chacun a sa blessure et son secret ennui,
Et l'Ange a replié la bannière de neige
    Qui dans l'aube avait lui.

Et maintenant, un soir, si le hasard rassemble
Quelques amis encor du groupe dispersé,
Qui donc reconnaîtrait ce que de loin il semble,
    Sur la foi du passé ?

Plus de concerts en chœur, d'expansive espérance,
Plus d'enivrants regards ! la main glace la main.
Est-ce oubli l'un de l'autre et froide indifférence,
    Envie, orgueil humain ?

Oh ! c'est surtout fatigue et ride intérieure,
Et sentiment d'un joug difficile à tirer.
Chacun s'en revient seul, rouvre son mal et pleure,
    Heureux s'il peut pleurer !

Ils cachent tous ainsi leurs blessures au foie,
Trop sensibles mortels, éclos des mêmes feux !
Plus jeune, on se disait les chagrins et la joie :
    Plus tard on se tait mieux.

On se tait même auprès du souvenir qui charme :
On doit paraître ingrat, car on le fuit souvent.
Contre l'émotion qui réveille une larme
    A tort on se défend.

Ainsi l'on fait de toi, chaste Muse plaintive,
Qui de trop doux parfums entouras l'oranger ;
Ces bosquets que j'aimais de notre ancienne rive,
  Je n'ose y ressonger.

Puis, à toi, ta blessure est si simple et si belle,
Si belle de motif, et pour un soin si pur,
Toi, chaque jour, laissant quelque part de ton aile
  Au fond du nid obscur,

Que c'est, pour nous, souffrant de nos fautes sans nombre,
De vaines passions, d'ambitieux essor,
Que c'est reproche à nous de t'écouter dans l'ombre
  Et de nous plaindre encor.

Plus d'un, crois-le pourtant, a sa tâche qui l'use,
Et sa roue à tourner et son crible à remplir,
Et ce labeur pesant, meurtrier de la Muse
  Qu'il doit ensevelir.

Sacrifice pénible et méritoire à l'âme,
Non pas sur le haut mont, sous le ciel étoilé,
D'un Isaac chéri, sans autel et sans flamme
  Chaque jour immolé !

L'âme du moins y gagne en douleurs infinies ;
Du trésor invisible elle sent mieux le poids.
N'envions point leur gloire aux fortunés génies,
  Que tout orne à la fois !

Sans plus chercher au bout la pelouse rêvée,
Acceptons ce chemin qui se brise au milieu ;
Sans murmurer, aidons à l'humaine corvée,
  Car le maître, c'est Dieu !

A M. ACHILLE DU CLESIEUX,

AUTEUR D'EXIL ET PATRIE.

Dans le récit qu'on lit des hommes d'autrefois,
Des meilleurs, des plus saints, de ceux en qui je crois,
Ami, ce que j'admire et que surtout j'envie,
C'est leur force, un matin, à réformer leur vie ;
C'est Dieu les délivrant des nœuds désespérés.
Car d'abord, presque tous, ils s'étaient égarés,
Ils avaient pris la gauche et convoité l'abîme ;
Mais quelque événement bien simple ou bien sublime,
Un vieillard, un ami, les larmes d'une sœur,
Quelque tonnerre au ciel, un écho dans leur cœur,
Les replaçait vivants hors des vicissitudes,
Et parmi les cités, au fond des solitudes,
Dans la suite des jours ou sereins ou troublés,
L'éclair ne quittait plus ces fronts miraculés.
A voir les temps présents, où donc retrouver trace
Des résolutions que féconde la Grâce,
De ces subits efforts couronnés à jamais,
De ces sentiers si blancs regagnant les sommets ?
Où donc ? — La vie entière est confuse et menue,
S'enlaçant, se brisant, rechute continue,
Sans un signal d'arrêt, sans un cri de holà !
Le port n'est pas ici, l'abîme n'est pas là.
On va par le marais que chaque été dessèche,
Que quelque jonc revêt d'une apparence fraîche,
Et qu'un soleil menteur dore de son rayon.
On va : le pied suffit ; ce qu'on nomme raison

Nous avertit parfois si trop loin on s'enfonce.
Le sentiment, plus prompt, et qui si beau s'annonce,
Amoureux en naissant de voler et briller,
S'évapore bientôt ou se tourne à railler.
Velléités sans but d'une âme mal soumise!
Avertissements sourds que rien ne divinise,
Sans écho, sans autel, sans prière à genoux,
Et qu'un chacun qui passe a vite éteints en nous!
Le jour succède au jour; plus avant on s'engage :
La réforme boiteuse, et qui vient avec l'âge,
N'introduit bien souvent qu'un vice plus rusé
Aux dépens d'un aîné fougueux qui s'est usé,
Les vains honneurs, l'orgueil vieillissant qui s'attriste,
Ou les molles tiédeurs d'un foyer égoïste,
— Foyer, — famille au moins, dernier lien puissant.
Ainsi le siècle va, sous son faux air décent.
Où donc la vie austère, assez tôt séparée?

O vous à qui j'écris, vous me l'avez montrée!
Comme ceux d'autrefois dont l'âme eut son retour,
Ami, vous avez eu dans votre vie un jour!
Un jour où, comme Paul vers Damas, en colère
Vous couriez, insultant ce qu'un doux ciel éclaire,
Frémissant de la lèvre aux splendeurs du matin,
Accusant le soleil des dégoûts du festin,
Et rejetant votre âme aux voûtes étoilées,
Comme un fond de calice à des parois souillées;
Un jour, après six ans de poursuite et d'oubli,
Quand il n'était pour vous de fleur qui n'eût pâli,
Quand vous aviez, si jeune et las de chaque chose,
Cent fois l'heure dit non à tout ce que propose
L'insatiable ennui; quand, au lieu de soupirs,
C'était enfin révolte et haine à tous désirs,
Et que, ne sachant plus quoi vouloir sur la terre,

Un matin vous sortiez, funèbre et solitaire ;
Ce jour, le plus extrême et le plus imprévu,
Pour changer tout d'un coup, Ami, qu'avez-vous vu ?
Vous vous taisez ! — La tombe, au lointain cimetière,
Vous dit-elle un secret et s'ouvrit-elle entière ?
Quel vieillard s'est assis, et puis s'en est allé ?
Pour vous, comme à Pascal, un gouffre a-t-il parlé ?
Comme à l'antique Hermas, dans le bleu de la nue,
Quelle vierge a penché sa beauté reconnue ?
Vos genoux, par hasard heurtés, ont-ils plié,
Et tout ce changement vient-il d'avoir prié ?
Le mystère est en vous, mais la preuve est touchante :
Votre foi le trahit, le murmure et le chante.
A partir de ce jour, vous avez tout quitté ;
Sur un rocher, sept ans, devant l'Éternité,
Devant son grand miroir et son fidèle emblème,
Devant votre Océan, près des grèves qu'il aime,
Vous êtes resté seul à veiller, à guérir,
A prier pour renaître, à finir de mourir,
A jeter le passé, vain naufrage, à l'écume,
A noyer dans les flots vos dépôts d'amertume,
Repuisant la jeunesse au vrai soleil d'amour,
Patriarche d'ailleurs pour tous ceux d'alentour,
Donnant, les instruisant, et dans vos soirs de joie
Chantant sur une lyre ! — Et pour peu qu'on vous voie
Aujourd'hui si serein, si loin des anciens pleurs,
Le front mélancolique effleuré de lueurs,
Époux d'hier béni, les cheveux bruns encore,
On vous croirait sortant, belle âme qui s'ignore,
De vos vierges forêts et du naïf manoir,
Vous qui sûtes la vie et son triste savoir !

Vous la savez, Ami ; mais votre cœur préfère
Ensevelir au fond la connaissance amère.

Ne jamais remuer ce qui tant le troubla.
La prière et le chant sont pour vous au delà,
Au-dessus, tout à part. — Oh! combien de pensées
Glissent en vous trop bas pour entrer cadencées
Dans le divin nuage où vibre votre accent!
Cette voix prie, et monte, et rarement descend.
C'est l'arome léger de votre âme embaumée,
L'excès de votre encens, sa plus haute fumée.
Poëte par le cœur, — pour l'art, — vous l'ignorez.
L'art existe pourtant; il a ses soins sacrés;
Il réclame toute œuvre, il la presse et châtie,
Comme fait un chrétien son âme repentie;
Il rejette vingt fois un mot et le reprend;
De nos tyrans humains ce n'est pas le moins grand.
Aussi redoutez peu que je vous le conseille.
La gloire de ce miel est trop chère à l'abeille;
L'amour de le ranger en trop parfaits rayons
Use un temps que le bien réserve aux actions.
Chantez, chantez encore, à pleine âme, en prière,
Et jetez votre accent comme l'œil sa lumière.

Heureux dont le langage, impétueux et doux,
En servant la pensée est plutôt au-dessous;
Qui, laissant déborder l'urne de poésie,
N'en répand qu'une part, et sans l'avoir choisie;
Et dont la sainte lyre, incomplète parfois,
Marque une âme attentive à de plus graves lois!
Son défaut m'est aimable et de près m'édifie,
Et je sépare mal vos vers de votre vie,
Vie austèrement belle, et beaux vers négligents.

Tel je vous sens, Ami, — surtout quand, seul aux champs,
Par ce déclin d'automne où s'endort la nature,
Un peu froissé du monde et fuyant son injure,

J'ouvre à quelques absents mon cœur qui se souvient.
En ce calme profond votre exemple revient.
N'aura-t-on pas aussi sa journée et son heure,
Sa ligne infranchissable entre un passé qu'on pleure
Et le pur avenir, son effort devant Dieu
Pour sortir de la foule et de tout ce milieu?
— Et, marchant, un vent frais m'anime le visage;
Le ciel entier couvert s'étend d'un seul nuage;
Le fond bleu s'entrevoit par places, mais obscur,
Presque orageux, si l'œil n'y devinait l'azur.
Sous ce rideau baissé, sous cette vive haleine,
A l'heure du couchant je traverse la plaine,
Côtoyant le long bois non encore effeuillé...
Et tout parle d'exil et de bonheur voilé.

Précy, 12 octobre.

SONNETS

A MADAME LA D. DE R. (LA DUCHESSE DE RAUZAN.)

I

Au Thil où vous aimez passer les mois fleuris,
Mois de fuite du monde et de vie isolée,
Pour vous, dans tout le parc, il n'est rien qu'une allée,
Haute et droite et touffue, ombrages favoris ;

Et par delà l'allée au vert et haut pourpris,
Dans la campagne il est, bien humble et sans feuillée,

Un sentier que connait la faneuse hâlée ;
Vous y marchez souvent le long des blés mûris.

Seule à promener là votre grâce élevée,
Chaque jour vous suivez la trace conservée,...
Passé,... longs souvenirs ;... printemps à Saint-Germain !

Et si, dans le château, quelqu'un soudain réclame
Votre bonne présence : « Où donc trouver Madame ? »
— « Madame, oh ! dit chacun, elle est dans son chemin. »

II

Ainsi l'on dit de vous, Madame, ainsi vous êtes,
Fidèle au souvenir, aux traces de vos pas,
Aimant ce qu'on retrouve et qui ne change pas,
Plus attentive après chaque hiver et ses fêtes !

Oh ! dans nos jours douteux d'ennuis et de tempêtes,
Où tout crie et s'égare et se mêle en combats ;
Où, si l'on ne meurt vite, on dérive plus bas ;
Où le vent à plaisir fait ondoyer les têtes ;

Temps d'éclipse divine et de murmure humain !
En cette heure avant l'aube, où même tout génie
Change trois fois de route et trois fois se renie.

Oh ! qui donc, mariant la veille au lendemain,
Si fermement tiendra sa destinée unie,
Que, sans le voir, on dise : « Il est dans son chemin ! »

A MES AMIS

GRÉGOIRE ET COLLOMBET (1)

   Quoique tout change et passe et se gâte avant l'heure;
Quoique rien de sacré devant tous ne demeure;
Qu'un siècle ambitieux n'empêche pas l'impur,
Que le tronc soit atteint sans que le fruit soit mûr;
Quoique les jeunes gens sans charme ni jeunesse,
Laissant la modestie et sa belle promesse,
Dévorent l'avenir, et d'un pied méprisant
Montent comme à l'assaut en foulant le présent;
Quoique des parvenus la bassesse et la brigue
Provoquent les fougueux à renverser la digue,
Et que, si loin qu'on aille à poser ses regards,
On n'ait dans le passé que de rares vieillards,
Il est encore, il est, pour consoler une âme,
Hors des chemins poudreux et des buts qu'on proclame,
Il est d'humbles vertus, d'immenses charités,
Des candeurs qu'on découvre et des fidélités;
Des prières à deux dans les nuits nuptiales;
Des pleurs de chaque jour aux pierres sépulcrales;
Témoins que rien n'altère, obscurs, connus du Ciel,
Sauvant du mal croissant le bien perpétuel,
Et qui viennent nous rendre, en secrètes lumières,
Les purs dons conservés, les enfances premières
   De ce cœur humain éternel!

(1) Deux amis que j'avais à Lyon.

L'enfance encor, l'enfance a des vœux que j'admire,
Des élans où la foi revient luire et sourire,
Des propos à charmer les martyrs triomphants.
Et des vieillards aussi, pareils aux saints enfants,
Ont des désirs, Seigneur, de chanter ta louange,
Comme un Éliacin dans le temple qu'il range!

A la Conciergerie où libre et par son choix,
Prisonnière, venait, pour ressaisir ses droits,
Une Dame au grand nom, de qui la haute idée,
Mal à l'aise en nos temps, rêva l'autre Vendée,
Et qui, d'un sang trop prompt et d'un cœur plein d'échos,
S'égarait à tenter les luttes des héros (1);
A la Conciergerie, en même temps, près d'elle,
Pour cause peu semblable, et sans chercher laquelle,
Se trouvait une femme, une mère; et l'enfant,
L'enfant aux blonds cheveux, vers la Dame souvent
Allait et revenait d'une grâce légère :
Entre les rangs divers l'enfance est messagère.
Et la sœur de la Dame, aussi d'air noble et grand,
Dès midi chaque jour venant et demeurant,
Toutes deux à l'entour de ce front sans nuage
S'égayaient, et l'aimaient comme un aimable otage,
L'appelaient, le gardaient des heures, et parmi
De longs discours charmants, le nommaient leur *ami*.
Et sous les lourds barreaux et dans l'étroite enceinte,
La jeune âme captive, ignorant sa contrainte,
N'avait que joie et fête, et rayon qui sourit :
Telle une giroflée à la vitre fleurit.
Pourtant, lorsque la Dame, un moment prisonnière,
Vit sa cause arriver et la libre lumière,
Ce furent des regrets et des adieux jaloux,

(1) Il s'agit de madame de La Rochejacquelein, et un peu après de sa sœur, madame de Rauzan.

Des promesses : « Du moins tu priras bien pour nous, »
Disait-elle; et l'enfant que ce mot encourage :
« Je prirai que toujours vous ayez de l'ouvrage, »
Dans son espoir, ainsi, ne séparant jamais
Ce que sa mère dit le plus grand des bienfaits !
Cri naïf : *De l'ouvrage !* éclair qui nous révèle
Des deux antiques parts la querelle éternelle,
Le travail, le loisir, deux fils du genre humain !
Ici, dans la prison, ils se touchaient la main ;
Au front de cet enfant, un baiser d'alliance,
Un arc-en-ciel léger disait que confiance,
Reconnaissance, amour, ce qui peut aplanir,
Viendrait encore en aide au sévère avenir.
— « Pour ma sœur que voilà, souffrante, Enfant, demande,
« Demande la santé, tant que Dieu la lui rende. »
— « Oh ! vous l'aurez, dit-il (et son accent surtout
« S'y mêlait), vous l'aurez ! vous en aurez beaucoup ! »
Et l'enfant et la mère ont depuis deux amies.

L'autre trait qui me touche, et qu'aux âmes unies,
Simples et de silence aux doux cœurs égarés,
A tout ce qui connaît le temple et ses degrés,
A tous ceux qui priaient à douze ans à la messe,
Et qui pleurent parfois le Dieu de leur jeunesse,
J'offre en simplicité, regrettant et priant,
Ce trait vient de l'hospice où de Chateaubriand
Le vieux nom glorieux s'avoisine au portique,
Comme auprès d'une croix un chêne druidique (1).
Un saint prêtre en ces murs et dans ce parc heureux,
Parmi les jeunes plants et les jets vigoureux
Qui, sur ces fronts humains dépouillés par l'orage,
Assemblent chaque été plus d'oiseaux et d'ombrage,

(1) L'infirmerie de Marie-Thérèse fondée par madame de Chateaubriand.

Un saint prêtre vivait, et, sans trop défaillir,
Depuis quelques saisons achevait de vieillir.
Mais encore une fois avait pâli l'automne,
Et Noël, dans sa crèche, apprêtait sa couronne.
Le vieux prêtre en son cœur, durant tout cet Avent,
Sentait comme un désir suprême et plus fervent.
Les Saluts, chaque soir, en douce mélodie
L'inondaient, et sa voix sous ses pleurs enhardie,
Distincte, articulée, au verset solennel,
Du milieu de la foule arrivait à l'autel.
Enfin, la veille, ému, ne se sentant plus maître,
Il va vers l'aumônier, un bon et jeune prêtre :
« C'est donc demain Noël, l'*Alleluia* béni !
« Oh ! les beaux *Rorate*, les *Consolamini* !
« Oh ! monsieur l'aumônier, quels chants pleins d'allégresse !
« Ces Saluts de l'Avent ont comme une tendresse.
« Hélas !... vous êtes jeune, à l'autel vous chantez;
« Voilà bien des Noëls que je n'ai pas fêtés ! »
Il s'arrêtait, n'osant ;... mais, d'une bonté sûre,
L'aumônier qui devine, achevant de conclure :
« Eh ! bien, chantez pour moi la grand'messe demain. »
— « Oh ! Monsieur ! (et la joie étouffait dans son sein);
« On vous disait bien bon, vous l'êtes plus encore ! »
Il officia donc, de voix tendre et sonore :
« Puisque ma voix mourante a chanté dans Sion,
« Congédie, ô Seigneur, ton vieillard Siméon ! »

L'enfance encor, l'enfance a des vœux que j'admire,
Des élans où la foi revient luire et sourire,
Des propos à charmer les martyrs triomphants.
Et des vieillards aussi, pareils aux saints enfants,
Ont des désirs, Seigneur, de chanter à tes fêtes,
Comme un Éliacin au temps des rois-prophètes.

A VICTOR PAVIE

LE SOIR DE SON MARIAGE (1)

A d'autres, cher Pavie, en ces joyeux moments,
Au milieu des flambeaux, des fleurs et des serments
    Où s'exalte un si pur délire,
A d'autres, s'il fallait toucher le mot profond,
Le mot vrai, qui le mieux éclairât ce qu'ils sont,
    Pour chant d'hymen il faudrait dire; —

A ceux qui, s'égarant au sortir du manoir,
Ont en de faux essais gâté leur jeune espoir
    Et tari leur première joie;
Que l'étoile a quittés, gardienne des berceaux;
Que passion navrante ou vulgaires assauts
    Ont fatigués comme une proie;

A ceux-là, quand l'Hymen, dans sa chaste pitié,
Vient poser sa couronne à leur front essuyé
    Et leur conduit la jeune fille,
Jeune fille à l'œil vif, au bandeau radouci,
Qui les aime plus fort que s'ils sortaient aussi
    Des saints baisers de la famille;

---

(1) Victor Pavie, d'Angers, un de nos plus jeunes amis du temps du Cénacle, resté le plus fidèle en vieillissant à toutes les amitiés, à toutes les admirations, à tous les cultes de sa jeunesse; quand tous ont changé, le même; conservé, perfectionné, exalté et enthousiaste toujours; la flamme au front, un cœur d'or. A le voir d'ici, à travers notre tourbillon et du milieu de notre dispersion profonde, je le compare à un chapelain pieux qui veille et qui attend. Je l'appelle le gardien de la chapelle ardente de nos souvenirs (1862).

A ceux-là, revenus par fatigue au bonheur,
Il faudrait oser dire : Échauffez votre cœur,
    Animez-y toute étincelle!
Sans vous appesantir au bien-être, au repos,
Ressaisissez la foi, rallumez les flambeaux
    Qui feront votre âme nouvelle!

Il faudrait replonger au matin de leurs jours
Ces pèlerins lassés d'inconstantes amours,
    Les rendre aux plus fraîches haleines,
Et, franchissant d'un bond l'intervalle aboli,
Renouer, s'il se peut, par effort, par oubli,
    Heures croyantes et sereines.

Mais à vous, cher Pavie, en ces jours couronnés,
A vous, jeune homme intègre, aux épis non fanés
    Qu'un vif août échauffe et dore,
Qui brillent au regard et sonnent sous la main,
Tels que naguère au front du moissonneur romain
    Léopold (1) les faisait éclore ;

A vous, fidèle en tout au devoir ancien,
Fidèle à chaque grain du chapelet chrétien,
    Bien qu'amant des jeunes extases ;
Qui sûtes conserver en votre chaste sein
Passion, pureté, douceur, l'huile et le vin,
    Comme à l'autel dans les saints vases ;

A vous un mot suffit ; pour tous conseils, pour chants,
Pour nuptial écho de tant de vœux touchants,
    Ami, c'est assez de vous dire :
Apaisez votre cœur, car vous avez trouvé
Le seul objet absent, le bien longtemps rêvé,
    Longtemps votre vague martyre!

(1) Léopold Robert, qui venait de mourir.

Apaisez votre cœur, car il n'est que trop plein ;
Car, hormis vos bons pleurs sur le pieux déclin
    De la mère de votre père,
Vous n'eûtes à pleurer qu'au soir en promeneur,
En sublime égaré qui va sous le Seigneur,
    Et qui jamais ne désespère !

Car sans relâche en vous, élancements, désirs,
L'Amitié, l'Art, le Beau, vos uniques soupirs,
    Mêlant des feux et des fumées,
Formaient comme un autel trop chargé de présents,
Où, nuit et jour, veillaient sous des vapeurs d'encens
    Les Espérances enflammées.

Et c'était de tous points, dans l'actif univers,
Retentissant en vous par salves de concerts,
    Comme un chant d'orgue qui s'essaie,
D'un orgue mal dompté, mais sonore et puissant,
À l'Océan ému pareil, et mugissant,
    Et dont le timbre humain s'effraie ;

Jusqu'à ce que, rompant ces échos du Sina,
Une note plus claire, un *Salve Regina*
    Tout à coup repousse la brume,
Se glisse, s'insinue aux rameaux trop épais,
Donne au confus murmure un air divin de paix,
    Et blanchisse la belle écume !

Apaisez votre cœur, car jusqu'ici vos nuits
S'en allaient sans rosée en orageux ennuis,
    Et vous fatiguaient de mystères ;
Les étoiles, sur vous, inquiétants soleils,
Nouaient leurs mille nœuds, et de feux nonpareils,
    Brûlaient vos rêves solitaires !

Jusqu'à ce que, naissant à propos, ait marché
Une Étoile plus blanche; et d'un flambeau penché
    Elle a mis son jour sur la scène,
Et la molle lueur a débrouillé les cieux,
Et les nœuds ont fait place au chœur harmonieux
    Que la lune paisible mène.

Et, la lune endormie à son tour se couchant,
Tout bientôt ne devient, le matin approchant,
    Qu'une même et tendre lumière,
Comme en venant j'ai vu, vers l'aube, près de Blois,
Ciel, coteaux, tout blanchir et nager à la fois
    En votre Loire hospitalière!

Aux Rangeardières, près Angers, 4 août 1835.

SONNET

A MADAME P.

Heureux, loin de Paris, d'errer en ce doux lieu,
Je venais de quitter le petit Bois des Dames,
Et m'écartant de l'Oise, où lavaient quelques femmes,
J'allais, gai villageois, léger, en sarrau bleu,

Chapeau de paille au front, du côté de Saint-Leu,
Quand soudain, me tournant vers le couchant en flammes,
Je vis par tout le pré des millions de trames,
Blancs fils de bonne Vierge aux longs réseaux de feu.

Des nappes du fin lin la terre était couverte,
Et les chaumes restants et les brins d'herbe verte
Semblaient un champ de lis subitement levé ;

— Des brebis, tout au loin, bondissaient, blonde écume ;
Et moi, dont l'œil se mouille et dont le front s'allume,
Tête nue, adorant, je récitai l'Ave.

Précy, 9 octobre.

SONNET
DE SAINTE THÉRÈSE

A JÉSUS CRUCIFIÉ

Ce qui m'excite à t'aimer, ô mon Dieu,
Ce n'est pas l'heureux ciel que mon espoir devance,
Ce qui m'excite à t'épargner l'offense,
Ce n'est pas l'enfer sombre et l'horreur de son feu !

C'est toi, mon Dieu, toi par ton libre vœu
Cloué sur cette croix où t'atteint l'insolence ;
C'est ton saint corps sous l'épine et la lance,
Où tous les aiguillons de la mort sont en jeu.

Voilà ce qui m'éprend, et d'amour si suprême,
O mon Dieu, que, sans ciel même, je t'aimerais ;
Que, même sans enfer, encor je te craindrais !

Tu n'as rien à donner, mon Dieu, pour que je t'aime;
Car, si profond que soit mon espoir, en l'ôtant,
Mon amour n'ait seul, et t'aimerait autant!

———

Tu te révoltes, tu t'irrites,
O mon Ame, de ce que tel
Ne comprend pas tous tes mérites
Et met ton talent sous l'autel;

Tu t'en aigris! mais, Ame vaine,
Pourquoi, d'un soin aussi profond,
N'es-tu pas prompte à tirer peine
De ce que d'autres te surfont;

De ce que tout lecteur sincère,
Te prenant au mot de devoir,
Te tient en son estime chère
Bien plus que tu sais ne valoir?

Oh! plus sage, mieux attristée,
Tu souffrirais amèrement
De la faveur imméritée
Plus que de l'injure, estimant

Que dans cette humaine monnaie
Ton prix encore est tout flatteur,
Et que bien pauvre est la part vraie
Aux yeux du seul Estimateur!

———

> . . . . Nam cur
> Quæ lædunt oculos festinas demere ; si quid
> Est animum, differs curandi tempus in annum ?
> HORACE, *Ep.* II, liv. I.

Dans ce cabriolet de place j'examine
L'homme qui me conduit, qui n'est plus que machine,
Hideux, à barbe épaisse, à longs cheveux collés :
Vice et vin et sommeil chargent ses yeux soûlés.
Comment l'homme peut-il ainsi tomber? pensais-je,
Et je me reculais à l'autre coin du siége.
— Mais Toi, qui vois si bien le mal à son dehors,
La crapule poussée à l'abandon du corps,
Comment tiens-tu ton âme au dedans? Souvent pleine
Et chargée, es-tu prompt à la mettre en haleine?
Le matin, plus soigneux que l'homme d'à-côté,
La laves-tu du songe épais? et dégoûté,
Le soir, la laves-tu du jour gros de poussière?
Ne la laisses-tu pas sans baptême et prière
S'engourdir et croupir, comme ce conducteur
Dont l'immonde sourcil ne sent pas sa moiteur?

A ULRIC GUTTINGUER (1)

> Les vieilles amitiés, si elles ne sont pas pour
> nous, demeurent contre nous, et c'est amer.
> *Lettres.*

Chez lui, chez vous surtout, une aigreur s'est glissée;
Elle dure et s'augmente, et corrompt la pensée.

(1) Après une longue et tendre intimité, il était survenu une grave alté-

Vous lui pardonnez bien, mais *en Dieu* seulement,
Et sans entendre à rien d'humain et de clément.
Et cette amitié morte au fond de vous remue;
Et si dans mon discours son ombre est revenue,
Si le nom, par mégarde, irrite un souvenir,
Un sourire blessé ne se peut retenir,
Et vous rejetez loin l'affection trompée,
Comme on fait sous le pied la couleuvre coupée.

Et pourtant, dès l'enfance, en vos prés les plus verts,
Par vos jeux, par vos goûts ressemblants et divers,
Aux plus beaux des vallons de votre Normandie,
Vous, effeuillant déjà les fleurs qu'il étudie;
Vous, plus brillant, plus gai de folie, et plus vain
A dissiper, poëte, un trésor plus divin;
Lui plus grave, et pourtant aimable entre les sages,
S'éprenant des douceurs comme vous des orages;
Et puis avec les ans tous les deux divisés
(Non de cœur) et menant vos sentiers moins croisés;
Lui dans la raison saine et l'étude suivie,
Et la possession plénière de la vie,
Et l'obligeance heureuse, et tout ce qui s'accroît
En estime, en savoir, sous un antique toit,
Et chaque jour enfin, dans sa route certaine,
Tournant au docte Huet, — mais Vous au La Fontaine;
Vous, pauvre Ami sensible, avec vos tendres vers,
Avec tous vos débris délicieux et chers,
Vos inquiets tourments de choses si sacrées,
Vos combats de désirs et vos fautes pleurées;
Tous deux liés toujours, Vous d'erreurs assailli,
Jusqu'en Dieu rejetant ce cœur trop défailli

---

ration de sentiments entre Ulric Guttinguer, le poëte, et Auguste Le Prévost, l'antiquaire de Normandie

PENSÉES D'AOUT

Qu'un bruit de blâme humain y va troubler encore ;
Lui (ne l'enviez pas !) jouissant qu'on l'honore ;
    Tous les deux, vous avez vieilli !

Oh ! quand, après le charme et les belles années,
L'amitié, déjà vieille, en nos âmes tournées
S'ulcère et veut mourir, oh ! c'est un mal affreux !
Le passé tout entier boit un fiel douloureux.
L'ami qui de nous-même, hélas ! faisait partie,
Qu'en nous tenait vivant le nœud de sympathie,
Cet ami qu'on portait, frappé d'un coup mortel
(J'en parle ayant souffert quelque chose de tel),
Est comme un enfant mort dans nos flancs avant l'heure,
Qui remonte et s'égare et corrompt sa demeure ;
Car il ne peut sortir ! Et ce fardeau si doux,
Qui réchauffait la vie ainsi doublée en nous,
N'est plus qu'un ennemi, le fléau des entrailles.
Pour te guérir alors, ô cœur saignant qui railles,
Ce n'est pas l'ironie et le sourire amer
Qu'il faut, triste lueur de tout secret enfer !
Mais c'est un vrai pardon, et non, comme on le nomme,
Un pardon en Dieu seul, mais aussi devant l'homme,
Devant l'ami blessé, s'il se peut ; ne laissant
En lui non plus qu'en nous nul poison renaissant ;
C'est de prier qu'Élie, ou le Dieu de Lazare,
Réveille dans nos flancs cet enfant qui s'égare,
Le rende à notre chair sans plus l'aliéner,
Ou l'aide doucement de nous à s'éloigner.
J'ai souvent, dit Jean-Paul, le funèbre prophète,
Cette fois plus touchant, — j'ai souhaité pour fête
D'être témoin sur terre, attentif et caché,
De tout cœur qu'un pardon aurait soudain touché,
Et des embrassements où le reproche expire,
Quand l'âme que l'Amour ranime à son empire,

Comme un osier en fleur qu'un vent avait courbé,
Violent, du côté du marais embourbé,
Se redresse au soleil et brille sur la haie
Par le plus gai duvet de toute l'oseraie.

Mais quand l'aigreur mauvaise a duré trop longtemps,
Quand le pardon se tait, c'est en vain qu'au printemps
Vous marchez, seul et Roi, dans vos plaines brillantes,
L'âme ouverte aux parfums des forêts et des plantes,
Admirant l'Océan où s'achèvent les cieux;
Car ce nuage prompt, cette ride en vos yeux,
Qu'est-ce? sinon en vous un souvenir qui passe,
Réveillé par le lieu peut-être, par la trace
Qu'y laissa votre ami, discourant autrefois
Avec vous de ces fleurs et du nom de ces bois,
Et du dôme sans fond qui s'appuie à l'abîme,...
Ou des molles erreurs qui furent votre crime.

TROIS SONNETS

IMITÉS DE WORDSWORTH

I

REPOSEZ-VOUS ET REMERCIEZ

(Au sommet du Glencroe) (1).

Ayant monté longtemps d'un pas lourd et pesant
Les rampes, au sommet désiré du voyage,

(1) En Écosse.

Près du chemin gravi, bordé de fin herbage,
Oh! qui n'aime à tomber d'un cœur reconnaissant?

Qui ne s'y coucherait délassé, se berçant
Aux propos entre amis, ou seul, au cri sauvage
Du faucon, près de là perdu dans le nuage,
— Nuage du matin, et qui bientôt descend?

Mais, le corps étendu, n'oublions pas que l'âme,
De même que l'oiseau monte sans agiter
Son aile, ou qu'au torrent, sans fatiguer sa rame,

Le poisson sait tout droit en flèche remonter,
— L'âme (la foi l'aidant et les grâces propices)
Peut monter son air pur, ses torrents, ses délices!

II

LA CABANE DU HIGHLANDER

Elle est bâtie en terre, et la sauvage fleur
Orne un faîte croulant; toiture mal fermée,
Il en sort, le matin, une lente fumée,
(Voyez) belle au soleil, blanche et torse en vapeur!

Le clair ruisseau des monts coule auprès; n'ayez peur
D'approcher comme lui; quand l'âme est bien formée,
On est humble, on se sait, pauvre race, semée
Aux rocs, aux durs sentiers, partout où vit un cœur!

Sous ce toit affaissé de terre et de verdure,
Par ce chemin rampant jusqu'à la porte obscure,
Venez; plus naturel, le pauvre a ses trésors :

Un cœur doux, patient, bénissant sur sa route,
Qui, s'il supportait moins, bénirait moins sans doute...
Ne restez plus ainsi, ne restez pas dehors!

III

LE CHATEAU DE BOTHWELL

Dans les tours de Bothwell, prisonnier autrefois,
Plus d'un brave oubliait (tant cette Clyde est belle!)
De pleurer son malheur et sa cause fidèle.
Moi-même, en d'autres temps, je vins là; — je vous vois

Dans ma pensée encor, flots courants, sous vos bois!
Mais, quoique revenu près des bords que j'appelle,
Je ne puis rendre aux lieux de visite nouvelle.
— Regret! — Passé léger, m'allez-vous être un poids?...

Mieux vaut remercier une ancienne journée,
Pour la joie au soleil librement couronnée,
Que d'aigrir son désir contre un présent jaloux.

Le Sommeil t'a donné son pouvoir sur les songes,
Mémoire; tu les fais vivants et les prolonges;
Ce que tu sais aimer est-il donc loin de nous?

PENSÉES D'AOUT.

La voilà, pauvre mère, à Paris arrivée
Avec ses deux enfants, sa fidèle couvée!
Veuve, et chaste, et sévère, et toute au deuil pieux,
Elle les a, seize ans, élevés sous ses yeux
En province, en sa ville immense et solitaire,
Déserte à voir, muette autant qu'un monastère,
Où croît l'herbe au pavé, la triste fleur au mur,
Au cœur le souvenir long, sérieux et sûr.
Mais aujourd'hui qu'il faut que son fils se décide
A quelque état, jeune homme et docile et timide,
Elle n'a pas osé le laisser seul venir;
Elle le veut encor sous son aile tenir;
Elle veut le garder de toute impure atteinte,
Veiller en lui toujours l'image qu'elle a peinte
(Sainte image d'un père!), et les devoirs écrits
Et la pudeur puisée à des foyers chéris;
Elle est venue. En vain chez sa fille innocente,
L'ennui s'émeut parfois d'une compagne absente,
Et l'habitude aimée agite son lien;
La mère, elle, est sans plainte et ne regrette rien.
Mais si son fils, dehors qu'appelle quelque étude,
Est sorti trop longtemps pour son inquiétude,
Si le soir, auprès d'elle, il rentre un peu plus tard,
Sous sa question simple observez son regard!
Pauvre mère! elle est sûre, et pourtant sa voix tremble.
O trésor de douleurs, — de bonheurs tout ensemble!
Car, passé ce moment, et le calme remis,
Comme aux soirs de province, avec quelques amis
Retrouvés ici même, elle jouit d'entendre
(Cachant du doigt ses pleurs) sa fille, voix si tendre,
Légère, qui s'anime en éclat argenté,
Au piano, — le seul meuble avec eux apporté.

Les vers qui suivent auraient pu être imprimés à la fin du livre *Volupté*, auquel ils se rapportent; mais je les crois mieux à part et ici. Il convient toutefois, pour les bien comprendre, de ne les lire qu'après s'être rappelé les dernières pages de cette longue confidence. L'ami prêtre adressait d'Amérique son histoire et ses conseils à son ami plus jeune. C'est celui-ci qui, ayant reçu, à la mort de l'autre, l'écrit, probablement légué, y répond en ces vers.

J'ai reçu, j'ai reçu les émouvantes pages,
Aveux, confessions, échos des ans moins sages,
Souvenirs presque miens, retrouvés et relus!
Mais quand je les lisais, Ami, vous n'étiez plus!

Vous me les écriviez, songeant à ma jeunesse,
A mon âge d'alors, à mon ciel enflammé,
Quand le nuage errant, sous un air de promesse,
Cache et porte bientôt notre avenir formé,

Quand tout jeune mortel, montant son mont Albane
Ou sa bruyère en fleurs, le regard plein d'essor,
A ses pieds l'Océan ou les lacs de Diane,
Pleure à voir chaque soir coucher les soleils d'or!

Vous vouliez avertir la fleur avant l'orage,
Dire au fruit l'heure et l'ombre, et le midi peu sûr;
Vos rayons me cherchaient sous mon plus vert ombrage,
Mais, quand ils sont venus, voilà que j'étais mûr.

Hélas! je ne suis plus celui du mont Albane,
Celui des premiers pleurs et des premiers désirs;
Quelques printemps de trop ont usé les plaisirs.

Dieu n'est pas tout pour moi; mais l'âme encor profane,
Sans plus les égarer, étouffe ses soupirs!

Je n'ai que mieux senti l'intention profonde,
Ami; vos saints accents me venant du vrai monde,
    Où mort vous habitez,
M'ont ravi sur vos pas en tristesse infinie.
Eh! qui n'a pas vécu de vos nuits d'insomnie?
Qui n'eut vos lents matins, vos soirs précipités?
Qui n'eut pas sa Lucy quelque jour sur la terre?
Qui ne l'a pas perdue, absente, ou par la mort?
Au cœur d'une Amélie éveillant le mystère,
    Qui n'a pas gardé le remord?
Et plus tard, quand la faute en nous s'est enhardie,
Tout froissé des liens de quelque madame R.,
Oh! qui n'a souhaité l'instant qui congédie,
La paix loin des erreurs, et le toit vaste et clair,
Et l'entretien si doux, tout proche de la mer,
    Chez un ami de Normandie?

Guérissons, guérissons! et plus de faux lien!
C'est assez dans nos jours d'une amante pleurée.
Ménageons, vers le soir, quelque pente éclairée,
Où votre astre, Amaury, serait voisin du mien.

Mais puis-je, à mon souhait, suivre en tout même trace?
Si le Christ m'attendrit, Rome au moins m'embarrasse.
O Prêtre, je le sais et l'ai bien éprouvé,
Par son sol triomphal, de sépulcres pavé,
Par son bandeau d'azur, par ses monts, par ses rues,
Par ses places en deuil des foules disparues,
Par ses marbres encor, son chant ou ses couleurs,
Ta Rome est souveraine à calmer les douleurs.
Mais son pouvoir d'en haut me trouble et me rejette;
En vain j'y veux ranger mon âme peu sujette;

Je me dis de ne pas, tout d'abord, me heurter,
De croire et de m'asseoir, de me laisser porter;
Qu'au sommet aplani luit le divin salaire;
Je dis, et malgré tout, cœur libre et populaire,
Chaque fois que j'aspire à l'antique rocher,
Maint aspect tortueux m'interdit d'approcher!

Et cependant l'on souffre et l'on doute avec transe;
N'est-il plus en nos jours besoin de délivrance,
D'asile au toit béni, d'arche au-dessus des eaux,
De rameau séculaire entre tant de roseaux?

Souvent l'hiver dernier, en douce compagnie
Où les noms plus obscurs et des noms de génie,
Et d'autres couronnés de bonté, de beauté,
S'unissaient dans un nœud de libre intimité,
Comme aux chapeaux de Mai, sous la main qui se joue,
La pâle ou sombre fleur au bouton d'or se noue;
Souvent donc, réunis par qui savait choisir,
Tous chrétiens de croyance ou du moins de désir,
Ces soirs-là, nous causions du grand mal où nous sommes,
De l'avenir du monde et des rêves des hommes,
De l'orgueil emporté qui déplace les cieux,
De l'esprit toutefois meilleur, religieux,
Jeune esprit de retour, souffle errant qui s'ignore,
Qu'il faut fixer en œuvre avant qu'il s'évapore.
Puis par degrés venait le projet accueilli
De faire refleurir Port-Royal à Juilly,
Ou plus près, quelque part ici, dans Paris même,
Et dans quelque faubourg d'avoir notre Solesme.
Et c'étaient des détails de la grave maison,
Combien de liberté, d'étude ou d'oraison,
La règle, le quartier, tout... hormis la demeure,
Et le plus vif sortait pour la chercher sur l'heure.

Oui, — mais, le lendemain de ces soirs si fervents,
Les beaux vœux dispersés s'en allaient à tous vents,
Vrais propos de festin dont nul ne tient mémoire.
Et la vie au dehors avait repris son cours;
A chacun ses oublis! un rayon de la gloire,
    Un rayon des folles amours,
Ou le monde et ses soins, cent menus alentours,
Et le doute en travers qui chemine et nous presse.
— Tout ce projet d'hier, n'était-ce donc qu'ivresse?

  Que faire? — Au moins sauver le projet dans son sein,
En garder le désir et l'idéal dessin;
A chaque illusion dont l'âme devient veuve,
A chaque flot de plus dont le monde l'abreuve,
Tout indigne qu'on est, plein du deuil de son cœur,
Regagner en pleurant le cloître intérieur;
Et rapporter de là, de la haute vallée,
Au plus bas de la vie inquiète et mêlée,
Même dans les erreurs, même dans les combats,
Même au sein du grand doute où s'empêchent nos pas,
Un esprit de pardon, d'indulgence et de larmes,
Une facilité de prier sous les armes,
Le souvenir d'un bien qui n'a pu nous tromper,
Un parfum que tout l'air ne pourra dissiper,
Et dont secrètement l'influence reçue
Nous suit par nos chemins et bénit chaque issue;
Quelque chose de bon, de confiant au Ciel,
De tolérant à tous, écoutant, laissant dire,
N'ignorant rien du mal et corrigeant le fiel,
Religion clémente à tout ce qui soupire,
    Christianisme universel!

  Bien volontiers je crois avec ceux de notre âge,

Un peu plus qu'Amaury n'y penche en son ouvrage,
Je crois avec nos chefs en ce douteux instant,
Nos guides enchanteurs (un peu moins qu'eux pourtant),
A quelque vrai progrès dans l'alliance humaine,
Au peuple par degrés vivant mieux de sa peine,
Au foyer chez beaucoup, suffisant et frugal,
S'honorant, chaque jour, d'un accord plus égal,
A l'enfance de tous d'enseignement munie,
A plus de paix enfin, d'aisance et d'harmonie.
J'y crois, et, tout marchant, la flamme est à mon front ;
J'y crois, mais tant de maux au bien se mêleront,
Mais tant d'âpre intérêt, de passion rebelle,
Sous des contours plus doux, d'injustice éternelle,
Tant de poussière à flots, si prompte à s'élever,
Obscurciront l'Éden impossible à trouver,
Que je veux concevoir des âmes détachées,
Muet témoin, les suivre aux retraites cachées,
En être quelquefois, les comprendre toujours,
Embrasser leur exil ici-bas, leurs amours,
Plaintes, fuites, aveux, tout... jusqu'à leurs chimères.
L'essor va loin souvent, dans leurs pages légères.
Oh ! oui, qu'on laisse encore à nos rares loisirs
Ces choix d'objets aimés et de touchants plaisirs,
Quelque couvert d'ombrage où l'on se réfugie !
Pleurez tout bas pour nous, idéale Élégie !
Souvent à cette voix trop tendre en commençant,
La prière éveillée ajoute son accent.
Racine, enfant pieux, relisait Chariclée.
Clémentine ou Clarisse, à propos rappelée,
Nonchalants entretiens venus d'un air rêveur,
Des purs amours en nous ravivent la saveur.
Huet louait Zaïde, et tout m'embellit Clève ;
Et mon être à souhait s'attendrit ou s'élève,
Selon que plus avant en un monde chéri,

Bien après le bosquet où la place est encore
    Du bon évêque Héliodore,
L'abbé Prévost m'entraîne, et d'un tour favori
Par la main me ramène à l'évêque Amaury.

Précy, octobre.

SONNET

A MADAME LA M. DE C.... (LA MARQUISE DE CASTRIES) (1)

QUI EST A DIEPPE

D'ici je vous voyais en fauteuil sur la plage,
Roulant, assise et Reine, aux flots que vous rasez,
Et la vague, baisant vos pieds tranquillisés,
Venait se plaindre, hélas! de leur lent esclavage.

Et, si l'une arrivait grosse et d'un air d'orage,
Ce bras, qui parle encor lorsque vous vous taisez,
Plus beau des mouvements à vos pieds refusés,
D'un geste l'abattait en écume volage.

Mais je ne songeais pas au bel enfant Roger,
Qui, comme un page en feu qui protége une Reine,
Va *canonner* la vague, et, parant le danger,

---

(1) Morte depuis duchesse de Castries; personne aimable, spirituelle, qui se laissa emporter sur la fin de la Restauration à une passion romanesque; revenue d'Italie malade ou plutôt infirme, à demi paralysée, elle conservait toute sa grâce, son goût vif pour les choses de l'esprit et du cœur.

Triomphe et rit ; — et Vous, heureuse dans la peine,
Une larme en vos yeux, devant la mer lointaine,
Sur la mer du passé vous êtes à songer !

Paris, août.

SUR UN PORTRAIT DE GÉRARD,
UNE JEUNE FEMME AU BAIN

A MADAME RÉCAMIER

Dans ce frais pavillon de marbre et de verdure,
Quand le flot naturel avec art détourné,
Pour former un doux lac vient baiser sans murmure
Le pourtour attiédi du pur jaspe veiné ;

Quand le rideau de pourpre assoupit la lumière,
Quand un buisson de rose achève la cloison ;
Chaste au sortir du bain, ayant laissé derrière
Humide vêtement, blanche écume et toison ;

De fine mousseline à peine revêtue,
Assise, un bras fuyant, l'autre en avant penché ;
Son beau pied, non chaussé, d'albâtre et de statue,
S'éclairant, au parvis, d'un reflet détaché,

Au parvis étoilé, d'où transpire et s'exhale
Par les secrets d'un art, magicien flatteur,
Quelque encens merveilleux, quelque rose, rivale
Des roses du buisson à naïve senteur;

Simple, et pour tout brillant, dans l'oubli d'elle-même,
A part ce blanc de lis et ces contours neigeux,
N'ayant de diamant, d'or et de diadème,
Que cette épingle en flèche attachant ses cheveux;

N'ayant que ce dard-là, cette pointe légère,
Pour dire que l'abeille aurait bien son courroux,
Et pour nous dire encor qu'elle n'est pas bergère,
Un cachemire à fleurs coulant sur ses genoux;

Sans miroir, sans ennui, sans un pli qui l'offense,
Sans rêve trop ému ni malheur qu'on pressent,
Mêlant un reste heureux d'insouciante enfance
A l'éclair éveillé d'un intérêt naissant;

Qu'a-t-elle, et quelle est donc, ou mortelle ou déesse,
Dans son cadre enchanté de myrte et de saphir,
Cette élégante enfant, cette Hébé de jeunesse,
Hébé que tous les Dieux prendraient peine à servir?

Elle est trouvée enfin la Psyché sans blessure,
La Nymphe sans danger dans les bains de Pallas;
C'est Ariane heureuse, une Hélène encor pure,
Hélène avant Pâris, même avant Ménélas!

Une Armide innocente, et qui de même enchaîne;
Une Herminie aimée, ignorant son lien;
Aux bosquets de Pestum une jeune Romaine
Songeant dans un parfum à quelque Émilien!

C'est celle que plus tard, non plus Grecque naïve,
Fleur des palais d'Homère et de l'antique ciel,
Mais Béatrix déjà, plus voilée et pensive,
Canove ira choisir pour le myrte immortel !

Mais à quoi tout d'abord rêve-t-elle à l'entrée
De son bel avenir, au fond de ses berceaux?
A quoi s'oublie ainsi la jeune Idolâtrée?
A quelle odeur subtile? à quel soupir des eaux?

A quel chant de colombe?... à sa harpe éloignée?
A l'abeille, au rayon?... au piano de son choix?
Peut-être au char magique où luit la Destinée,
Au frère du Consul, à ceux qui seront Rois?

A l'épée, au génie, à la vertu si sainte,
A tout ce long cortége où chacun va venir
La nommer la plus belle, et, dans sa chaste enceinte,
S'irriter, se soumettre, et bondir, et bénir?

Car qui la vit sans craindre, en ces heures durables,
En ces printemps nombreux et si souvent nouveaux,
Les sages et les saints eux-mêmes égarables,
Les pères et les fils enchaînés et rivaux?

Heureuse, elle l'est donc; tout lui chante autour d'elle;
Un cercle de lumière illumine ses pas ;
C'est miracle et féerie ! — « Arrêtez, me dit-elle ;
Heureuse, heureuse alors, oh! ne le croyez pas! »

— Elle a dit vrai... — Du sein de la fête obligée,
En plein bal, que de fois (écoutez cet aveu),
Songeant au premier mot qui l'a mal engagée,
Retrouvant tout d'un coup l'irréparable vœu,

Le retrouvant cruel, mais respectable encore,
(Car, même dans le trouble et sous l'attrait, toujours,
La Décence à pas lents, la Crainte qui s'honore,
De leur ton cadencé notèrent ses détours);

Que de fois donc, sentant cette lutte trop forte,
Du milieu des rivaux qui n'osent l'effleurer,
En hâte de sortir, un pied hors de la porte,
Elle se mit, ainsi que Joseph, à pleurer!

Et pleurant sous les fleurs, et de sa tête ornée
Épanchant les ennuis dans un amer torrent,
Elle dit comme Job : « Que ne suis-je pas née! »
Tant le bonheur d'hymen lui semble le plus grand!

Que de fatigue aussi, de soins (si l'on y pense),
Que d'angoisse pour prix de tant d'heureux concerts,
Triomphante Beauté, que l'on croit qui s'avance
D'une conque facile à la crête des mers!

L'Océan qui se courbe a plus d'un monstre humide,
Qu'il lance et revomit en un soudain moment.
Quel sceptre, que d'efforts, ô mortelle et timide,
Pour tout faire à vos pieds écumer mollement!

Ces lions qu'imprudente, elle irrite, elle ignore,
Dans le cirque, d'un geste, il faut les apaiser;
Il faut qu'un peuple ardent qui se pousse et dévore
A ce ruban tendu s'arrête sans oser.

O fatigue du corps! ô fatigue de l'âme!
Scintillement du front qui rougit et pâlit!
Que sa rosée a froid! Cette rougeur de flamme
Cache un frisson muet qu'en vain elle embellit!

Ah! c'est depuis ce temps, même depuis l'automne,
Quand la fête est ailleurs, quand l'astre pâle a lui,
Quand tout débris sauvé, toute chère couronne,
Au souvenir sacré se confond aujourd'hui ;

Lorsque causant des morts, des amitiés suprêmes,
Dans ce salon discret, le soir, à demi-voix,
Pour Vous qui les pleurez, pour les jeunes eux-mêmes,
Le meilleur du discours est sur ceux d'autrefois,

C'est seulement alors, qu'assurée avec grâce,
Recouvrant les douleurs d'un sourire charmant,
Vous acceptez la vie, et, repassant sa trace,
Vous lui pardonnez mieux qu'aux jours d'enchantement.

Le dévouement plus pur, l'amitié plus égale,
Les mêmes, quelques-uns, chaque fois introduits,
Le bienfait remplissant chaque heure matinale,
Le génie à guérir, à sauver des ennuis ;

Au soir, quelque lecture ; aux jours où l'on regrette,
Un chant d'orage encor sur un clavier plus doux ;
Puis l'entretien que règle une muse secrète,
Tout un bel art de vivre éclos autour de vous :

Sur le mal, sur le bien, sur l'amour ou la gloire,
Sur tout objet, cueillir un rayon adouci,
En composer un mieux, à quoi vous voulez croire,
Voilà, voilà votre art, votre bonheur aussi !

Aimez-le, goûtez-en la pâleur inclinée ;
Il fuyait ce bain grec où nous vous admirons.
— Rappelons-nous l'aveu de la plus fortunée,
Mortels, sous tant de jougs où gémissent nos fronts !

ROME

ÉLÉGIE IMITÉE DE M. AUG. GUILL. DE SCHLEGEL.

A MADAME DE STAEL

Au sein de Parthénope as-tu goûté la vie?
Dans le tombeau du monde apprenons à mourir!
Sur cette terre en vain, splendidement servie,
Le même astre immortel règne sans se couvrir;

En vain, depuis les nuits des hautes origines,
Un ciel inaltérable y luit d'un fixe azur,
Et, comme un dais sans plis au front des Sept-Collines,
S'étend des monts Sabins jusqu'à la tour d'Astur;

Un esprit de tristesse immuable et profonde
Habite dans ces lieux et conduit pas à pas;
Hors l'écho du passé, pas de voix qui réponde;
Le souvenir vous gagne, et le présent n'est pas.

Accouru de l'Olympe, au matin de Cybèle,
Là Saturne apporta l'anneau des jours anciens;
Janus assis scella la chaîne encor nouvelle;
Vinrent les longs loisirs des Rois Arcadiens.

Et sans quitter la chaîne, en descendant d'Évandre,
On peut, d'or ou d'airain, tout faire retentir :
Chaque pierre a son nom, tout mont garde sa cendre,
Vieux Roi mystérieux, Scipion ou martyr.

Avoir été, c'est Rome aujourd'hui tout entière.
Janus ici lui-même apparaît mutilé ;
Son front vers l'avenir n'a forme ni lumière,
L'autre front seul regarde un passé désolé.

Et quels aigles pourraient lui porter les augures,
Quelle Sibylle encor lui chanter l'avenir?
Ah! le mon[de] vieillit, les nuits se font obscures...
Et nous, venus si tard, et pour tout voir finir,

Nous, rêveurs d'un moment, qui voulons des asiles,
Sans plus nous émouvoir des spectacles amers,
Dans la Ville éternelle, il nous siérait, tranquilles,
Au bout de son déclin, d'attendre l'Univers.

Voilà de Cestius la pyramide antique ;
L'ombre au bas s'en prolonge et meurt dans les tombeaux.(1)
Le soir étend son deuil et plus avant m'explique
La scène d'alentour, sans voix et sans flambeaux.

Comme une cloche au loin confusément vibrante,
La cime des hauts pins résonne et pleure au vent :
Seul bruit dans la nature! on la croirait mourante ;
Et, parmi ces tombeaux, moi donc, suis-je vivant?

Heure mélancolique où tout se décolore
Et suit d'un vague adieu l'astre précipité!
Les étoiles au ciel ne brillent pas encore :
Espace entre la vie et l'immortalité!

Mais, quand la nuit bientôt s'allume et nous appelle
Avec ses yeux sans nombre ardents et plus profonds,

(1) Le cimetière des Protestants à Rome.

L'esprit se reconnaît, sentinelle fidèle,
Et fait signe à son char aux lointains horizons.

C'est ainsi que ton œil, ô ma noble Compagne,
Beau comme ceux des nuits, à temps m'a rencontré;
Et je reçois de Toi, quand le doute me gagne,
Vérité, sentiment, en un rayon sacré.

Celui qui dans ta main sentit presser la sienne,
Pourrait-il du Destin désespérer jamais?
Rien de grand avec toi que le bon n'entretienne,
Et le chemin aimable est près des hauts sommets.

Tant de trésors voisins, dont un peuple se sèvre,
Tentent ton libre esprit et font fête à ton cœur.
Laisse-moi découvrir son secret à ta lèvre,
Quand le fleuve éloquent y découle en vainqueur!

De ceux des temps anciens et de ceux de nos âges
Longtemps nous parlerons, vengeant chaque immolé;
Et quand, vers le bosquet des pieux et des sages,
Nous viendrons au dernier, à ton père exilé, (1)

Si ferme jusqu'au bout en lui-même et si maître,
Si tendre au genre humain par oubli de tout fiel,
Nous bénirons celui que je n'ai pu connaître,
Mais qui m'est révélé dans ton deuil éternel!

(1) M. Necker était mort assez peu de temps avant cette pièce, qui do
dater de 1805.

A DAVID

STATUAIRE

(SUR UNE STATUE D'ENFANT)

> Divini opus Alcimedontis.
> VIRGILE.

L'enfant ayant aperçu
 (A l'insu
De sa mère, à peine absente)
Pendant au premier rameau
 De l'ormeau
Une grappe mûrissante ;

L'enfant, à trois ans venu,
 Fort et nu,
Qui jouait sur la belle herbe,
N'a pu, sans vite en vouloir,
 N'a pu voir
Briller le raisin superbe.

Il a couru! ses dix doigts
 A la fois,
Comme autour d'une corbeille,
Tirent la grappe qui rit
 Dans son fruit.
Buvez, buvez, jeune abeille !

La grappe est un peu trop haut;
 Donc il faut
Que l'enfant hausse sa lèvre.

Sa lèvre au fruit déjà prend,
   Il s'y pend,
Il y pend comme la chèvre.

Oh! comme il pousse en dehors
   Tout son corps,
Petit ventre de Silène,
Reins cambrés, plus fléchissants
   En leur sens
Que la vigne qu'il ramène.

A deux mains le grain foulé
   A coulé;
Douce liqueur étrangère!
Tel, plus jeune, il embrassait
   Et pressait
La mamelle de sa mère.

Age heureux et sans soupçon!
   Au gazon
Que vois-je? un serpent se glisse,
Le même serpent qu'on dit
   Qui mordit,
Proche d'Orphée, Eurydice.

Pauvre enfant! son pied levé
   L'a sauvé;
Rien ne l'avertit encore. —
C'est la vie avec son dard
   Tôt ou tard!
C'est l'avenir! qu'il l'ignore (1)!

(1) Dans la première forme de la statue de David il y avait un serpent qui était prêt à mordre le pied de l'enfant ; je crois que l'artiste a fait disparaître depuis cet accessoire trop philosophique.

SONNET

A M. ROGER D'A.

> Contemplator enim, quum solis lumina cumque
> Insertim fundunt radios per opaca domorum,
> Multa minuta, modis multis, per inane, videbis...
> LUCRÈCE.

— Un rayon, un rayon venant je ne sais d'où,
Rideaux, volets fermés, dans une chambre close,
Près du berceau vermeil d'un enfant qui repose,
Un oblique rayon trouvant jour au verrou,

Et passant comme au crible en l'absence du clou,
Un rayon au tapis dessinait quelque chose,
Et, bizarre, y semait des ronds d'or et de rose,
Un jeune chat les voit, — jeune chat, jeune fou!

Il y court, il s'y prend, il veut cette lumière;
Au pied de ce berceau, manque-t-il la première,
Il tente la seconde, et gronde tout fâché.

Je songeai : Pauvre enfant, ce jeu-là c'est le nôtre!
Nous courons des rayons, un autre, puis un autre,
Tant que le soleil même, à la fin, soit couché.

A MON CHER MARMIER

(IMITÉ DU MINNESINGER HADLOUB, EN STYLE LÉGÈREMENT RAJEUNI
DU SEIZIÈME SIÈCLE).

Vite me quittant pour Elle,
Le jeune enfant qu'elle appelle
Proche son sein se plaça,
Elle prit sa tête blonde,
Serra sa bouchette ronde,
O malheur! et l'embrassa.

Et lui, comme un ami tendre,
L'enlaçait, d'un air d'entendre
Ce bonheur qu'on me défend.
J'admirais avec envie,
Et j'aurais donné ma vie
Pour être l'heureux enfant.

Puis, elle aussitôt sortie,
Je pris l'enfant à partie,
Et me mis à lui poser,
Aux traces qu'elle avait faites,
Mes humbles lèvres sujettes :
Même lieu, même baiser.

Mais, quand j'y cherchais le bâme (1)
Et le nectar de son âme,
Une larme j'y trouvai.

---

(1) *Basme,* baume.

Voilà donc ce que m'envoie,
Ce que nous promet de joie
Le meilleur jour achevé !

I

ROMANCE

J'aurais voulu dans son cœur faire naître
Un tendre accord, un aimable intérêt ;
J'aurais voulu, sans espérer peut-être,
Du peu d'espoir me voiler le secret.

J'aurais voulu, lui consacrant ma vie,
Qu'elle acceptât sans dire : *Je le veux ;*
Et que le nœud qui me serre et me lie
Fût un ruban de plus dans ses cheveux.

J'aurais voulu que sans querelle aucune,
La confiance au respect s'enchaînant,
Nos volontés de près n'en fissent qu'une,
Moi rien n'osant, elle rien ne craignant ;

Qu'au fond toujours de l'amitié sincère,
Au bout des prés éclairés de rayons,
Il fût un coin, un bosquet de mystère
Où, sans aller, tout me dit : *Nous irions…*

J'aurais voulu, — non, je voudrais encore
Que, si je meurs à la servir ainsi,

Elle qui n'eut du feu qui me dévore
Que tiède haleine et reflet adouci,

Elle qui n'eut pour moi que frais sourire,
Que grâce émue et que tendre enjouement,
Et qui jamais ne m'aura laissé lire
Un de ces noms qu'on se donne en s'aimant,

Que, si je meurs, à cette heure confuse,
Aux premiers pleurs de son deuil épanché,
Son cœur alors (oh! sans qu'elle s'accuse)
Lui dit tout haut ce mot qu'elle a caché.

II

UNE ROMANCE ENCORE

Quoi! se peut-il, ma Dame, vous aussi,
Vous le cœur simple et la bonté parfaite,
Vous si peu femme en vanité coquette
(On l'est toujours par un coin que voici),
Dès qu'en vos fers s'est pris le moins rebelle,
Vous lui serrez sa chaîne sans merci,
Et vous trouvez moyen d'être cruelle!

Qu'ai-je donc fait? ai-je hier, dites-moi,
Dans vos regards, hélas! prétendu lire
Ce que jamais ils ne voudraient me dire,
Ce que jamais ils n'ont pensé, je croi?

Ai-je essayé d'une seule étincelle ?
Dans un sourire ai-je éveillé l'effroi ?...
Et vous trouvez moyen d'être cruelle !

Ai-je, en parlant, d'un mot audacieux
Livré mon cœur adorant et timide ?
Fier de servir, et tout à qui me guide,
Ai-je trahi ce que voilaient mes yeux ?
L'âme, en passant, un soir, m'a paru belle ;
J'ai salué l'Étoile dans les cieux...
Et vous trouvez moyen d'être cruelle !

Depuis le jour que, marchant pas à pas,
Dans le sentier naquit l'amitié tendre,
Ai-je parlé de donner ou de rendre,
Même en doux mots qu'on ne refuse pas ?
Baisant le nœud sans un nom qui l'appelle,
Qu'ai-je donc fait que vous aimer tout bas ?
Et vous trouvez moyen d'être cruelle !

III

RONDEAU

Pia Nympha !
Gray.

Source cachée, un jour sous le soleil
Tu scintillas, et je te vis courante,
Un seul moment ! Ta nappe transparente

Fut belle alors sur le caillou vermeil,
Je t'écoutais, l'âme aux flots attachée ;
J'y contemplais une image penchée,
Un doux front pur à ton cristal pareil,
   Source cachée !

Tu disparus, et le saule épaissi
Ne laisse plus rien percer sous l'ombrage ;
Ton bruit lui-même en son léger langage
Est comme éteint, tant il s'est obscurci !
Plus rien ne vient : une larme épanchée
Parfois dit trop et serait reprochée.
O sois bénie et chère, même ainsi,
Sois plus sacrée au cœur qui t'a cherchée
Et qui tout bas te sent présente ici,
   Source cachée !

A MADAME LA D. DE R.

(LA DUCHESSE DE RAUZAN)

Partez, puisqu'un départ est nécessaire encore,
Puisque la guérison, que notre France ignore,
Vous rappelle en Bohême au murmure d'une eau ;
Partez, et qu'en chemin la poussière embrasée
Sur votre front pâli s'adoucisse en rosée !
   Que le jour ait moins de fardeau !

Que les feux du soleil, et son char qui fermente,
Rentrent sous le nuage à l'heure trop fumante !
Que votre char, à vous, n'ait secousses ni bruits ;

Qu'il glisse en de longs rangs de tilleuls et de saules,
Comme un doux palanquin porté sur des épaules,
    A la clarté des tièdes nuits!

Qu'au côté douloureux nul coup ne retentisse!
Et qu'à peine arrivée à cette onde propice,
A l'urne qui bouillonne au pied des rameaux verts,
Chaque flot double en vous ses vertus souveraines,
Ramène la fraîcheur et la paix dans les veines,
    Et fonde tous graviers amers!

Partez, et que les Dieux se mêlent au voyage,
Celui du bon sourire et du parfait langage,
Et celui de la grâce et du noble maintien!
Et celui des beaux noms, qui, jeune et séculaire,
Conserve si léger, aux mains faites pour plaire,
    Le sceptre qui ne blesse rien!

Non, — que le Dieu vivant, le seul qui vous connaisse,
Celui de la famille et des amis qu'on laisse,
Vous protége et vous garde, et vous rende aux souhaits!
Au Thil, dans votre allée où pleure le feuillage,
La porte close attend, par où, vers le village,
    Vous vous échappiez aux bienfaits!

Près de vous, à la ville, et quand un soin fidèle
A, dès l'aube, aux devoirs partagé votre zèle,
Aux heures des loisirs et des riants discours,
On s'assied, et d'amis une élite choisie
Prolonge, recommence honneur et courtoisie,
    Et ce charme, parfum des jours.

Ceux qui, se rencontrant dans cet aimable empire,
Se sont, pour tout lien, vus à votre sourire,

Si plus tard dans la vie ils se croisent encor,
Soudain la bienveillance a rapproché leur âme;
Car leurs destins divers et d'inégale trame
    Ont touché le même anneau d'or.

A M. DE SALVANDY

MINISTRE DU 15 AVRIL

> « . . . . . L'oisiveté est de l'ancien régime.
> L'isolement est un anachronisme. Avec du
> talent, personne n'en a le droit. »
> *Lettre à moi adressée.*

Assez d'autres suivront les routes où la foule
Marche et guide, à son tour, qui la voudrait guider;
Assez d'autres iront à la pente où tout roule,
A ce croissant concours qui va tout commander.

Assez d'autres suivront l'intérêt ou la gloire,
Le bien public aussi, fantôme des grands cœurs,
Idole si contraire aux Pénates d'ivoire,
Et le Forum rouvert, dévorant ses vainqueurs.

Laissez, laissez encor quelques-uns, à leur guise,
Tenir l'étroit sentier et cultiver l'oubli,
Et haut dans la colline où la source se puise,
S'abreuver de tristesse ou d'un rêve embelli.

Il faut aux souvenirs quelques âmes voilées,
S'enchaînant au regret ou bien au lent espoir.
Aux généreux amis tombés dans des mêlées,
Il faut, plus faible, au moins garder foi jusqu'au soir.

Peut-être à tous les vœux de la jeunesse enfuie
Il ne faut pas toujours dire qu'on a failli,
Pour l'avenir qui naît et pour sa jeune vie
On peut croire au fruit d'or qu'on n'aura pas cueilli.

Il serait bon d'ailleurs (et même pour l'exemple,
Dans les rôles divers, c'en serait un bien sûr),
Que quand tous à la fête, à la ville, à son temple,
Se hâtent, l'un restât, servant l'autel obscur.

Comme moi vous savez une Dame au bocage
(Las! aujourd'hui luttant contre un mal inhumain!),
Qui ne veut qu'une allée en tout son vaste ombrage,
Et de qui l'on a dit : « Elle est dans son chemin (1)! »

Oh! que je fasse ainsi sur ma maigre colline,
Vers les scabreux penchants où la chèvre me suit!
Qu'en mon caprice même un sentier se dessine,
Tournant, et non brisé, de l'aurore à la nuit!

Pourtant la solitude a ses heures amères;
Des cités, je le sais, parfois un vent nous vient,
Une poussière, un cri, qui corrompt les chimères
Et relance au désir un cœur qui se retient.

Alors tout l'être souffre! on aspire le monde,
On y voudrait aussi sa force et son emploi.
On dit *non* au désert, à la verdure, à l'onde;
Et les zéphyrs troublés ne savent pas pourquoi.

Peut-être, hélas! l'envie au pauvre cœur va naître,
Et cet amour haineux de l'éclat qu'on n'a pas;

---

(1) La duchesse de Rauzan. — Se rappeler les sonnets à elle adressés précédemment.

Mais si soudain alors, vous frappant sous le hêtre,
Un appel éloigné lève et suspend vos pas ;

Si, du prochain cortége où la foule se presse,
Une voix rompt ce cri tout à l'heure importun,
Si, de dessus la haie où l'épine se dresse,
La bienveillance en fleurs envoie un bon parfum,

Alors, tout refusant ce qui n'est point possible,
On est touché du moins, et, d'un cœur non jaloux,
On reprend son sentier et la pente insensible,
Et pour longtemps les bois et l'oubli sont plus doux.

1837.

SONNET

A MADAME G. (1)

Quæque gerit similes candida turris aves.
MARTIAL.

« Non, je ne suis pas gaie en mes fuites volages,
Autant qu'on croirait bien, disait-elle en jouant ;
Je sens aussi ma peine, et pleurerais souvent ;
Mais c'est que dans l'esprit j'ai beaucoup de passages. »

Mot charmant qui la peint ! — Oui, de légers nuages
Comme en chasse en avril une haleine de vent ;
Des oiseaux de passage au toit d'un vieux couvent ;
Au front d'un blanc clocher, de blancs ramiers sauvages !

O jeune femme, oubli, joie, enfance et douceur,
Puisse du moins la Vie, ainsi qu'un dur chasseur,
Ne pas guetter sa proie à l'ombre où tu t'abrites,

(1) Fille naturelle du duc de Fitz-James.

Ne traverser que tard le chaume de tes blés,
Et, trouvant déjà haut les chantres envolés,
N'ensanglanter jamais tes belles marguerites !

———

(La charmante madame G..., âgée de dix-neuf ans et demi, exigeait que je lui fisse des vers en épitaphe sur sa mort, et je lui ai fait ceux-ci qui s'appliquaient plutôt à son départ.)

POUR UNE MORT....

POUR UN DÉPART

Pleurez, oiseaux ! la jeune Tarentine (1),
Une autre fois, a, pour l'algue marine,
    Quitté nos prés.
Une dernière fois, la jeune Athénienne,
En se jouant, a vogué vers Cyrène ;
    Pleurez !

Pleurez, oiseaux et colombes plaintives ;
Et vous gaiement, abeilles, sur nos rives
    Ne murmurez !
Celle qui vous suivait, celle dont fut la vie
Joie et blancheur et murmure, est enfuie ;
    Pleurez !

Pleurez, vous tous, que sa voix qui caresse,
Son œil qui rit, tenait avec adresse
    Désespérés ;

(1) Se rappeler la jolie pièce d'André Chénier et la *Symétha* de M. de Vigny.

Sa perte à tous les cœurs épris de sa morsure,
Sans plus de miel, va laisser la blessure ;
Pleurez !

Et vous, Chanson, qu'elle appelait près d'elle,
Et qui n'osiez qu'effleurer de votre aile
Ses fils dorés,
Sous le lilas désert, où sa place est laissée,
Soir et matin, fidèle à sa pensée,
Pleurez !

EN REVENANT DU CONVOI DE GABRIELLE (1)

Quand, de la jeune amante, en son linceul couchée,
Accompagnant le corps, deux Amis d'autrefois,
Qui ne nous voyons plus qu'à de mornes convois,
A cet âge où déjà toute larme est séchée ;

Quand, l'office entendu, tous deux silencieux,
Suivant du corbillard la lenteur qui nous traîne,
Nous pûmes, dans le fiacre où six tenaient à peine,
L'un devant l'autre assis, ne pas mêler nos yeux,

Et ne pas nous sourire, ou ne pas sentir même
Une prompte rougeur colorer notre front,

(1) Gabrielle Dorval, fille de la célèbre actrice de ce nom et l'amie du poëte Fontaney. Celui-ci l'enleva de sa famille, l'emmena en Angleterre ; ils y vécurent quelques mois ensemble, de travail, de misère et d'amour ; ils en revinrent tous deux mortellement atteints. Ils moururent à six semaines l'un de l'autre, Gabrielle la première. A son convoi, je me trouvai avec V. H. dans la même voiture.

Un reste de colère, un battement suprême
D'une amitié si grande, et dont tous parleront ;

Quand, par ce ciel funèbre et d'avare lumière,
Le pied sur cette fosse où l'on descend demain,
Nous pûmes jusqu'au bout, sans nous saisir la main,
Voir tomber de la pelle une terre dernière ;

Quand chacun, tout fini, s'en alla de son bord,
Oh ! dites ! du cercueil de cette jeune femme,
Ou du sentiment mort, abîmé dans notre âme,
  Lequel était plus mort ?

SONNET

A MADAME M.

Quoi ! vous voulez, par bonté, quelquefois,
Pour épargner ma paupière un peu tendre,
Un peu lassée, au soir, me faire entendre,
Lu par vous-même, un livre de mon choix !

Vous liriez tout, Fauriel et Gaulois (1) ;
Et le sujet, à fond, me viendrait prendre,
Dans le fauteuil où j'oserais m'étendre,
Indifférent à l'accent de la voix !

(1) L'excellente *Histoire de la Gaule méridionale*, par M. Fauriel, avait paru vers ce temps, mais un peu importante et sérieuse pour être lue à deux en cette façon.

Mais votre voix, c'est la couleuvre vive,
Insinuante et limpide et furtive,
Col gracieux et de gris nuancé !

La voir courir est chose trop peu sûre ;
Elle est sans dard, et je crains sa piqûre ;
Ou, tout au moins, je crains d'être enlacé.

A LA DAME
DES SONNETS DE JOSEPH DELORME (1)

POUR QUI ON ME DEMANDAIT DES VERS, APRÈS DES ANNÉES.

Pourquoi, quand tout a fui, quand la fleur éphémère
A séché dès longtemps sur cette ronce amère,
Pourquoi la remuer, chaste souffle des bois ?
Pourquoi, quand tout le cœur a sa fatigue obscure,
Pourquoi redemander, onde joyeuse et pure,
    Qu'on se mire encore une fois ?

Ah ! s'il repasse un soir à ces rives de Seine,
Celui dont l'œil cherchait quelque étoile incertaine,
Il se dit qu'autre part, aux bords qu'on souhaitait,
L'astre luit, que la brise est fraîche, l'onde heureuse,
Comme au mois des lilas la famille amoureuse,
    Il le sait, et se tait !

(1) Il s'agit des sonnets : *O laissez-vous aimer...* — *Madame, il est donc vrai, vous n'avez pas voulu*, etc.

A M. VILLEMAIN

> . . . . Qui pauca relicti
> Jugera ruris erant...
> VIRGILE.

Oh! que je puisse un jour, tout un été paisible,
Libre de long projet et de peine sensible,
Aux champs sous votre toit, ô bienveillant railleur,
Dans la maison d'un Pline au goût sûr et meilleur,
Causer et vous entendre, et de la fleur antique
Respirer le parfum où votre doigt l'indique,
Et dans ce voisinage et ce commerce aimé,
Me défaire en mes vers de ce qu'on a blâmé,
Sentir venir de vous et passer sur ma trace
Cette émanation de douceur et de grâce,
Et cette lumineuse et vive qualité,
Par où l'effort s'enfuie et toute obscurité!
Et puissé-je, en retour de ce bienfait de maître,
Tout pénétré de vous, vous pénétrer peut-être,
Vous convaincre une fois (car on a ses raisons),
Et vous les embellir, comme Horace aux Pisons!

En attendant, je veux sur mon petit poëme,
Sur ce bon Magister un peu chétif et blême,
Vous dire mon regret de son sort, mon souci
Chaque fois que chez vous je n'ai pas réussi.
Si votre grâce aimable élude quelque chose,
Quand je vous parle vers, si vous louez ma prose,
Si, quand j'insiste, hélas! sur le poëme entier,
Votre fuite en jouant se jette en un sentier,

J'ai compris, j'ai senti que quelque point m'abuse,
Qu'il manque en plus d'un lieu le léger de la muse ;
Et bien que tout poëte, en ce siècle, ait sa foi,
Son château-fort à lui, dont il est le seul roi,
J'hésite, et des raisons tant de fois parcourues
Je crie à moi l'élite et toutes les recrues.

La poésie en France allait dans la fadeur,
Dans la description sans vie et sans grandeur,
Comme un ruisseau chargé dont les ondes avares
Expirent en cristaux sous des grottes bizarres,
Quand soudain se rouvrit avec limpidité
Le rocher dans sa veine, André ressuscité
Parut : Hybla rendait à ce fils des abeilles
Le miel frais dont la cire éclaira tant de veilles.
Aux pieds du vieil Homère il chantait à plaisir,
Montrant l'autre horizon, l'Atlantide à saisir.
Des rivaux, sans l'entendre, y couraient pleins de flamme ;
Lamartine ignorant, qui ne sait que son âme,
Hugo puissant et fort, Vigny soigneux et fin,
D'un destin inégal, mais aucun d'eux en vain,
Tentaient le grand succès et disputaient l'empire.
Lamartine régna ; chantre ailé qui soupire,
Il planait sans effort. Hugo, dur partisan
(Comme chez Dante on voit, Florentin ou Pisan,
Un baron féodal), combattit sous l'armure,
Et tint haut sa bannière au milieu du murmure :
Il la maintient encore ; et Vigny, plus secret,
Comme en sa tour d'ivoire, avant midi, rentrait (1).

Venu bien tard, déjà quand chacun avait place,
Que faire ? où mettre pied ? en quel étroit espace ?

---

(1) Cette *tour d'ivoire* est devenue comme inséparable du nom de
M. de Vigny ; le mot a couru, et il est resté.

Les vétérans tenaient tout ce champ des esprits.
Avant qu'il fût à moi l'héritage était pris.

Les sentiments du cœur dans leur domaine immense,
Et la sphère étoilée où descend la clémence,
Tout ce vaste de l'âme et ce vaste des cieux,
Appartenaient à l'un, au plus harmonieux.
L'autre à de beaux élans vers la sphère sereine
Mêlait le goût du cirque et de l'humaine arène;
Et pour témoins, au fond, les lutins familiers,
Le moyen âge en chœur, heurtant ses chevaliers,
Émerveillaient l'écho ! Sous ma triste muraille,
Loin des nobles objets dont le mal me travaille,
Je ne vis qu'une fleur, un puits demi-creusé,
Et je partis de là pour le peu que j'osai.

On raconte qu'au sein d'une des Pyramides,
Aussi haut que la cime atteint aux cieux splendides,
Aussi profond s'enfonce et plonge dans les flancs,
Sous le roc de la base et les sables brûlants,
Un puits mystérieux, dont la pointe qui sonde,
A défaut de soleil, s'en va ressaisir l'onde.
En ce puits, s'il n'avait pour couvercle d'airain,
Pour sépulcre éternel, son granit souverain,
On verrait en plein jour, malgré l'heure étonnée,
La nuit dans sa fraîcheur se mirer couronnée.
Si les cieux défendus manquent à notre essor,
Perçons, perçons la terre, on les retrouve encor !

Mon jardin, comme ceux du vieillard d'Œbalie,
N'avait pas en beauté le cadre d'Italie,
Sous un ciel de Tarente épargné de l'autan
Le laurier toujours vert, les rosiers deux fois l'an,
Et l'acanthe en festons et le myrte au rivage,

A peine j'y greffai quelque mûre sauvage.
J'y semai quelques fleurs dont je sais mal les noms.
Mais les chers souvenirs, auxquels nous revenons,
Eurent place ; on entend l'heure de la prière ;
Mais, sans cacher le mur du voisin cimetière,
 Ma haie en fait l'abord plus riant et plus frais,
Et mon banc dans l'allée est au pied d'un cyprès.
A l'autre bout, au coin de ce champ qui confine,
L'horizon est borné par la triste chaumine,
Demeure d'artisan dont s'entend le marteau.
La forge, avec le toit qui s'adosse au coteau,
Dès l'aurore, à travers la pensée embaumée,
Ne m'épargne son bruit, ni sa pauvre fumée.
Ainsi vont les tableaux dont je romps les couleurs,
Rachetant l'idéal par le vrai des douleurs.

 Plus est simple le vers et côtoyant la prose,
Plus pauvre de belle ombre et d'haleine de rose,
Et plus la forme étroite a lieu de le garder.
Si le sentier commun, où chacun peut rôder,
Longe par un long tour votre haie assez basse
Pour qu'on voie et bouvier et génisse qui passe,
Il faut doubler l'épine et le houx acéré,
Et joindre exprès d'un jonc chaque pied du fourré.
Si le fleuve ou le lac, si l'onde avec la vase
Menace incessamment notre plaine trop rase,
Il faut, sans avoir l'air, faute d'altier rocher,
Revêtir un fossé qui semble se cacher,
Et qui pourtant suffit, et bien souvent arrête.
La Hollande autrement ne rompt pas la tempête,
Et ne défend qu'ainsi ses pâturages verts
Et ses brillants hameaux, que j'envie en mes vers.
Ce rebord du fossé, simple et qui fait merveille,
C'est la rime avant tout ; de grammaire et d'oreille

C'est maint secret encore, une coupe, un seul mot
Qui raffermit à temps le ton qui baissait trop,
Un son inattendu, quelque lettre pressée
Par où le vers poussé porte mieux la pensée.
A ce jeu délicat qui veut être senti
Bien aisément se heurte un pas inaverti.
Cet air de prose, au loin, sans que rien la rehausse,
Peut faire voir nos prés comme on verrait la Beauce;
Mais soudain le pied manque, et l'on dit : *Faute d'art!*
Qui donc irait courir dans Venise au hasard?

Virgile l'enchanteur, ce plus divin des maîtres,
Quand jeune il essayait ses églogues champêtres,
Quand, dans ce grand effort pour le laurier romain,
Se croyant tard venu, par un nouveau chemin
Il tâchait d'être simple en des vers pleins d'étude,
Dont l'art, souvent hardi, s'oublie en habitude,
Parut-il dès l'abord avoir tout remporté,
Et son *Cujum pecus* ne fut-il pas noté?
Despréaux l'éternel, que toujours on oppose,
Quand de son vers sensé, si voisin de la prose,
Il relevait pourtant la limite et le tour,
N'eut-il pas maint secret, tout neuf au premier jour,
Que Chapelain blâmait et que Brossette épèle,
Qu'au lieu de répéter il faut qu'on renouvelle?
D'Huet ou de Segrais le vieux goût alarmé
Resta blessé d'un vers, aujourd'hui désarmé;
Car, en y trop touchant, on usa la mémoire
De tant de traits heureux brisés dans leur victoire (1).

---

(1) C'est le cas et le lieu de mettre ici cette *pensée*, qui aurait dû trouver place parmi celles de *Joseph Delorme*, et qui est un des articles de l'Art poétique moderne, en tant que cet Art existe :

« La poésie des Anciens, celle des Grecs du moins, était élevée au-dessus
« de la prose et de la langue courante comme un balcon. La nôtre n'a été,
« dès l'origine, que terre à terre et comme de rez-de-chaussée avec la

Je dis. — Mais la raison, et Vous, d'un air flatteur,
Tout bas me ramenez pourtant de ma hauteur,
Et de ces noms si beaux et vers qui je m'égare,
Au moment d'aujourd'hui, moins propice et moins rare.
Se peut-il en effet (sans nier les talents)
Que dans la même langue, en deux âges brillants,
Se forme tel ensemble et telle conjoncture,
Où l'art et le poli, naissant de la nature,
S'en souvenant toujours, et voulant déjà mieux,
Éclatent tout à point au fruit aimé des cieux ?
Est-il vrai que deux fois l'enveloppe entr'ouverte
Nous montre le bouton dans sa fleur la plus verte,
Si tôt épanouie ? et dans un an, deux fois,
La grappe brunit-elle au coteau de son choix ?

Des vers naissant trop tard, quand la science même,
Unie au sentiment, leur ferait un baptême,
Des vers à force d'art et de vouloir venus,
Que le ciel découvert n'aura jamais connus ;
Que n'ont pas colorés le soleil et les pluies ;
Que ne traversent pas les foules réjouies ;
Que les maîtres d'un temps dans les genres divers
Ignorent volontiers ; que ni Berryer, ni Thiers,
Ni Thierry, ne liront, qu'ils sentiraient à peine,
A cause des durs mots enchâssés dans la chaîne ;

« prose. Ronsard et les poëtes de la Renaissance ont essayé de dresser le
« balcon ; mais ils l'ont mis si en dehors et l'ont voulu jucher si haut
« qu'il est tombé, et eux avec lui. De là notre poésie est restée plus au
« rez-de-chaussée que jamais. Avec Boileau, elle s'est bornée à se faire un
« trottoir de deux pouces environ au-dessus de la voie commune, un
« promenoir admirablement ménagé ; mais les trottoirs fréquentés s'usent
« vite, et ç'a été le cas pour le trottoir si suivi de notre poésie selon Boi-
« leau. On était revenu (sauf quelques grands mots creux) au niveau ha-
« bituel et au plain-pied de la prose. Aujourd'hui il s'est agi de refaire à
« neuf le trottoir, et on a même visé à reconstruire le balcon. »

Des vers tout inquiets et de leur sort chagrins,
Et qui n'auront pas eu de vrais contemporains ;
Qu'est-ce que de tels vers ? j'en souffre et m'en irrite...
Mais la Muse fait signe et me dit *Théocrite*,
Théocrite qui sut dans l'arrière-saison,
Et quand Sophocle était le même à l'horizon
Que Racine pour nous, en si neuve peinture
Chez les Alexandrins ressaisir la nature.

Ainsi je vais, toujours reprenant au bel art,
Au rebours, je le crains, de notre bon Nisard,
Du critique Nisard, honnête et qu'on estime,
Mais qui trop harcela notre effort légitime.
Il se hâte, il prédit, il devance le soir ;
Il frappe bruyamment le rameau qui doit choir,
Je voudrais l'étayer, et tâcher que la sève,
Demain comme aujourd'hui, sous le bourgeon qui lève
Ne cessât de courir en ce rameau chéri,
Et que l'endroit eût grâce où nous avons souri.

L'Art est cher à qui l'aime, et plus qu'on n'ose dire ;
Il rappelle qui fuit, et, sitôt qu'il inspire,
Il console de tout : c'est la chimère enfin.
Pour les restes épars de son banquet divin,
Pour sa moindre ambroisie et l'une de ses miettes,
On verrait à la file arriver les poëtes.
J'irais à Rome à pied pour un sonnet de lui,
Un sonnet comme ceux qu'en son fervent ennui
Pétrarque consacrait sur l'autel à sa sainte.
Pour un seul des plus beaux, j'irais plus loin sans plainte,
Plus joyeux du butin, plus chantant au retour,
Qu'abeille qui trois fois fit l'Hymette en un jour.

Mais, si croyant qu'on soit, plus on porte espérance

A l'art dans son choix même et dans sa transparence,
Et plus de soi l'on doute à de fréquents instants.
En cette urne si pleine où les noms éclatants,
Médailles de tout poids à nobles effigies,
Iliades en masse, oboles d'élégies,
Se dressent et nous font l'antique et vrai trésor;
Dans ce vase où ne tient que l'argent pur ou l'or,
Il me paraît, hélas! que, vers le tabernacle,
Mon denier, chaque fois qu'il a tenté l'oracle,
D'abord a sonné juste et semblait accueilli,
Et pourtant a toujours à mes pieds rejailli!

Quand même il resterait, quand je pourrais le croire,
Quand tous autour de moi feraient foi de l'histoire,
Et diraient qu'au trésor s'est mêlé le denier;
Quand le Cénacle saint défendrait de nier,
Tout exprès pour cela réveillé de sa cendre;
Quand Lamartine ému, qui viendrait de m'entendre,
De sa voix la plus mâle et de son ferme accent
Jurerait que c'est bien; quand Hugo pâlissant,
De son front sérieux et sombre qu'il balance,
Mieux qu'en superbes mots répondrait en silence;
Quand Chactas, déridant son cœur de vieux nocher,
À mon vers mieux sonnant se laisserait toucher;
Si vous, charmant esprit et la fusion même,
Vous, le passé vivant et la langue qu'on aime,
La plus pure aujourd'hui, regrettable demain,
Vous, le goût nuancé glanant sur tout chemin,
Vous, le prompt mouvement et la nature encore,
Si vous restez surpris à l'écho que j'adore,
À cet art, mon orgueil, mes craintives amours,
Si vous n'y souriez, je douterai toujours!

M. Alfred de Musset, ayant lu un de mes articles à la *Revue des Deux Mondes*, m'écrivit ces vers :

A SAINTE-BEUVE

Ami, tu l'as bien dit ; en nous, tant que nous sommes,
Il existe souvent une certaine fleur
Qui s'en va dans la vie et s'effeuille du cœur.
Il se trouve en un mot, chez les trois quarts des hommes,
Un poëte mort jeune, à qui l'homme survit (1).
Tu l'as bien dit, Ami, mais tu l'as trop bien dit.

Tu ne prenais pas garde, en traçant ta pensée,
Que ta plume en faisait un vers harmonieux,
Et que tu blasphémais dans la langue des Dieux.
Relis-toi ; je te rends à ta Muse offensée,
Et souviens-toi qu'en nous il existe souvent
Un poëte endormi, toujours jeune et vivant.

2 juin 1837.

A ALFRED DE MUSSET

RÉPONSE

Il n'est pas mort, Ami, ce poëte en mon âme ;
Il n'est pas mort, Ami, tu le dis, je le crois.
Il ne dort pas, il veille, étincelle sans flamme ;
La flamme, je l'étouffe, et je retiens ma voix.

(1) Article sur Millevoye, N° du 1ᵉʳ juin 1837 ; page 646 ; et au tome 1 de *Portraits littéraires*.

Que dire et que chanter quand la plage est déserte,
Quand les flots des jours pleins sont déjà retirés,
Quand l'écume flétrie et partout l'algue verte
Couvrent au loin ces bords, au matin si sacrés?

Que dire des soupirs que la jeunesse enfuie
Renfonce à tous instants à ce cœur non soumis?
Que dire des banquets où s'égaya la vie,
Et des premiers plaisirs, et des premiers amis?

L'Amour vint, sérieux pour moi dans son ivresse.
Sous les fleurs tu chantais, raillant ses dons jaloux.
Enfin, un jour, tu crus! moi, j'y croyais sans cesse;
Sept ans se sont passés!... Alfred, y croyons-nous?

L'une, ardente, vous prend dans sa soif, et vous jette
Comme un fruit qu'on méprise après l'avoir séché.
L'autre, tendre et croyante, un jour devient muette,
Et pleure, et dit que l'astre, en son ciel, s'est couché.

Le mal qu'on savait moins se révèle à toute heure,
Inhérent à la terre, irréparable et lent.
On croyait tout changer, il faut que tout demeure.
Railler, maudire alors, amer et violent,

A quoi bon? — Trop sentir, c'est bien souvent se taire,
C'est refuser du chant l'aimable guérison,
C'est vouloir dans son cœur tout son deuil volontaire,
C'est enchaîner sa lampe aux murs de sa prison!

Mais cependant, Ami, si ton luth qui me tente,
Si ta voix d'autrefois se remet à briller,
Si ton frais souvenir dans ta course bruyante,
Ton cor de gai chasseur me revient appeler,

Si de toi quelque accent léger, pourtant sensible,
Comme aujourd'hui, m'apporte un écho du passé,
S'il revient éveiller en ce cœur accessible
Ce qu'il cache dans l'ombre et qu'il n'a pas laissé,

Soudain ma voix renaît, mon soupir chante encore,
Mon pleur, comme au matin, s'échappe harmonieux,
Et, tout parlant d'ennuis qu'il vaut mieux qu'on dévore,
Le désir me reprend de les conter aux cieux.

VOEU

EN VOYAGE SUR UNE IMPÉRIALE DE VOITURE, PENDANT QUE
JE TRAVERSAIS LE PAYS

Nous ne passons qu'un instant sur la terre,
Et tout n'y passe avec nous qu'un seul jour.
Tâchons du moins, du fond de ce mystère,
Par œuvre vive et franche et salutaire,
De laisser trace en cet humain séjour !

Que la vie en nos chants éclate ou se reflète,
La vie en sa grandeur ou sa naïveté !
Que ce vieillard assis, dont la part est complète,
Qui vit d'un souvenir sans cesse raconté ;

Que la mère, et l'enfant qu'elle allaite ou qui joue,
Et celui, déjà grand, échappé de sa main,
Imprudent qui (bon Dieu !) sort de dessous la roue,
Comme un lièvre qui lève au milieu du chemin ;

Que ces femmes au seuil, coquettes du village,
Et celles de la ville au cœur plus enfermé,
Tous ces êtres d'un jour nous livrent quelques gages
De ce qu'ils ont souffert, de ce qu'ils ont aimé !

Que cet âne au poil fin, qui de son herbe douce
Se détourne pour voir nos tourbillons troublés ;
Ce petit mur vêtu de tuiles et de mousse ;
Ce grand noyer faisant oasis dans les blés ;

Que tous ces accidents de vie et de lumière,
Par quelque coin du moins passent dans le tableau !
Que (tant il y verra la ressemblance entière !)
L'oiseau pique au raisin ou veuille boire à l'eau !

Mais que l'homme surtout, que les hommes, nos frères,
Et ceux de ce temps-ci, malgré les soins contraires,
Et ceux plus tard venant, tous d'un même limon,
Qu'ils se sentent en nous aux heures non frivoles,
Qu'ils trouvent, un seul jour, leurs pleurs dans nos paroles,
Et qu'ils y mêlent notre nom !

SONNET

A M. JUSTIN MAURICE

Dans le Jura.

Nous gravissions de nuit une route sévère,
Une côte escarpée aux rochers les plus hauts ;

L'orage avait cessé; chaque nue en lambeaux
Flottait, laissant des jours où brillait quelque sphère.

Une raie un peu blanche au loin parut se faire :
C'est l'aube, dit quelqu'un ; — et sur ces monts si beaux,
Si beaux de ligne sombre, et pour moi si nouveaux,
Je chantais en mon cœur : Voyons l'aube légère !

Mais, à peine à mon siège où j'étais remonté,
Le sommeil du matin, pesant, précipité,
Ferma de plomb mes yeux. — Quand déjà l'aube errante

Luit du bord éternel, ainsi l'autre sommeil,
Le sommeil de la mort saisit l'âme espérante,
Et nous nous réveillons au grand et plein soleil !

LE JOUEUR D'ORGUE

Nous montions lentement, et pour longtemps encore ;
Les ombres pâlissaient et pressentaient l'aurore,
Et les astres tombants, humidement versés,
Épanchaient le sommeil aux yeux enfin lassés.
Tout dormait : je veillais, et, sous l'humble lumière,
Je voyais cheminer, tout près de la portière,
Un pauvre joueur d'orgue : il nous avait rejoints ;
Ne pas cheminer seul, cela fatigue moins.
Courbé sous son fardeau, gagne-pain de misère,
Que surmontait encor la balle nécessaire,
Un bâton à la main, sans un mot de chanson,
Il tirait à pas lents, regardant l'horizon.

« Vie étrange, pensai-je, et quelle destinée!
Sous le ciel, nuit et jour, rouler toute l'année!
Jeune, l'idée est belle et ferait tressaillir;
Mais celui-ci se voûte et m'a l'air de vieillir.
Que peut-il espérer? Rien au cœur, pas de joie;
Machinal est le son qu'aux passants il envoie. »
Et je continuais dans mon coin à peser
Tous les maux; et les biens, à les lui refuser.
Et par degrés pourtant blanchissait la lumière;
Son gris sourcil s'armait d'attention plus fière;
Sa main habituelle à l'orgue se porta :
Qu'attendait-il?... Soudain le soleil éclata,
Et l'orgue, au même instant, comme s'il eût pris flamme,
Fêta d'un chant l'aurore, et pria comme une âme.

Salut attendrissant, naïf et solennel!
Cet humble cœur comprend les spectacles du ciel.
A l'éternel concert, sous la voûte infinie,
Pour sa part il assiste, et rend une harmonie.
Ainsi, Nature aimée, aux simples plus qu'aux grands,
Souvent aux plus chétifs, souvent aux plus errants,
Tu livres sans replis ta splendeur ou ta grâce.
L'opulent, l'orgueilleux, a perdu loin ta trace;
Le petit te retrouve : un beau soir, un couchant,
Quelque écho de refrain sous la lune en marchant,
Le taillis matinal que le rayon essuie;
Le champ de blés mouvants, rayés d'or et de pluie;
Un vieux pont, un moulin au tomber d'un flot clair,
Bruits et bonheurs sans nom qu'on respire avec l'air,
Souvent on les sent mieux dans sa route indigente,
Et, même sous le faix, l'âme s'éveille et chante.

SONNETS

I

Je côtoyais ce lac, tant nommé dans mon rêve ;
Je le tenais enfin, et j'en voyais le tour.
Le rapide bateau l'embrassait d'un seul jour.
Joyeux, je commençais ce qui si tôt s'achève.

Chaque instant amenait quelque nom qui se lève ;
Coppet venait de fuir ; Lausanne avait son tour ;
Vevay luisait déjà sous sa légère tour ;
Clarens... quoi ? c'est Clarens ! bosquet d'ardente sève !

J'admirais, mais sans pleurs, mais sans jeune transport ;
Rien en moi ne chantait ou ne faisait effort.
Je disais : Est-ce tout ? — Le peu de ce qu'on aime,

La fin des longs désirs, leur inégale part,
Me revenait alors ; je m'accusais moi-même,
Beaux monts, cadre immortel, et que je vois trop tard !

II

Mais, dans l'autre moitié du rapide passage,
Un mot dit sans dessein fit naître à mon côté,
Fit jaillir un regard d'esprit et de beauté,
Tout un jeune bonheur, tout un charmant langage.

Elle parlait du Beau dont Dieu peignit l'image,
Des grands livres, de l'art vu dans sa majesté,

Du coteau plus sévère et trop vite quitté,
Puis de sa chère enfant au retour du voyage!

Je la voyais au cœur sur ce lac transparent,
Aimant tout ce qu'on aime en la vie en entrant;
Confiante jeunesse, admirante et sereine!

Mon regard aux coteaux glissait moins attaché;
Et, tous ces sentiments accompagnant la scène,
Les lieux furent plus beaux, — je revins plus touché.

A L'ABBÉ EUSTACHE B... (1) (BARBE)

> A blessed lot hath he...
> COLERIDGE, *Sybilline leaves.*

Il est trois fois béni, celui qui dans sa ville,
En province resté, comme au siècle tranquille,
Y grandit, y mûrit, intègre et conservé;
Dans la même maison qui l'avait élevé
Devient maître, puis prêtre en cette église même
Où sa communion se fit, et son baptême.
Il n'a pas tour à tour de tout astre essayé;
Chaque vent ne l'a pas tour à tour balayé.
Non qu'il ignore au fond la vie et la tempête ;
L'écume aussi peut-être a passé sur sa tête;
Mais il est au rocher. A vouloir trop ramer
Sur ces flots inconstants que Christ seul peut calmer,
Il n'a pas défailli, ni bu, dans sa détresse,

(1) L'abbé Barbe, de Boulogne-sur-Mer, longtemps professeur de philosophie dans la maison de M. Haffreingue.

A ces eaux où se perd le goût de sainte ivresse;
Il sait le mal, il sait maint funeste récit;
Mais de loin il les sait, la distance adoucit;
Ailleurs ce qui foudroie, au rivage l'éclaire;
Chaque ombre à l'horizon rend gloire au sanctuaire;
Et tout cela lui fait, dès ici-bas meilleur,
Un monde où, par delà, son œil voit l'autre en fleur.

 Le sort, ou bien plutôt la Sagesse adorée,
M'a fait ma part plus rude et moins inaltérée.
Ami, j'ai bien ramé, lassé je rame encor,
Sans espoir et sans fin, depuis mon jeune essor,
Depuis ce prompt départ, d'où mes gaietés naïves
Voyaient au ciel prochain jouer toutes les rives.
Ce que j'ai su d'amer, d'infidèle et de faux,
Et, pour l'avoir trop su, ce que de moins je vaux,
Ce qui me tache l'âme, Ami, tu le devines,
Rien qu'aux simples clartés des paroles divines.
Oh! combien différent de ces après-midis,
De ces jours où j'allais avec toi, les jeudis,
Où nous allions, tout près, au vallon du Denacre,
Y cherchant la Tempé que Virgile consacre,
Ou bien à Rupenbert pour y cueillir les fruits,
Ou plus loin, vaguement par nos discours conduits,
Aux falaises des mers, à l'Océan lui-même,
Immense, répondant à l'immense problème!
Nous le posions déjà ce problème lointain,
Comme au temps des Félix (1) et des saint Augustin,
D'une tendre pensée, à la leur assortie,
Recommençant tous deux les entretiens d'Ostie.
Oh! combien différent je repense à ces bords!
Moins différent pourtant qu'il ne semble; et dès lors
Plus d'un trait à l'avance eût prédit notre histoire,

(1) Se rappeler l'*Octavius* de Minutius Felix.

Moi déjà choisissant dans tout ce qu'il faut croire,
Et toujours espérant concilier les flots ;
Toi plus ferme à Saint Pierre, y fondant ton repos.

Je vais donc et j'essaie, et le but me déjoue,
Et je reprends toujours, et toujours, je l'avoue,
Il me plaît de reprendre et de tenter ailleurs,
Et de sonder au fond, même au prix des douleurs ;
D'errer et de muer en mes métamorphoses ;
De savoir plus au long plus d'hommes et de choses,
Dussé-je, au bout de tout, ne trouver presque rien :
C'est mon mal et ma peine, et mon charme aussi bien.
Pardonne, je m'en plains, souvent je m'en dévore,
Et j'en veux mal guérir,... plus tard, plus tard encore !

Mais, quand je vais ainsi dans ce monde à plaisir,
Qu'une épreuve de plus fait faute à mon désir ;
Quand je crois avoir su quelque ombre plus obscure,
Par où se dérobait la maligne nature ;
Quand, cent fois, imprudent, à la flamme brûlé,
Je me retrouve encore à ma perte envolé,
Et qu'encore une fois, je reconnais coquettes
Nos grands hommes du jour, écrivains et poëtes,
Qui, dès qu'ils ont tiré ce qu'ils veulent de vous,
La louange en tous sens sur les tons les plus doux,
Vous laissent, vous jugeant la plume trop usée ;
Quand j'ai souffert au cœur d'une amitié brisée ;
Aussi d'un plaisir pur quand parfois j'ai joui ;
Quand des pays nouveaux et grands, comme aujourd'hui,
M'entraînent à les voir ; que le Léman limpide
Se déroule en un jour sous la vapeur rapide ;
Que d'Altorf, ou du pied du Righi commencé,
Me retournant d'abord, et l'œil sur le passé,
Je revois de plus haut le vallon du jeune âge,

Le verger de douze ans, premier pèlerinage;
Quand un rare bonheur se revient révéler,
Et que tout bas on dit : « A qui donc en parler? »
Alors je sens besoin d'un ami bien fidèle,
Bien ancien, bien sûr, qui sache et se rappelle ;
Un témoin du départ et des premiers souhaits,
A qui parler de soi sans le lasser jamais
(Car lui-même c'est nous, car nous sommes lui-même),
Avec qui s'épancher, de confiance extrême,
Jusque dans ces douleurs qu'au lévite prudent
L'intime ami blessé fait toucher cependant;
Je cherche cet ami ; les amitiés récentes,
Si vives sur un point, sur l'autre sont absentes;
Et je cherche toujours, toujours plus loin en moi,...
Tout d'un coup je le nomme..., et cet ami, c'est toi!

Altorf.

A BOULAY-PATY

A BORD D'UN BATEAU A VAPEUR

Nous partions sur le lac que le matin caresse;
A ce soleil levé dans son plus frais souris,
Les durs sommets des monts, éclairés, attendris,
Faisaient un horizon d'Italie ou de Grèce.

Seule avec son enfant, d'un air de quakeresse,
La jeune Génevoise, aux beaux regards contrits,
Semblait voir ces grands lieux dans leur céleste prix.
Timidement, d'un mot, près d'elle je m'adresse.

Elle daigna répondre avec des yeux bien doux;
Elle parlait de Dieu, qui, pour d'autres jaloux,
Est clément pour les uns, et m'indiquait la trace.

Et nous allions ainsi, par ce charmant matin,
Aux suaves blancheurs du plus vague lointain,
Sondant l'aube éternelle et causant de la Grâce.

SONNET

A M. PAULIN LIMAYRAC

Je montais, je montais; un guide m'accompagne,
Choisit les durs sentiers, et m'y dirige exprès;
Car je veux, Iung-Frau, toucher tes pieds de près!
Le soleil est ardent, d'aplomb sur la montagne.

Mon front nage, mon pas est lourd; au plus je gagne
Une moitié du mont. Mais les flancs plus secrets
S'y découvrent soudain en pâturages frais,
Ménageant un vallon comme en douce campagne.

Ainsi, grand Dieu, tu fais, quand tu nous vois lassés.
Dans la vie, au milieu, quand nous disons : Assez!
Un vallon s'aperçoit, et tu nous renouvelles.

Si l'on monte toujours, à peine on s'en ressent;
Et l'homme réparé reprend, obéissant,
Plus haut, vers les clartés des neiges éternelles!

Wengern-Alp.

A M. PATIN

APRÈS AVOIR SUIVI SON COURS DE POÉSIE LATINE

Quand Catulle par toi nous exprime Ariane,
La querelle des chœurs d'Hymen et de Diane,
Du délirant Atys le sexe ensanglanté,
Ou Lesbie et lui-même en ses feux raconté,
Sa joie et sa ruine, et, tout après l'injure,
La plainte si pieuse et la flamme encor pure;
Quand, par tout son détail, en tes fines leçons
Nous suivons le poëte, et que nous saisissons
Tant de génie inclus sous une forme brève
Et tant d'efforts certains d'où Virgile relève,
Quelquefois, au milieu du discours commencé,
Un auditeur de plus, un vieillard tout cassé,
Qui revient par fatigue, à ce bout de carrière,
Se bercer aux échos de la muse première,
Un vieillard, du bâton aidant son pas tardif,
Descend et prend sa place à ce banc attentif;
Et moi, du goût par toi méditant le mystère,
Je songe : Ce vieillard, supposons, c'est Voltaire!
C'est lui! (car bien souvent dans mon rêve jaloux
Je me demande d'eux : Que diraient-ils de nous?)
C'est lui donc ; du tombeau réveillé par miracle,
Sans trop se rendre compte, il va cherchant oracle
Dans ce pays latin qu'à peine il reconnaît.
Il a vu la Sorbonne, et, maint grave bonnet
Lui passant en esprit : « Sachons ce qu'on y pense! »
Il a dit, et, suivant quelqu'un qui le devance,

Il est entré tout droit, et nous est arrivé,
Il s'assied, il écoute : « Oh! d'Atys énervé,
De Bérénice en astre, ou des pleurs d'Ariane,
Qu'est-ce donc? se dit-il, la thèse est bien profane! »
Mais il n'a pas plus tôt ouï deux traits charmants :
« Peste! le Welche encore a du bon par moments! »
Il goûte, en souriant, cette pure parole,
Ce ton juste et senti, non pédant, non frivole,
Cette culture enfin d'un agréable esprit,
Qui du travail d'hier chaque jour se nourrit,
Comme une plate-bande, une couche exposée
Qu'ont pétrie à loisir soleil, pluie et rosée.

L'honnête liberté de cet enseignement,
Cette facilité de tourner décemment,
D'affronter sans effroi, sans lâche complaisance,
L'impureté latine et sa rude licence,
Le frappent : rien qu'à voir le maître ainsi placé,
Il sent qu'un changement sur le monde a passé.

Catulle, il l'a peu lu; mais, comme toutes choses,
Dans l'ensemble il le sent, d'après les moindres doses,
Il admire comment aux écrits anciens,
Que trop à la légère il traitait dans les siens,
On peut lire en détail et gloser avec grâce,
Et tirer maint secret pour un art qui s'efface,
Il se dit que lui-même et son vers si hâté
Supporteraient bien peu cette sévérité.
Il repense à Racine, à la forme sacrée,
Égale au sentiment, lui donnant la durée,
Par qui tous les vrais purs sont au même vallon,
Et qui faisait Catulle aimé de Fénelon.

Ainsi le grand témoin qu'à plaisir je te donne,

Le moqueur excellent se désarme, et s'étonne
Qu'on trouve au vieil auteur tant de nouveaux accès,
Et qu'on dise toujours aussi net en français.

Les Latins, les Latins, il n'en faut pas médire;
C'est la chaîne, l'anneau, c'est le cachet de cire,
Odorant, et par où, bien que si tard venus,
A l'art savant et pur nous sommes retenus.
Quinet en vain s'irrite (1) et nous parle Ionie;
Edgar, noble coursier échappé d'Hercynie,
Qui hennit, et qui chante, et bondit à tous crins,
Des sommets chevelus trop amoureux, je crains.
Il méprise, il maudit, dans sa chaude invective,
Tout ce qui n'atteint pas la Grèce primitive,
Ce qui droit à l'Ida ne va pas d'un vol sûr;
Il ne daigne compter Parthénope ou Tibur.
Certes, la Grèce antique est une sainte mère,
L'Ionie est divine : heureux tout fils d'Homère!
Heureux qui, par Sophocle et son Roi gémissant,
S'égare au Cithéron, et tard en redescend!
Et pourtant des Latins la Muse modérée
De plain-pied dans nos mœurs a tout d'abord l'entrée.
Sans sortir de soi-même, on goûte ses accords;
Presque entière on l'applique en ses plus beaux trésors;
Et, sous tant de saisons qu'elle a déjà franchies,
Elle garde aisément ses beautés réfléchies.
Combien d'esprits bien nés, mais surchargés d'ailleurs
De soins lourds, accablants, et trop inférieurs,
Dans les rares moments de reprise facile,
D'Horace sous leur main ou du tendre Virgile
Lecteurs toujours épris, ne tiennent que par eux
Au cercle délicat des mortels généreux!

(1) *Revue des Deux Mondes*, août 1856.

La Muse des Latins, c'est de la Grèce encore ;
Son miel est pris des fleurs que l'autre fit éclore.
N'ayant pas eu du ciel, par des dons aussi beaux,
Grappes en plein soleil, vendange à pleins coteaux,
Cette Muse moins prompte et plus industrieuse
Travailla le nectar dans sa fraude pieuse,
Le scella dans l'amphore, et là, sans plus l'ouvrir,
Jusque sous neuf consuls lui permit de mûrir.
Le nectar, condensant ses vertus enfermées,
A propos redoubla de douceurs consommées,
Prit une saveur propre, un goût délicieux,
Digne en tout du festin des pontifes des Dieux.
Et ceux qui, du Taygète absents et d'Érymanthe,
Ne peuvent, thyrse en main et couronnés d'acanthe,
En pas harmonieux, dès l'aube, y vendanger,
Se rabattent plus bas à ce prochain verger,
Où le maître leur sert la liqueur enrichie
Dans sa coupe facile et toujours rafraîchie.
Ne la rejetons point par de brusques dégoûts ;
Falerne qui se mêle au Chypre le plus doux,
Il rend la joie au cœur ! Ne brisons point d'Horace
Le calice fécond de sagesse et de grâce ;
Pour plus d'un noble esprit, de travail accablé,
C'est l'antiquité même et son suc assemblé,
C'est la source du beau, des justes élégances,
La gaieté du dessert, des champs et des vacances.
Virgile, c'est l'accent qui revient émouvoir,
C'est l'attendrissement du dimanche et du soir !

    Mon père ainsi sentait. Si, né dans sa mort même (1),
Ma mémoire n'eut pas son image suprême,

---

(1) Je suis né après la mort de mon père, que ma mère perdit l'année même de son mariage.

Il m'a laissé du moins son âme et son esprit,
Et son goût tout entier à chaque marge écrit.
Après des mois d'ennuis et de fatigue ingrate,
Lui, d'étude amoureux et que la Muse flatte,
S'il a vu le moment qu'il peut enfin ravir,
Sans oublier jamais son Virgile-*elzévir*,
Il sortait; il doublait la prochaine colline,
Côtoyant le sureau, respirant l'aubépine,
Rêvant aux jeux du sort, au toit qu'il a laissé,
Au doux nid si nombreux et si tôt dispersé,
Et tout lui déroulait, de plus en plus écloses,
L'âme dans les objets, les larmes dans les choses.
Ascagne, Astyanax, hâtant leurs petits pas,
De loin lui peignaient-ils ce fils qui n'était pas?....
Il allait, s'oubliant dans les douleurs d'Élise.
Mais, si l'enfant au seuil, ou quelque vieille assise,
Venait rompre d'un mot le songe qu'il songeait,
Avec intérêt vrai comme il interrogeait!
Il entrait sous ce chaume, et son humble présence
Mettait à chaque accent toute sa bienfaisance.
Ces pleurs que lui tirait l'humaine charité
Retombaient sur Didon en même piété.

SONNET

A MON AMI CH. LABITTE

En voyant, jusqu'ici ce que j'ai vu si peu,
La nature et sa gloire, et sa simple harmonie;

Au sombre fond des pins cette douceur unie
Des saules en cordon, feuillage pâle et bleu ;

En voyant ces épis sous des rayons de feu,
Ou blonds, ou d'or ardent et la tête brunie,
Ou verts de tige encor, toute une onde infinie,
Et que demain la faux nivelle d'un seul jeu ;

En voyant, Emmenthal (1), verdoyer ta vallée,
Et luire au grand soleil, épaissie, émaillée,
Cette herbe la plus tendre au regard qui s'y prend,

Je pensais : Que ne puis-je ainsi peindre en mon style !
Comme on dirait alors : Sa nuance est facile !
Comme on dirait de moi : Son art est transparent !

A J.-J. AMPÈRE

> « Movemur enim nescio quo pacto locis ipsis, in quibus eorum quos diligimus aut admiramur adsunt vestigia. »
> Cicéron, *De Legibus*, II, 2. (C'est Atticus qui parle.)
>
> « Est quidem, mi Lucili, supinus et negligens qui in amici memoriam ab aliqua regione admonitus reducitur : tamen repositum in animo nostro desiderium loca interdum familiaria evocant. »
> Sénèque à Lucilius (Lettre 49ᵉ).

= Les lieux sont beaux et grands ; ils parlent un langage
A d'abord étonner, à remplir sans partage,

---

(1) L'*Emmenthal*, riche portion du canton de Berne.

A faire qu'on s'arrête à leur gloire soumis,
Et qu'Ithaque un instant s'oublie, et les amis.
Et pourtant, et bientôt, cette nature immense
Laisse un grand vide au cœur et le tient à distance,
Et tous ces monts glacés qu'à l'horizon je vois,
Pour m'y bercer de loin, n'ont pas même les bois.
Oh! j'ai besoin toujours, quelque lieu qui m'appelle,
De l'homme et des amis, du souvenir fidèle,
De ressaisir au cœur l'écho du cœur sorti,
De chercher au sentier ce qu'un autre a senti !
De ce cadre si fier par les monts qu'il assemble,
Dans un détail chéri, l'on goûte mieux l'ensemble.
En y prenant pour guide un rayon préféré,
Le tout plus tendrement s'éclaire à notre gré.
Un banc au bord du lac, un ombrage, une allée
Où d'avance l'on sait qu'une âme, un jour voilée,
S'est assise en pleurant; des rocs nus et déserts,
Mais qu'un chantre qu'on aime a nommés dans ses vers ;
Ces places, à nous seuls longtemps recommandées,
Mêlant au vaste aspect la douceur des idées,
Voilà, dans ces grands lieux, à l'écart et sans bruit,
Ce que ma fuite espère et tout d'abord poursuit.

Laissant les bords nombreux où le regard hésite,
Aussitôt arrivé, j'ai donc choisi mon site
Aux bosquets odorants d'une blanche villa,
Cherchant l'endroit, le banc, et me disant : C'est là !
Il était soir; le jour, dans sa pénible trace,
Avait chargé le lac d'orage et de menace;
Mais, comme dans la vie on voit souvent aussi,
Le couchant soulevait ce lourd voile éclairci.
Je m'assis solitaire, et là, pensant à Celle
Qui m'avait dit d'aller et de m'asseoir comme elle,
Je méditais les flots et le ciel suspendu,

Le silence lui seul et le calme entendu,
La couleur des reflets. La nue un peu brisée
Jetait un gris de perle à la vague irisée,
Et le lac infini fuyait dans sa longueur.
Cette tranquillité me distillait au cœur
Un charme, qui d'abord aux larmes nous convie :
« Oh ! disais-je en mon vœu, rien qu'une telle vie,
Rien qu'un destin pareil au jour qu'on vient d'avoir,
Lourd, orageux aussi, mais avec un tel soir ! »

A Lausanne, aussitôt que la barque m'y jette,
Qu'ai-je fait? tout d'un bond j'ai cherché *la Retraite*,
C'est le nom (près de là) de la douce maison,
Où des amis bien chers ont fait une saison.
Ils m'en parlaient toujours d'une secrète joie.
Le lac vu du jardin, ces grands monts de Savoie
Tout en face, si beaux au couchant enflammé,....
J'ai voulu prendre un peu de ce qu'ils ont aimé.
Je suis allé, courant comme à la découverte,
Demandant le chemin à chaque maison verte,
Tant que, lisant le nom sur la barrière écrit,
Je m'y sois arrêté d'un regard qui sourit;
Et, sans entrer plus loin (car si matin je n'ose),
J'ai tout vu du dehors, comme hélas ! toute chose.
Enfin j'ai côtoyé, j'ai compris ce doux lieu;
A mes amis, un soir d'hiver, au coin du feu,
Je dirai : *Je l'ai vu;* je pourrai leur répondre,
Et, sur un point de plus, l'âme ira se confondre.

A Thoun, miroir si pur, de granit encadré,
Je voguais, à la main tenant mon cher André,
Négligemment, sans but.... Tout d'un coup, à la page
Où je lisais le moins, je saisis un passage :
O Thoun, onde sacrée! (1) — Il a vu ces grands bords;

(1) André Chénier, Élégie 40e.

Jeune, il a dénombré leurs sauvages trésors.
Il les voulait revoir, quand l'amour infidèle
Le délaissait en proie à sa flamme moins belle;
Il s'y voulait guérir! — L'eau, les monts et les cieux
Ont redoublé d'attrait. Le roc mystérieux
Qu'il m'indique en ses vers, et le creux qui s'enfonce,
Le voilà, plus présent quand c'est lui qui l'annonce.
Il y cherchait, blessé, comme un asile sûr,
Mon cœur, aux mêmes lieux traînons mon deuil obscur!

Ainsi, je vais en art, en amitié secrète,
Observant les sentiers. Ainsi, fais, ô poëte,
Ainsi, fais de tes jours! et quand l'homme bruyant,
Qu'on répute là-bas solide et patient,
Jusqu'à trois fois peut-être, en sa lourde carrière,
Change d'opinions et de vaine bannière,
Toi qui parais volage et souvent égaré,
Passe ta vie à suivre un vestige adoré!

A MES AMIS

M. ET MADAME OLIVIER (1)

Salut! je crois encore! Ainsi j'espérais dire
A ce lac immortel (2) que j'allais visiter;
Il me semblait qu'au cœur que le spectacle inspire,
Ma défaillante foi renaîtrait pour chanter.

(1) Auteurs du recueil de poésies intitulé: *les Deux Voix*, Lausanne, 1835.
(2) Le lac des Quatre-Cantons.

La grandeur héroïque à ces rochers gravée,
L'escarpement du lac à ce glorieux bord,
La liberté fidèle et sans bruit conservée,
Sincère comme au jour de son antique effort;

Sur ces flots que l'histoire ou la Muse renomme,
Un beau ciel rayonnant où l'orageux éclair;
Les lieux solennisant les souvenirs de l'homme,
Homme et lieux égalés par la voix de Schiller;

Tout, oui, tout, poésie, héroïsme et nature,
Me promettait de loin un sublime secours;
Peut-être il me prendrait une espérance pure,
Un magnanime essor comme en mes nobles jours.

Peut-être, à tous ces vœux d'humanité plus grande,
Dont le rêve, si cher, de près s'en est allé,
J'allais rouvrir enfin un cœur qui les demande,
Qui, jeune, les reçut, et que rien n'a souillé.

Peut-être, en ces beaux flots noyant toute tristesse,
Sur cet intègre autel écoutant l'avenir;
J'allais, au vent qui chasse intrigue et petitesse,
Aspirer le saint but qu'on ne pourra ternir.

Peut-être, aux fiers serments pour cette cause aimée
J'allais redire encor : Ce n'était pas en vain!
Ce qui se joue ailleurs n'est que bruit et fumée,
N'est que boue et poussière : atteignons à la fin!

Et j'ai touché ces lieux de si sévère attente,
J'ai vu leur grandeur simple, et j'ai tout admiré;
Mais rien qu'eux n'a brillé dans mon âme éclatante,
Et mon passé plutôt, tout d'abord, a pleuré.

Il a pleuré de voir ce Rutli des vieux âges,
Perpétuelle source à de durables mœurs,
L'humble chapelle encore au bas des rocs sauvages,
Et le héros toujours salué des rameurs.

Amertume et dédain que les gloires taries,
Quand les mots ont tué toute vertu d'agir,
Quand l'astuce et la peur !... Heureuses les patries
Dont on peut repasser les grands jours sans rougir !

Tel donc, ô mes Amis ! au lac, à la montagne
J'allais, cherchant en moi ce qui se retirait ;
Mais quand, las de chercher, au vallon qui me gagne
Je suis venu m'asseoir sous votre toit secret,

J'ai vu la paix du cœur, l'union assurée,
Le saint contentement des biens qu'on a trouvés,
Et les grâces au Ciel pour leur seule durée,
Et le renoncement des autres biens rêvés ;

J'ai vu l'intelligence en sa démarche à l'aise,
Sans s'user aux détours, suivant un but voulu ;
L'étude simple et haute où trop d'essor s'apaise ;
En face des grands monts, Dante parfois relu ;

Parfois, la poésie en prière élancée,
Du même heureux sillon laissant monter deux voix ;
Vos destins s'enfermant, mais non votre pensée,
Et le monde embrassé du rivage avec choix.

Des vrais dons naturels j'ai compris l'assemblage,
La force antique encore et l'antique douceur ;
Et causant d'aujourd'hui, de ce Paris volage,
A table je goûtais le chamois du chasseur.

Ce que je n'ai pas dit à la montagne austère,
A la chapelle, au lac qui m'a laissé mon deuil,
Mes Amis, je le dis à l'ombre salutaire,
Au foyer domestique, au cordial accueil,

Aux vertus du dedans, partout, toujours possibles,
Au bonheur résigné, sobre et prudent trésor,
Au devoir modérant les tendresses sensibles :
Amis, en vous quittant, — Salut ! je crois encor !

Aigle.

A MADAME V.

Jamais je n'ai couru lacs, montagnes et plaines,
Où les hameaux épars, où les cités si pleines,
Tant d'échos où de nous nul bruit ne retentit,
Sans mieux sentir en moi, d'impression profonde,
  Combien grand est le monde,
  Combien l'homme petit !

Je n'ai jamais, de près, vu la ville où je passe,
Les secrets coins du monde où le hasard me chasse,
Sans admirer leur prix hors de nos vains débats,
De tant d'esprits divers sans saluer le nombre,
  Plus solides dans l'ombre
  Et qu'on ne saura pas.

Je n'ai jamais vécu d'hospitalière vie,
Pèlerin de passage, au toit qui me convie,
Sans éprouver qu'il est encor de bonnes gens,

Des justes à sauver la vertu sur la terre,
    A consoler le Père
    Dans les cieux indulgents.

Non plus, je n'ai jamais, au retour d'une absence,
Revu Paris si cher, sans mieux voir sa puissance,
Sans y plus admirer tant de noms rattachés ;
Surtout sans raccourir, d'une amitié plus tendre,
    Vers qui veut bien m'attendre,
    Vers les amis cachés !

SONNET

    ..... Ἰθάκην εὐδείελον....
    Bene-objacentem-occidenti Ithacam.
        Homère, *Odyssée*.

J'aime Paris aux beaux couchants d'automne,
Paris superbe aux couchants élargis,
Quand sur les quais du soleil tout rougis,
Le long des ponts, je m'arrête et m'étonne.

Rompant au fond la splendeur monotone,
L'Arc de triomphe et ses pans obscurcis
Semblent s'ouvrir au vainqueur de Memphis,
Qui les emplit de l'or de sa couronne.

Mieux qu'un vainqueur, c'est un Roi-Mage encor,
Qui, vieillissant, verse tout son trésor ;
Ou c'est Homère épanchant l'Odyssée,

Car ce matin j'en lisais de doux chants ;...
Et je m'en vais mêlant dans ma pensée
Avec Paris Ithaque aux beaux couchants.

A MADAME LA C. DE T. (LA COMTESSE DE TASCHER.)

A vous, Madame, j'ose adresser et comme retraduire ce que vous m'avez vous-même raconté. Heureux je m'estimerai dans ce récit, si vous daignez le reconnaître ; heureux si ceux qui le lisent ressentent quelque chose de l'intérêt dont j'ai été saisi en vous écoutant !

> Saxea ut effigies bacchantis !
> *Ariane* de CATULLE.

Nous causions d'un sujet qui n'est jamais passé,
Du mal que fait à l'âme un amour délaissé,
Un amour sans espoir, l'irrévocable absence,
La mort ; si l'homme aimant, en son cœur, a puissance
D'aimer comme la femme, et s'il peut en souffrir
Comme elle, bien souvent, jusqu'au point d'en mourir.
Vous doutiez ; j'affirmais ; je cherchais en mémoire
Quelque exemple évident auquel je voulais croire ;
Mais, à citer toujours, je n'avais rien de mieux
Que ces noms de roman, ou Paul, ou Des Grieux.
Et vous, esprit fécond, si pleine d'étincelles,
Belle Ame si clémente à vos douleurs cruelles,
Dont la gaieté souvent, en discours variés,
Fait oublier vos maux, tant vous les oubliez !
Cette fois rassemblant toute votre tendresse,
Ces larmes dans la voix que votre Ange caresse,

Que traversait encor l'enjouement adouci,
Longuement, moi muet, vous parlâtes ainsi :

Je remontais le Rhin de Cologne à Mayence,
A Manheim; sur le pont nous avions affluence
D'Anglais, d'Américains, tous peuples à la fois;
Triste était la saison, en août trente-trois.
On allait, et déjà des deux rives voisines
Les bords se relevaient en naissantes collines,
Et préparaient de loin ces rochers et ces tours,
Qui renomment le fleuve et font gloire à son cours.
Nos passagers bientôt, amateurs de nature,
Pour la mieux admirer dans sa nomenclature,
Chacun tenant sa carte et l'œil collé devant,
Laissaient fuir, sans y voir, le spectacle vivant.
Une pluie alors vint et les fit tous descendre.
J'eus désir de rester, et j'avisai d'attendre,
Montant dans ma voiture à l'autre bout du pont,
Que le soleil chassât ce nuage qui fond.
Mais, dans mon gîte à peine au hasard installée,
Je m'y trouvai si bien, exhaussée, isolée,
Et, grâce aux quelques pieds qui passaient le niveau,
Dominant le rivage, égalant le coteau,
Ayant mon belvéder au-dessus des campagnes,
Tenant mon ermitage à mi-flanc des montagnes,
Et, comme d'un balcon, rasant ces bords flottants,
Que je n'en bougeai plus tout le reste du temps.
Les voitures tenaient dans les secondes places;
J'avais donc près de moi gens d'assez basses classes,
Domestiques d'Anglais, Allemands ouvriers,
Durant le choléra de ces mois meurtriers,
Revenus d'Angleterre ou sortant de Belgique;
Des soldats regagnant la patrie helvétique,
Licenciés, et qui, dans leur désœuvrement,

Portaient la main à tout à bord du bâtiment,
Et faisaient comme émeute à la moindre soupape,
Touchant, vérifiant chaque objet qui les frappe ;
Et c'étaient de grands cris pour les chasser de là.

Assez longtemps, sans rien remarquer de cela,
Entre ceux d'alentour sans distinguer personne,
J'avais été, l'œil fixe au ciel qui m'environne,
Tout entière aux coteaux, à la grandeur des lieux,
Et, sous les accidents pluvieux, radieux,
Admirant et suivant cette beauté ternie,
Par places renaissante, et toujours l'harmonie.
Puis, le soleil bientôt reparu dans son plein,
Je restai d'autant mieux, — au sourire malin,
Au sourire, et, je crois, un peu fort au scandale
Des Anglais dont la carte est rouverte et s'étale,
Qui cherchent de plus belle, et ne comprenaient pas
Qu'on pût, sur un bateau, s'aller percher là-bas
En voiture, et surtout (énormité profonde !)
Hors de la balustrade où se clôt le beau monde.

Ma fille cependant, qui me laissait un peu,
Me revint en criant : « Maman, le comte de...
Est dans les passagers. » — « Impossible ! » — « Il remonte,
Le voici ! » — J'aperçus, en effet, non le comte,
Mais sous l'habit grossier d'homme des derniers rangs,
Une noble figure aux yeux bleus transparents.
Quelque chose du Nord, la ligne régulière,
Et de grands cheveux blonds portés d'une manière
Haute, aristocratique, et comme notre ami.
Mon œil, dès ce moment, le suivit, et, parmi
Les nombreux passagers de cette classe obscure,
Un intérêt croissant détachait sa figure ;
Et plus je l'observai, plus il obtint sa part

Dans ce cadre où d'abord s'absorbait mon regard.

Il était mis en simple ouvrier, et peut-être
Avec trop de dessein marqué de le paraître :
Un vieil habit flottant; quelque grand chapeau gris
Tombant sur sa coiffure en larges bords flétris ;
Chemise rose et bleue et faisant qu'on la voie ;
Surtout des gants en peau, brodés d'argent, de soie,
Comme quelque ouvrier de Saxe endimanché ;
Mais l'ongle blanc parfois s'allongeait mal caché.

Je remarquai bientôt sa liaison suivie
Avec un groupe, auprès, qui d'abord m'avait fuie ;
Une famille entière : un mari d'air grossier,
Ne montrant d'autre instinct qu'appétit carnassier,
La pipe et la viande ; et, dans tout le voyage,
Faisant de l'une à l'autre un ignoble partage,
Et plaisantant encor là-dessus pesamment :
Je n'entendais que trop son rustique allemand.
Une femme à côté, de jeunesse incertaine,
Qu'avait peut-être usée ou le temps ou la peine,
Se dérobait pour moi sous son mince chapeau
Qu'une femme de chambre aurait porté plus beau.
A quelques pas de là, seule sur sa banquette,
Sa fille, qui semblait de quatorze ans, discrète
Et déjà fine, à part se tenait dans sa fleur,
Et mettait au tableau quelque fraîche couleur,
Fort à temps ; car, non loin, ses deux plus jeunes frères,
Laids, sales et criards, tout à fait ses contraires,
Deux petits garnements grimpés à la hauteur
De la voiture même, et trouvant très-flatteur
Apparemment d'avoir notre beau voisinage,
Ne cessaient les regards droit à notre visage

Sur ma fille et sur moi : s'ils rencontraient nos yeux,
C'était vite un salut de tête, gracieux,
Qu'il leur fallait bien rendre ; importune façade !
Et le grand paysage en devenait maussade.

   Je soupçonnai d'abord quelque étincelle en jeu
Entre la jeune fille et le blond à l'œil bleu ;
De là déguisement, amoureuse équipée...
Mais, au second aspect, je fus bien détrompée :
La belle enfant n'avait qu'un regard qui se tait,
Et lui n'y cherchait rien, ou même l'évitait.

   Mais la mère, la mère, hélas ! la pauvre femme,
De ses secrets bientôt j'interceptai la flamme.
Tandis que le jeune homme, au spectacle attaché,
Trahissait, même ainsi, son noble essor caché,
Elle, qui le suivait dans l'oubli qui l'enlève,
Quand il était resté trop longtemps sous son rêve,
Lui dépêchait sans bruit un des sales marmots
Rappelé tout exprès, descendu des ballots
Où leur faveur pour nous les tenait en vedette ;
Et l'enfant s'approchait, et, comme une sonnette,
Tirant le pan d'habit, il allait brusquement
Sans pitié pour l'extase et pour l'enchantement.
Ainsi nous revenait le rêveur qui s'oublie.
Un geste, un froncement à la lèvre pâlie,
Aussitôt réprimés, passaient comme un éclair ;
Il prenait le petit et l'appelait son cher,
Et le baisait tout sale au milieu du visage,
Et, pendant quelque temps laissant le paysage,
Il s'efforçait ailleurs, et marquait qu'il songeait
A celle qui de lui faisait l'unique objet.

   Je ne m'en tenais plus sur un point au *peut-être* ;

L'inconnu n'était pas ce qu'il voulait paraître.
Son grand air soutenu, son souris haut et lent,
En lui de notre ami tout ce portrait parlant,
Ce goût de pittoresque et de belle nature
Qui si souvent suppose en un cœur la culture,
Ces langues qu'il possède en familier accès
(Car ma fille assurait qu'il parlait bien français),
Que fallait-il? enfin, son entière apparence
Près de ces pauvres gens qui lui font déférence.

Une fois, le mari, par trop de libre humeur,
Lui présenta sa pipe, et le noble fumeur
Avec dégoût la prit, hâté de la lui rendre.
A manger, lorsqu'entre eux ils commençaient d'étendre
Le papier tout farci de leur grossier repas,
Ils s'y jetaient;.. à lui, rien;... ils n'en offraient pas.

Le premier jour ainsi se passa, le jeune homme
Plus épris du grand fleuve et des bords qu'on renomme,
Que de la pauvre femme, et celle-ci sans fin
Occupée à lui seul!... Je m'intriguais en vain.

A Coblentz arrivés, le soir, d'assez bonne heure,
Quand la foule s'attable à l'auberge et demeure,
J'allai vers la Moselle, autre beau flot courant,
Voulant me reposer du Rhin sévère et grand.
Au retour, vers la nuit, dans la ville qui monte
Nous perdions le chemin, quand tout d'un coup *le Comte*
(Ma fille et moi toujours nous lui donnions ce nom)
Apparut devant nous, servant de compagnon
A cette même femme, en ce moment coquette,
Ayant refait depuis un reste de toilette,
Et semblant à son bras fière d'un honneur tel!
Je demandai tout droit en français notre hôtel :

Il repartit d'un ton piqué de violence
(Comme dans son secret un homme qu'on relance)
Qu'il ne comprenait pas; je lui refis mon dit
En allemand alors, auquel il répondit.
Mais je pus remarquer, même à la nuit obscure,
La femme intéressante et sa tendre figure,
Fatiguée, il est vrai, non plus jeune d'ailleurs,
Et tout usée aussi par de longues douleurs,
Mais surtout dans l'instant glorieuse, étonnée
De paraître à ce bras, et comme illuminée!

Le lendemain matin, la scène du bateau
Fut autre : le jeune homme eut un soin tout nouveau,
Un soin, s'il n'était pas celui de l'amour même,
Compatissant du moins pour l'être qui nous aime.
Vint la pluie; il lui tint sa pauvre ombrelle au vent;
Il serrait de ses mains le manteau voltigeant.
Entre ses deux genoux, leur disant des histoires,
Il gardait bien longtemps les enfants aux mains noires,
Et les grondait, si seuls ils approchaient du bord.
On offrit des raisins, mais fort chers, et d'abord
J'allais en refuser aux désirs de ma fille ;
Il en achetait, lui, pour la pauvre famille.

Durant une éclaircie, elle ôta son chapeau,
Déploya ses cheveux, son trésor le plus beau,
Releva sa paupière au rayon éblouie,
Et ce manteau, tombant tout chargé par la pluie,
Laissa voir une taille, un élégant débris
De jeunesse et de grâce, et dès lors je compris.

Les vieux châteaux passaient sans qu'on les comptât guère;
Mais, quand ce fut celui d'un puissant de la terre,

Quand le nom circula du beau Johannisberg (1),
Tous regardaient en masse, et ce fut un concert.
Et moi, je regardais le jeune homme à la face :
J'y saisis le dédain qu'un faux sourire efface,
Ce qu'en anglais Byron eût appelé le *sneer*,
Cette douleur railleuse et qu'il faut retenir.

O Polonais, pensai-je, ô le plus noble Slave,
Te voilà donc ici pour ne pas être esclave!
Te voilà, toi, seigneur, hors du honteux péril,
Pauvre, en habit grossier, déguisant ton exil,
Trop heureux d'avoir pu, dans la cité lointaine,
Rencontrer au faubourg ces compagnons de peine,
La famille qui t'aime, et dont un cœur trop bien
Écouta ton malheur et te devra le sien!

Et la femme pourtant, que ce fût aux collines
Où le Reinstein brillant relevé des ruines,
Où le Johannisberg dont la vitre a relui,
Ne savait, et n'avait de regards que pour lui.

A Mayence arrivant, au moment de descendre
Il se rapprocha d'eux, et tout me fit comprendre
Qu'il était sous l'abri du même passe-port.

Le lendemain matin, en revenant au bord
Dès l'aube, pour pousser à Manheim le voyage,
Je les vis tous, mais eux cette fois sans bagage;
Lui seul avait le sien, fort léger, qu'on portait.
Rien qu'au deuil de la femme un mystère éclatait.
Elle était là muette, immobile et frappée.
Je compris cette veille en soin tendre occupée;

(1) Appartenant au prince de Metternich.

Cette veille, où pour elle il tâchait d'être mieux,
Était celle des longs, des éternels adieux!

Montant sur le bateau, je suivis la détresse,
Le départ jusqu'au bout! — Il baise avec tendresse
Les deux petits garçons, embrasse le mari,
Prend la main à la fille (et l'enfant a souri,
Maligne, curieuse, Ève déjà dans l'âme);
Il prend, il serre aussi les deux mains à la femme,
Évitant son regard. — C'est le dernier signal
De la cloche! — Il s'élance! O le moment final!
Quand on ôte le pont et pendant qu'on démarre,
Quand le câble encor crie, ô minute barbare!
Au rivage mouvant, alors il fallait voir,
De ce groupe vers lui, gestes, coups de mouchoir ;
Et les petits enfants, chez qui tout devient joie,
Couraient le long du bord d'où leur cri se renvoie.
Mais la femme, oh! la femme, immobile en son lieu,
Le bras levé, tenant un mouchoir rouge-bleu
Qu'elle n'agitait pas, je la vois là sans vie,
Digne que, par pitié, le Ciel la pétrifie!
Non, ni l'antique mère, au flanc sept fois navré,
Qui demeura debout marbre auguste et sacré (1),
Ni la femme de Loth, n'égalaient en statue
Ce fixe élancement d'une douleur qui tue!
Je pensai : Pauvre cœur, veuf d'insensés amours,
Que sera-ce demain, et ce soir, et toujours?
Mari commun, grossier, enfants sales, rebelles ;
La misère ; une fille aux couleurs déjà belles,

(1) Niobé : les anciens poëtes ont fort varié sur le nombre de ses enfants, tantôt douze, tantôt vingt, tantôt quatorze. Ici il ne faut voir dans le chiffre *sept* qu'un nombre indéterminé, ou, si l'on veut, le nombre quatorze : le poëte a pu supposer en effet qu'Apollon et Diane les tuèrent par couples en sept fois.

Et qui le sait tout bas, et dont l'œil peu clément
A, dans tout ce voyage, épié ton tourment :
Quel destin! — Lui pourtant, sur qui mon regard plonge,
Et qu'embarrasse aussi l'adieu qui se prolonge,
Descendit. — Nous voguions. En passant près de lui,
Une heure après : « Monsieur, vous êtes aujourd'hui
Bien seul, » dis-je. — « Oui, fit-il en paroles froissées,
Depuis Londres, voilà six semaines passées,
J'ai voyagé toujours avec *ces braves gens.* »
L'accent hautain notait les mots plus indulgents.
— « Et les reverrez-vous bientôt ? » osai-je dire.
— « Jamais! répliqua-t-il d'un singulier sourire;
Je ne les reverrai certainement jamais;
Je vais en Suisse; après, plus loin encor, je vais! »

Ce fut tout. Seulement, vers la même semaine,
Étant dans Heidelberg où midi me promène,
Passe une diligence, et je le vois en haut,
Lui, sur l'impériale. Il me voit, aussitôt
Me salue, et se lève, et du corps, de la tête
Il me salue encore, et me veut faire fête,
Tant qu'enfin la voiture ait détourné le coin :
« Allons! au moins, me dis-je, un souvenir de loin
Pour cette pauvre femme, une bonne pensée
Sortie à l'improviste et vers elle élancée! »

LA FONTAINE DE BOILEAU (1)

ÉPÎTRE

A MADAME LA COMTESSE MOLÉ

Dans les jours d'autrefois qui n'a chanté Bâvil'e ?
Quand septembre apparu délivrait de la ville
Le grave Parlement assis depuis dix mois,
Bâville se peuplait des hôtes de son choix,
Et, pour mieux animer son illustre retraite,
Lamoignon conviait et savant et poëte.
Guy Patin accourait, et d'un éclat soudain
Faisait rire l'écho jusqu'au bout du jardin,
Soit que, du vieux Sénat l'âme tout occupée,
Il poignardât César en proclamant Pompée,
Soit que de l'antimoine il contât quelque tour.
Huet, d'un ton discret et plus fait à la Cour,
Sans zèle et passion causait de toute chose,
Des enfants de Japhet, ou même d'une rose.
Déjà plein du sujet qu'il allait méditant,
Rapin (2) vantait le parc et célébrait l'étang.
Mais voici Despréaux, amenant sur ses traces
L'agrément sérieux, l'à-propos et les grâces.

---

(1) Il est indispensable, en lisant la pièce qui suit, d'avoir présente à la mémoire l'Épître VI de Boileau à Lamoignon, dans laquelle il parle de Bâville et de la vie qu'on y mène.

(2) Auteur du poëme latin des *Jardins* ; voir au livre III un morceau sur Bâville, et deux odes latines du même. Voir aussi Huet, *Poésies* latines et *Mémoires*.

O toi, dont, un seul jour, j'osai nier la loi,
Veux-tu bien, Despréaux, que je parle de toi,
Que j'en parle avec goût, avec respect suprême,
Et comme t'ayant vu dans ce cadre qui t'aime?

Fier de suivre à mon tour des hôtes dont le nom
N'a rien qui cède en gloire au nom de Lamoignon,
J'ai visité les lieux, et la tour, et l'allée
Où des fâcheux ta muse épiait la volée;
Le berceau plus couvert qui recueillait tes pas;
La fontaine surtout, chère au vallon d'en bas,
La fontaine en tes vers *Polycrène* épanchée,
Que le vieux villageois nomme aussi *la Rachée* (1),
Mais que plus volontiers, pour ennoblir son eau,
Chacun salue encor *Fontaine de Boileau*.
Par un des beaux matins des premiers jours d'automne,
Le long de ces coteaux qu'un bois léger couronne,
Nous allions, repassant par ton même chemin
Et le reconnaissant, ton Épître à la main.
Moi, comme un converti, plus dévot à ta gloire,
Épris du flot sacré, je me disais d'y boire.
Mais, hélas! ce jour-là, les simples gens du lieu
Avaient fait un lavoir de la source du dieu,
Et de femmes, d'enfants, tout un cercle à la ronde
Occupaient la naïade et m'en altéraient l'onde.
Mes guides cependant, d'une commune voix,
Regrettaient le bouquet des ormes d'autrefois,
Hautes cimes longtemps à l'entour respectées,
Qu'un dernier possesseur à terre avait jetées.
Malheur à qui, docile au cupide intérêt,
Déshonore le front d'une antique forêt,

---

(1) Une *rachée*; on appelle ainsi les rejetons nés de la racine après qu'on a coupé le tronc. Les ormes qui ombrageaient autrefois la fontaine avaient probablement été coupés pour repousser en *rachée* : de là le nom.

Où dépouille à plaisir la colline prochaine!
Trois fois malheur, si c'est au bord d'une fontaine!

 Était-ce donc présage, ô noble Despréaux,
Que la hache tombant sur ces arbres si beaux
Et ravageant l'ombrage où s'égaya ta muse?
Est-ce que des talents aussi la gloire s'use,
Et que, reverdissant en plus d'une saison,
On finit, à son tour, par joncher le gazon,
Par tomber de vieillesse, ou de chute plus rude,
Sous les coups des neveux dans leur ingratitude?
Ceux surtout dont le lot, moins fait pour l'avenir,
Fut d'enseigner leur siècle et de le maintenir,
De lui marquer du doigt la limite tracée,
De lui dire où le goût modérait la pensée,
Où s'arrêtait à point l'art dans le naturel,
Et la dose de sens, d'agrément et de sel,
Ces talents-là, si vrais, pourtant plus que les autres
Sont sujets aux rebuts des temps comme les nôtres,
Bruyants, émancipés, prompts aux neuves douceurs,
Grands écoliers riant de leurs vieux professeurs.
Si le même conseil préside aux beaux ouvrages,
La forme du talent varie avec les âges,
Et c'est un nouvel art que dans le goût présent
D'offrir l'éternel fond antique et renaissant.
Tu l'aurais su, Boileau! Toi dont la ferme idée
Fut toujours de justesse et d'à-propos guidée,
Qui d'abord épuras le beau règne où tu vins,
Comment aurais-tu fait dans nos jours incertains?
J'aime ces questions, cette vue inquiète,
Audace du critique et presque du poëte.
Prudent roi des rimeurs, il t'aurait bien fallu
Sortir, chez nous, du cercle où ta raison s'est plu.
Tout poëte aujourd'hui vise au parlementaire;

Après qu'il a chanté, nul ne saura se taire :
Il parlera sur tout, sur vingt sujets au choix ;
Son gosier le chatouille et veut lancer sa voix.
Il faudrait bien les suivre, ô Boileau, pour leur dire
Qu'ils égarent le souffle où leur doux chant s'inspire,
Et qui diffère tant, même en plein carrefour,
Du son rauque et menteur des trompettes du jour.

Dans l'époque, à la fois magnifique et décente,
Qui comprit et qu'aida ta parole puissante,
Le vrai goût dominant, sur quelques points borné,
Chassait du moins le faux autre part confiné ;
Celui-ci hors du centre usait ses représailles ;
Il n'aurait affronté Chantilly ni Versailles,
Et, s'il l'avait osé, son impudent essor
Se fût brisé du coup sur le balustre d'or.
Pour nous, c'est autrement : par un confus mélange
Le bien s'allie au faux, et le tribun à l'ange.
Les Pradons seuls d'alors visaient au Scudéry :
Lequel de nos meilleurs peut s'en croire à l'abri ?
Tous cadres sont rompus ; plus d'obstacle qui compte ;
L'esprit descend, dit-on : — la sottise remonte ;
Tel même qu'on admire en a sa goutte au front,
Tel autre en a sa douche, et l'autre nage au fond.
Comment tout démêler, tout dénoncer, tout suivre,
Aller droit à l'auteur sous le masque du livre,
Dire la clef secrète, et, sans rien diffamer,
Piquer pourtant le vice et bien haut le nommer ?
Voilà, cher Despréaux, voilà sur toute chose
Ce qu'en songeant à toi souvent je me propose,
Et j'en espère un peu mes doutes éclaircis
En m'asseyant moi-même aux bords où tu t'assis.
Sous ces noms de Cotins que ta malice fronde,
J'aime à te voir d'ici parlant de notre monde

A quelque Lamoignon qui garde encor ta loi :
Qu'auriez-vous dit de nous, Royer-Collard et toi?

Mais aujourd'hui laissons tout sujet de satire;
A Bâville aussi bien on t'en eût vu sourire,
Et tu tâchais plutôt d'en détourner le cours,
Avide d'ennoblir tes tranquilles discours,
De chercher, tu l'as dit, sous quelque frais ombrage,
Comme en un Tusculum, les entretiens du sage,
Un concert de vertu, d'éloquence et d'honneur,
Et quel vrai but conduit l'honnête homme au bonheur.

Ainsi donc, ce jour-là, venant de la fontaine,
Nous suivions au retour les coteaux et la plaine,
Nous foulions lentement ces doux prés arrosés,
Nous perdions le sentier dans les endroits boisés,
Puis sa trace fuyait sous l'herbe épaisse et vive :
Est-ce bien ce côté? n'est-ce pas l'autre rive?
A trop presser son doute on se trompe souvent;
Le plus simple est d'aller. Ce moulin par-devant
Nous barre le chemin; un vieux pont nous invite,
Et sa planche en ployant nous dit de passer vite;
On s'effraie et l'on passe, on rit de ses terreurs;
Ce ruisseau sinueux a d'aimables erreurs.
Et riant, conversant de rien, de toute chose,
Retenant la pensée au calme qui repose,
On voyait le soleil vers le couchant rougir,
Des saules *non plantés* les ombres s'élargir,
Et sous les longs rayons de cette heure plus sûre
S'éclairer les vergers en salles de verdure, —
Jusqu'à ce que, tournant par un dernier coteau,
Nous eûmes retrouvé la route du château,
Où d'abord, en entrant, la pelouse apparue

Nous offrit du plus loin une enfant accourue (1),
Jeune fille demain en sa tendre saison,
Orgueil et cher appui de l'antique maison,
Fleur de tout un passé majestueux et grave,
Rejeton précieux où plus d'un nom se grave,
Qui refait l'espérance et les fraîches couleurs,
Qui sait les souvenirs et non pas les douleurs,
Et dont, chaque matin, l'heureuse et blonde tête,
Après les jours chargés de gloire et de tempête,
Porte légèrement tout ce poids des aïeux,
Et court sur le gazon, le vent dans ses cheveux.

Au château du Marais, ce 22 août 1843.

MARIA

> ..... Incomtum Lacænæ
> More comam religata nodum.
> HORACE.
>
> « At vero quod nefas dicere, neque sit ullum
> hujus rei tam dirum exemplum : si cujuslibet
> eximiæ pulcherrimæque feminæ caput capillo
> exspoliaveris et faciem nativa specie nudaveris ;
> licet illa cœlo dejecta, mari edita, fluctibus edu-
> cata, licet, inquam, Venus ipsa fuerit, licet
> omni Gratiarum choro stipata et toto Cupidinum
> populo comitata, et balteo suo vincta, cinnama
> fragrans, et balsama rorans, calva processerit :
> placere non poterit nec Vulcano suo. »
> APULÉE (*Métamorphoses*, livre II).

A M. DE LURDE

Sur un front de quinze ans la chevelure est belle ;
Elle est de l'arbre en fleurs la grâce naturelle,

(1) Mademoiselle de Champlâtreux, aujourd'hui duchesse d'Ayen.

Le luxe du printemps et son premier amour :
Le sourire la suit et voltige alentour ;
La mère en est heureuse, et dans sa chaste joie
Seule en sait les trésors et seule les déploie ;
Les cœurs des jeunes gens, en passant remués,
Sont pris aux frais bandeaux décemment renoués ;
Y poser une fleur est la gloire suprême.
Qui la pose une fois la détache lui-même.

Même aux jeunes garçons, sous l'airain des combats,
La boucle à flots tombants, certes, ne messied pas ;
Qu'Euphorbe si charmant, la tête renversée,
Boive aux murs d'Ilion la sanglante rosée,
C'est un jeune olivier au feuillage léger,
Qui, tendrement nourri dans l'enclos d'un verger,
N'a connu que vents frais et source qui s'épanche,
Et, tout blanc, s'est couvert de fleurs à chaque branche ;
Mais d'un coup furieux l'ouragan l'a détruit :
Il jonche au loin la terre, et la pitié le suit.

Quand une vierge est morte, en ce pays de Grèce,
Autour de son tombeau j'aperçois mainte tresse,
Des chevelures d'or avec ces mots touchants :
« De l'aimable Timas, ou d'Érinne aux doux chants,
La cendre ici repose : à l'aube d'hyménée,
Vierge, elle s'est sentie au lit sombre entraînée.
Ses compagnes en deuil, sous le tranchant du fer,
Ont coupé leurs cheveux, leur trésor le plus cher. »

Et que fait parmi nous, dans sa ferveur sacrée,
Héloïse elle-même, Amélie égarée,
Celle qui, sans retour, va se dire au Seigneur,
Que fait-elle d'abord que de livrer l'honneur
De son front virginal au fer du sacrifice,

Pour être sûre enfin que rien ne l'embellisse,
Que rien ne s'y dérobe à l'invisible Époux?
Du rameau sans feuillage aucun nid n'est jaloux.
Or, puisque c'est l'attrait dans la belle jeunesse
Que ce luxe ondoyant que le zéphyr caresse,
Et d'où vient jusqu'au sage un parfum de désir,
Je veux redire ici, d'un vers simple à plaisir,
Non pas le jeu piquant d'une boucle enlevée,
Mais sur un jeune front la grâce préservée.

« J'étais, me dit un jour un ami voyageur,
D'un souvenir lointain ressaisissant la fleur,
J'étais en Portugal, et la guerre civile,
Tout d'un coup s'embrasant, nous cerna dans la ville :
C'est le lot trop fréquent de ces climats si beaux;
On y rachète Éden par les humains fléaux.
Le blocus nous tenait, mais sans trop se poursuivre;
Dans ce mal d'habitude on se remit à vivre;
La nature est ainsi : jusque sous les boulets,
Pour peu que cela dure, on rouvre ses volets;
On cause, on s'évertue, et l'oubli vient en aide;
Le marchand à faux poids vend, et le plaideur plaide;
La coquette sourit. Chez le barbier du coin,
Un Français, un Gascon (la graine en va très-loin),
Moi j'aimais à m'asseoir, guettant chaque figure :
Molière ainsi souvent observa la nature.
Un matin, le barbier me dit d'un air joyeux :
« Monsieur, la bonne affaire! (et sur les beaux cheveux
D'une enfant là présente et sur sa brune tête
Il étendait la main en façon de conquête),
Pour dix francs tout cela! la mère me les vend. »
— « Quoi! dis-je en portugais, la pitié m'émouvant,
Quoi! dis-je à cette mère empressée à conclure,
Vous venez vendre ainsi la plus belle parure

De votre enfant; c'est mal. Le gain vous tente : eh bien !
Je vous l'achète double, et pour n'en couper rien.
Mais il faut m'amener l'enfant chaque semaine :
Chaque fois un à-compte, et la somme est certaine. » —
Qui fut sot? mon barbier. Il sourit d'un air fin,
Croyant avoir surpris quelque profond dessein.
La mère fut exacte à la chose entendue :
Elle amenait l'enfant, et je payais à vue.
Puis, lorsqu'elle eut compris que pour motif secret
Je n'avais, après tout, qu'un honnête intérêt,
Elle me l'envoya seule; et l'enfant timide
Entrait, me regardait de son grand œil humide,
Puis sortait emportant la pièce dans sa main.
A force toutefois de savoir le chemin,
Elle s'apprivoisa : — comme un oiseau volage,
Que le premier automne a privé du feuillage,
Et qui, timidement laissant les vastes bois,
Se hasarde au rebord des fenêtres des toits;
Si quelque jeune fille, âme compatissante,
Lui jette de son pain la miette finissante,
Il vient chaque matin, d'abord humble et tremblant,
Fuyant dès qu'on fait signe, et bientôt revolant;
Puis l'hiver l'enhardit, et l'heure accoutumée :
Il va jusqu'à frapper à la vitre fermée;
Ce que le cœur lui garde, il le sait, il y croit;
Son aile s'enfle d'aise, il est là sur son toit;
Et si, quand février d'un rayon se colore,
La fenêtre entr'ouverte et sans lilas encore
Essaie un pot de fleurs au soleil exposé,
Il entre en se jouant, innocent et rusé;
Il vole tout d'abord à l'hôtesse connue,
En sons vifs et légers lui rend la bienvenue,
Et becquète son doigt ou ses cheveux flottants,
Comme un gai messager des bonheurs du printemps.

« Telle de Maria (c'était ma jeune fille)
Jusqu'à moi, du plus loin, la caresse gentille
Souriait, s'égayait, et d'un air glorieux
Elle accourait montrant à deux mains ses cheveux.
Je pourrais bien ici faire le romanesque,
Vous peindre Maria dans la couleur mauresque,
Quelque gitana fière, à l'œil sombre, au front d'or ;
Mais je sais peu décrire et moins mentir encor.
Non, rien de tout cela, sinon qu'elle était belle,
Belle enfant comme on l'est sous ce climat fidèle,
Comme l'est tout beau fruit et tout rameau vermeil
Prêt à demain éclore au pays du soleil.
Elle avait jusque-là très-peu connu sa grâce ;
Elle oubliait son heure et que l'enfance passe.
L'intérêt délicat qu'un regard étranger
Marquait pour les trésors de son front en danger
Éveilla dans son âme une aurore naissante ;
Elle se comprit belle, et fut reconnaissante.
Pour le mieux témoigner, en son charme innocent,
La jeune fille en elle empruntait à l'enfant ;
Ses visites bientôt n'auraient été complètes
Sans un bouquet pour moi de fraîches violettes,
Qu'elle m'allait cueillir, se jouant des hasards,
Jusque sous les boulets, aux glacis des remparts.

« Souvenir odorant, même après des années !
Violettes d'un jour, et que rien n'a fanées !
J'ai quitté le pays, j'ai traversé des mers ;
Ce doux parfum me suit parmi d'autres amers.
Toujours, lorsqu'en courant je me surprends encore
A contempler un front que son avril décore,
Un cou d'enfant rieuse élégamment penché,
Un nœud de tresse errante à peine rattaché,

Toujours l'idée en moi renait pure et nouvelle :
Sur un front de quinze ans la chevelure est belle ! »

———

J'ai souvent essayé de l'élégie, et j'en ai fait de bien des sortes. En voici une que je crois pouvoir détacher d'une suite où elle était tout à fait à sa place, pour la présenter ici comme échantillon d'un genre assez nouveau : à la fois tendresse et pureté, et réalité toujours. C'est ainsi que j'essayais de pratiquer, dans mes cadres moyens, la poétique précédemment développée dans l'Épître à M. Villemain.

Elle me dit un jour ou m'écrivit peut-être :
« Ami, tâchez pour moi de voir et de connaître
« Ces pauvres gens, ici nommés, dont on m'apprend
« Détresse, maladie, un détail déchirant.
« Allez, car dans ma vie et si pleine et si close
« Je ne puis ; mais sur vous, Ami, je m'en repose. »

Et j'allai, je courus avant le lendemain ;
Amour et charité n'étaient qu'un dans mon sein.
Je sus ce que c'était d'avoir au cœur des ailes,
Et tout ce qu'on nous dit des tendresses si belles
Pour les pauvres du Christ ; les chercher, se hâter ;
Demander d'être esclave afin de racheter ;
Prendre un enfant infirme, un vieillard las de vivre ;
Partager un fumier avec ceux qu'on délivre ;
Oh ! oui, je conçus tout, et dans l'instant, mon Dieu,
De mon flambeau chéri je reçus tout ton feu !
Oh ! pardonne, et ton Christ me pardonna, j'espère.
Car à Toi, car à Lui, dans l'instant salutaire,
Je fis tout remonter, et le divin éclair,

En traversant mon cœur, y consuma la chair.
J'arrivai, je trouvai ceux dont la faim m'appelle.
Eh! que vis-je d'abord? ô misère réelle!
Oh! rien de gracieux et d'à plaisir rêvé,
Et qu'un premier sourire a bientôt relevé!
Pas de front virginal incliné vers la mère,
Pas de beaux cheveux blancs! ô misère, misère!
Et pourtant, sous l'horreur des haillons amassés,
Comme arbres tout entiers en racines poussés,
Les vertus subsistaient depuis longues années,
Trésor tel, qu'en retour des oboles données,
Contemplant les devoirs pratiqués sans fléchir,
Pour une Éternité j'avais à m'enrichir!
Depuis ce moment-là, redoublant d'amour tendre,
De chaste et pur amour où l'Ange peut descendre,
Pour Elle, pour qu'à bien ceci lui soit compté,
Je soigne la famille, et quand j'ai suscité
Un bienfaiteur de plus, quelque bonté de femme
Comme il en est encor, je me dis dans mon âme :
« C'est Elle sous ce nom, Elle qu'ils vont bénir
(Nos noms, même en leurs vœux, ne doivent pas s'unir!),
C'est Elle, sans savoir, que leur vive prière
Recommande surtout, c'est Elle la première,
Vigilante, invisible, et par qui Dieu voulut
Leur rouvrir son secours en cet humain salut! »

La Charité fervente est une mère pure
(Raphaël quelque part sous ces traits la figure);
Son œil regarde au loin, et les enfants venus
Contre elle de tous points se serrent, froids et nus.
Un de ses bras les tient; l'autre bras en implore;
Elle en presse à son sein, et son œil cherche encore.
Quelques-uns par derrière, atteignant à ses plis,
Et sentis seulement, sont déjà recueillis.

Jamais, jamais assez, ô sainte hospitalière !
Mais ce que Raphaël en sa noble manière
Ne dit pas, c'est qu'au cœur elle a souvent son mal,
Elle aussi, quelque plaie à l'aiguillon fatal ;
Pourtant, comme à l'insu de la douleur qui creuse,
Chaque orphelin qui vient enlève l'âme heureuse !

Et nous pouvons ainsi sans blasphème, Elle et moi
Toucher à ces objets de prière et de foi.
Souffrir et nous sevrer, aimer nos chemins sombres,
C'est là notre lot même en ce monde des ombres.
Les plus gais de nos jours et les mieux partagés
Sont ceux encore où seuls, et loin des yeux légers,
Dans les petits sentiers du lointain cimetière
Ensemble nous passons une heure tout entière.
En ce lieu qui pour nous garde des morts sacrés,
Nos pas sont lents et doux, nos propos murmurés ;
Rarement le soleil, débordant sur nos têtes,
Rayonne ces jours-là ; de nos timides fêtes
Les reflets mi-voilés ont gagné la saison :
C'est vapeur suspendue et tiède nuaison (1).
Si quelque veuve en deuil dans le sentier se montre,
Un cyprès qu'on détourne évite la rencontre.
La piété funèbre, errant sous les rameaux,
Donne au bonheur discret le souvenir des maux,
Le prépare à l'absence ; et quand, l'heure écoulée,
On part, — rentré chacun dans sa foule mêlée,
On voit longtemps encor la pierre où l'on pria,
Et la tombe blanchir sous son acacia !

(1) Limes erat tenuis, longa subnubilus umbra.
OVIDE.

NOTES ET SONNETS

FAISANT COMME SUITE AUX *PENSÉES D'AOUT*

> Tous sont divers, et tous furent vrais un moment
> ANDRÉ CHÉNIER.

SONNETS

I

DE BALLAIGUES A ORBE, JURA

14 octobre.

Sur ce large versant, au dernier ciel d'automne,
Les arbres étagés mêlent à mes regards
Les couleurs du déclin dans leurs mille hasards,
Chacun différemment effeuillant sa couronne.

L'un, pâle et jaunissant, amplement s'abandonne ;
L'autre, au bois nu, mais vert, semble au matin de mars ;

D'autres, près de mourir, dorent leurs fronts épars
D'un rouge glorieux dont tout ce deuil s'étonne.

Les sapins cependant, les mélèzes, les pins,
D'un vert sombre, et groupés par places aux gradins,
Regardent fixement ces défaillants ombrages,

Ces pâleurs, ces rougeurs, avant de se quitter...
Et semblent des vieillards, qui, sachant les orages
Et voyant tout finir, sont tristes de rester.

II

DE BALLAIGUES A JOUGNE, AU RETOUR.

Le 2 juin.

J'ai revu ces grands bois dans leur feuille nouvelle,
J'ai monté le versant fraîchement tapissé.
A ces fronts rajeunis chaque vert nuancé
Peignait diversement la teinte universelle :

Près du fixe sapin à verdure éternelle
Le peuplier mouvant, le tremble balancé,
Et le frêne nerveux tout d'un jet élancé,
De feuille tendre encor comme la fraxinelle.

Le mélèze lui-même, au fond du groupe noir,
Avait changé de robe et de frange flottante ;
Autant qu'un clair cytise il annonçait l'espoir.

O mon Ame, disais-je, ayons fidèle attente!
Ainsi dans le fond sûr de l'amitié constante
Ce qui passe et revient est plus tendre à revoir.

Lorsque j'arrivai à Lausanne pour y commencer un cours, MM. les étudiants de la société dite de *Zofingue* m'adressèrent un chant de bon accueil et d'hospitalité; j'y répondis la veille du 1ᵉʳ janvier par la pièce suivante, où il est fait allusion, vers la fin, à la perte récente d'un jeune et bien regrettable poëte, qui aurait fait honneur au pays.

Pour répondre à vos vers, à vos chants, mes Amis,
Je voulais, plus rassis de ma prose, et remis,
    Attendre au moins les hirondelles;
Je voulais, mais voilà, de mon cœur excité,
Que le chant imprévu de lui-même a chanté
    Et vers vous a trouvé des ailes.

Il a chanté, croyant dès l'hiver au printemps,
Tant la neige à vos monts, à vos pics éclatants
    Rit en fraîcheurs souvent écloses;
Tant chaque beau couchant, renouvelant ses jeux,
A tout ce blanc troupeau des hauts taureaux neigeux
    Va semant étoiles et roses!

Même aux plus sombres jours, et quand tout se confond,
Quand le lac, les cieux noirs et les monts bleus nous font
    Leurs triples lignes plus serrées,
Il est de prompts éclairs partis du divin seuil,
Et pour l'esprit conforme à ce grand cadre en deuil
    Il est des heures éclairées.

Tout ce que d'ici l'œil embrasse et va saisir,
Miroir du chaste rêve, horizon du désir,
    Autel à vos âmes sereines ;
Là-bas aussi Montreux, si tiède aux plus souffrants,
Et fidèle à son nom ce doux nid de Clarens,
    Où l'hiver même a ses haleines ;

Oui, tout !... j'en comprends tout, je les aime, ces lieux ;
J'en recueille en mon cœur l'écho religieux
    S'animant à vos voix chéries,
A vos mâles accords d'Helvétie et de ciel !
Car vous gardez en vous, fils de Tell, de Davel (1),
    Le culte uni des deux patries.

Oh ! gardez-le toujours, gardez vos unions ;
Tenez l'œil au seul point où nous nous appuyons
    Si nous ne voulons que tout tombe.
La mortelle patrie a besoin, pour durer,
D'entrer par sa racine, et par son front d'entrer
    En celle que promet la tombe.

Fils au cœur chaste et fort, gardez tous vos saints nœuds,
Ce culte du passé, fécond en jeunes vœux,
    Cet amour du lac qui modère,
Cet amour des grands monts qui vous porte, au pied sûr,
Dès le printemps léger, dans la nue et l'azur
    D'où vous chantez la belle terre.

Et si quelqu'un de vous, poëte au large espoir (2),
Hardi, l'éclair au front, insoucieux de choir,
    S'il tombe, hélas ! au précipice,

(1) Le major Davel, patriote et religieux, exécuté en 1725 pour avoir tenté d'affranchir le Pays de Vaud de la domination bernoise.
(2) Frédéric Monneron, jeune poëte qui promettait de prendre un essor élevé ; mort à la fleur de l'âge, dans l'égarement de l'esprit.

Gardez dans votre cœur, au chantre disparu,
Plus sûr que l'autre marbre auquel on avait cru,
    Un tombeau qui veille et grandisse.

A ceux, aux nobles voix qu'encor vous possédez,
A ceux dont vous chantez les chants émus, gardez
    Amour constant et sans disgrâce ;
Toutes les piétés fidèles à mûrir ;
Et même un souvenir, qui n'aille pas mourir,
    A celui qui s'asseoit et passe.

31 décembre 1857.

A M...

Oh ! laissez-moi quand la verve affaiblie
Par les coteaux m'égare avec langueur,
    Quand pourtant la mélancolie
    Demande à s'épancher du cœur,

Oh ! laissez-moi du poëte que j'aime
    Bégayer le vague et doux son,
    Glaner après lui ce qu'il sème,
    Et de Collins, d'Uhland lui-même
    Émietter quelque chanson.

    Je vais, traduisant à ma guise
    Un vers que je détourne un peu ;
    C'est trop ma douceur et mon jeu
    Pour qu'autrement je le traduise.

C'est proprement sur mon chemin
Tenir quelque branche à la main
Que j'agite quand je respire.
C'est sous mes doigts faire crier,
C'est mâcher un brin de laurier,
Comme nos maîtres l'osaient dire.

Quel mal d'avoir entrelacé,
Même d'avoir un peu froissé
Deux fleurs dans la même couronne?
La fleur se brise dans l'essai;
L'arbre abondant me le pardonne.

Et puis j'y mêle un peu de moi,
Et ce peu répare ma faute.
Souvent je rends plus que je n'ôte
Par un nouvel et cher emploi.

Ainsi, quand, après des journées
D'étude et d'hiver confinées,
Je quitte, un matin de beau ciel,
Mon Port-Royal habituel;
Si devant mon cloître moins sombre,
Au bord extrême du préau,
M'avançant, je vois passer l'ombre,
Ombre ou blanc voile et fin chapeau
De jeune fille au renouveau
Courant au tournant du coteau,

Alors, pour peindre mon nuage,
M'appliquant tout à fait l'image
Du Brigand près du chemin creux,
Uhland, j'usurpe ton langage;

Et, si je n'en rends le sauvage,
J'en sens du moins le douloureux.

LE BRIGAND

IMITÉ D'UHLAND

Un jour (en mai) de fête et de lumière,
　　Au front du grand bois éclairci,
　　Sortit le Brigand; et voici
　　Qu'au chemin creux, sous la lisière,
Jeune fille passait sans rien voir en arrière.

« Oh! passe ainsi! quand ton panier de mai,
　　Au lieu de fraîches violettes,
　　Tiendrait joyaux, riches toilettes,
　　Quel sentier te serait fermé? »
Pensait le dur Brigand au front sombre allumé.

　　Et son regard aux fortes rêveries
　　Suit longtemps et va protéger
　　La jeune fille au pas léger
　　Qui déjà gagne les prairies
Et glisse blanche au loin le long des métairies;

　　Tant qu'à la fin, une haie au détour
　　Couvrant la blancheur de la robe,
　　L'aimable forme se dérobe...
　　Pourtant le Brigand, à son tour,
Rentre à pas lents au bois, sous ses sapins sans jour.

SONNETS

I

> Come la rena quando 'l turbo spira.
> DANTE, *Inferno*.

En mars quand vient la bise, et qu'après le rayon,
Après des jours d'haleine attiédie et gagnante,
Sur la terre encor nue et partout germinante,
Comme en derniers adieux, s'abat le tourbillon ;

Quand du lac aux coteaux, des coteaux au vallon
J'erre, le front au vent, sous sa rage sonnante,
Qu'aux pics la neige luit plus dure, rayonnante,
Oh ! qui n'est ressaisi du démon d'Aquilon ?

Que devient le bon ange ? Où Béatrix est-elle ?
Et Toi, Toi que j'aimais, apathique et cruelle !
Tout vous balaie en moi, tout vous chasse dans l'air.

Mon cœur joyeux se rouvre à ses âpres furies :
Aux crins des flots dressés, accourez, Valkiries !
La nature est sauvage, et le lac est de fer.

II

> Agli occhi miei ricominciò diletto.
> DANTE, *Purgatorio*.

Mais la bise a passé. Revient la douce haleine,
Revient l'éclat céleste au bleuâtre horizon.

La violette rit dans son rare gazon;
La neige brille aux monts sans insulter la plaine.

Que d'aspects assemblés! sur la hauteur prochaine
Ce massif de bois nu, dans sa sobre saison;
En bas le lac limpide, où nagent sans frisson
Les blancs sommets tout peints d'un bleu de porcelaine.

Pauvre orage de l'âme, où donc est ta rigueur?
Qu'as-tu fait de tes flots, orage de mon cœur?
Je sens à peine en moi les rumeurs expirantes.

J'aime ce que j'aimais; un souvenir pieux
Sur ces coteaux nouveaux me redit d'autres lieux,
Et je songe au passé le long des eaux courantes.

III

> . . . . . Alle stelle!
> DANTE.

Et je songe au passé, peut-être à l'avenir,
Peut-être au bonheur même en sa vague promesse,
Au bonheur que promet un reste de jeunesse,
Et qu'un cœur pardonné peut encore obtenir.

Pardonne-lui, Seigneur, et le daigne bénir;
Retiens sa force errante, ou force sa faiblesse,
Pour qu'en toute saison ton souffle égal ne laisse
Ni désir insensé, ni trop cher souvenir.

Qu'il se reprenne à vivre, en espoir de la vie;
Que, sans plus s'enchaîner, il trouve qui l'appuie,
Qui lui rapprenne à voir ce qu'il s'est trop voilé;

Pour que monte toujours, même dans la tourmente,
Même sous le soleil, dans la saison clémente,
Mon regard pur, fidèle au seul pôle étoilé!

LE DERNIER DES ONZE SONNETS

DE CHARLES LAMB

TRADUIT

> Hélas! répondez-moi, qu'est-elle devenue
> MATHURIN RÉGNIER, *Stances*.

Nous étions deux enfants à passer notre enfance,
Mais Elle si charmante et plus jeune que moi;
Nous vivions d'une égale et mutuelle foi,
Et cette sœur aimable avait nom *Innocence*.

Nous aurions tous les deux pleuré pour une absence,
Mais voilà qu'un matin l'Orgueil me prend : « Et Toi,
N'es-tu pas homme enfin? » Il dit, et je le crois;
Je me mêle à la foule, et l'air impur m'offense.

Ma jeune amie en pleurs s'enfuit à cet affront,
Cachant dans ses deux mains la rougeur de son front ;
Je la perdis alors dans la forêt profonde.

O douce Bien-Aimée, où donc a-t-elle fui?
Dites, quel chaste Éden me la cache aujourd'hui?
Que je la cherche encor, fût-elle au bout du monde!

SONNET

> Un cœur ja mûr en un sein verdelet.
> RONSARD.

Ces jours derniers dans les airs, la Nature
Avait encor je ne sais quelle aigreur,
Qui sous l'éclat d'Avril, comme une erreur,
Faisait obstacle à l'entière verdure.

Trop jeune cœur et beauté trop peu mûre
Sous leur soleil ont aussi leur verdeur;
Pour l'adoucir et la fondre en ardeur,
Que faut-il donc? quelle heure est la plus sûre?

Mais, l'autre soir, un nuage expiré
Cède soudain : la Nature a pleuré,
Et d'une pluie elle s'est attendrie;

Le Printemps règne. — Ainsi, fière Beauté,
Qu'un seul pleur tombe en ta jeune âpreté,
Et ce n'est plus qu'amour et rêverie.

SONNET

A PHILOTHÉE (1)

Pourquoi, dans l'amitié, vouloir donc que l'ami
Se moule à notre esprit, en épouse l'idée,

(1) On est très-convertisseur et très-prêcheur aux alentours du Lac de Genève et dans le Canton de Vaud.

La tienne en tout pareille et sur tout point gardée,
Sans que rien la dépasse et se joue à demi?

Pourquoi, s'il doute encor, s'il est moins affermi
En tout ce qui n'est pas l'amitié décidée,
Pourquoi, sans vous asseoir, toujours plus loin guidée,
Le piquer dans son doute à l'endroit endormi?

J'en sais qui, dès avril, sur l'arbre encor sauvage,
Non pas indifférents, mais sans presser le gage,
En respirent la fleur d'un cœur déjà content.

Et cette fleur, un jour peut-être, non hâtée,
Comblera tous vos vœux, ô belle Philothée!
Comme un fruit mûr qui tombe au gazon qui l'attend.

A MADAME...

Il est doux, vers le soir, au printemps qui commence,
Au printemps retardé qui se déclare enfin,
Les premiers jours de mai, dans cet air tout divin
Où se respire en fleur la première semence;

Il est doux, à pas lents, sous le couchant immense,
Devant ces pics rosés de neige et d'argent fin,
Devant ce lac qui luit comme un dos de Dauphin,
Par ces tournants coteaux qui vont sans qu'on y pense,

Il est doux, Amitié, de marcher sans danger,
Tenant près de son cœur ton bras chaste et léger,
De se montrer chaque arbre et sa pointe première :

Le bois, sans feuille encor, mais d'un bourgeon doré,
Jette l'ombre à nos pas sur le sol éclairé,
Et d'un réseau qui tremble y berce la lumière.

A LA MUSE

> Florem... bene olentis anethi.
> VIRGILE.

Pauvre muse froissée, insultée, avilie,
Pauvre fille sans fard qu'en humble pèlerin
Devant eux j'envoyais pour chanter sans refrain,
Oh! reviens à mon cœur poser ton front qui plie (1).

Ils ne t'ont pas reçue, ô ma chère folie,
Oh! plus que jamais chère ; apaise ton chagrin !
Ton parfum m'est plus doux, par ce jour moins serein,
Et l'abeille aime encor ta fleur désembellie.

Un sourire immortel à la terre accorda
Hyacinthe, anémone et lis, et toutes celles
Qu'Homère fait pleuvoir aux pentes de l'Ida.

Même aux champs, sur la haie, il en est de bien belles;
Blanche-épine au passant rit dans ses fleurs nouvelles;
Mais la mieux odorante est l'obscur réséda.

(1) Théocrite, parlant de ses propres muses et grâces repoussées, dans la pièce intitulée *Les Grâces ou Hiéron*, nous les représente au retour tristement assises, la tête pendante entre leurs genoux tout froids:

ψυχροῖς ἐν γονάτεσσι κάρη μίμνοντι βαλοῖσαι.

RÉPONSE

A MON AMI F.-Z. (COLLOMBET)

> « Toujours je m'entête, malgré le miel qu[i]
> est au fond de vos vers, à me fâcher contre
> cet alexandrin brisé... »
> *(Lettre.)*

Oui, cher Zénon, oui, ma lyre est bizarre,
Je le sais trop ; d'un étrange compas
Elle est taillée, et ne s'arrondit pas
D'un beau contour sous le bras du Pindare.

Le chant en sort à peine, et comme avare ;
Nul groupe heureux n'y marierait ses pas :
Mais écoutez, et dites-vous tout bas
Quel son y gagne en sa douceur plus rare.

Demandez-vous si ce bois inégal,
Ce fût (1) boiteux qu'un coup d'œil juge mal,
N'est pas voulu par la corde secrète,

Dernière corde, et que nul avant moi
N'avait serrée et réduite à sa loi,
Fibre arrachée au cœur seul du Poëte !

(1) *Fût* ou, comme on disait au seizième siècle, *fust*, le bois de la lyre.

PORT-ROYAL DES CHAMPS

A M. SAINTE-BEUVE

A Port-Royal désert je suis allé revoir
La place où, méditant la parole divine,
Nicole s'asseyait, où, tant de fois, le soir,
S'exhalèrent en pleurs les pensers de Racine.

Et ces grands souvenirs sur une humble ruine
M'ont fait prendre en mépris et notre vain savoir,
Et les sentiers trompeurs où notre esprit s'obstine,
Et pour nos pauvres vers l'orgueil de notre espoir.

Toi qui les as connus ces graves solitaires,
Qui sous l'herbe as cherché leurs traces toujours chères,
Tu sais ce que leur vie eut d'austères douceurs.

Ah! dis-nous si ce monde aux volontés flottantes
Vaut leurs bois embaumés, leurs sources jaillissantes,
Et le bruit de nos pas le silence des leurs.

Antoine de Latour.

Paris, 16 octobre.

RÉPONSE

A M. ANTOINE DE LATOUR

Demande-moi plutôt, ô poëte sincère,
Dans ta comparaison de notre vanité
Avec la vertu simple et la fidélité
De ces cœurs qui cherchaient le seul bien nécessaire,

Demande-moi plutôt, en touchant ma misère,
Si j'aurai rien pris d'eux pour l'avoir raconté,
Si le signe fatal, en ce siècle vanté,
N'est pas autour des saints cette étude trop chère,

Le plus stérile emploi s'il n'est le plus fécond,
Le plus mortel au cœur s'il ne le change au fond :
Regarder dans la foi comme au plus vain mirage ;

Se prendre à la ruine, et toujours repasser,
Comme aux bords d'une Athène, à l'éternel rivage :
Toucher toujours l'autel sans jamais l'embrasser !

SONNET

A MARMIER

Le vieux Slave est tout cœur, ouvert, hospitalier,
Accueillant l'étranger comme aux jours de la fable,

Lui servant l'abondance et le sourire affable,
Et même, s'il s'absente, il craint de l'oublier :

Il garnit, en partant, son bahut de noyer;
La jatte de lait pur et le miel délectable,
Près du seuil sans verrous, attendent sur la table,
Et le pain reste cuit aux cendres du foyer.

Soin touchant! doux génie! ainsi fait le Poëte :
Son beau fruit le plus mûr, sa fleur la plus discrète,
Il l'abandonne à tous; il ouvre ses vergers.

Et souvent, lorsqu'ainsi vous savourez son âme,
Lorsqu'au foyer pieux vous retrouvez sa flamme,
Lui-même il est parti vers les lieux étrangers!

SONNET

IMITÉ DE RUCKERT

Et moi je fus aussi pasteur en Arcadie;
J'y fus ou j'y dois être, et c'est là mon berceau.
Mais l'exil m'en arrache : à l'arbuste, au roseau
Je vais redemandant flûtes et mélodie.

Où donc est mon vallon? Partout je le mendie.
Une femme aux doux yeux qui montait le coteau :
« Suis-moi, dit-elle, allons à ton vallon si beau. »
Je crois; elle m'entraîne et fuit : ô perfidie!

Une autre femme vient et me dit à son tour :
« Celle qui t'a trompé, c'est *Promesse d'amour*;
Moi je suis *Poésie*, et n'ai point de mensonge.

Dans ta chère Arcadie, au delà du réel,
Je te puis emporter, et sur un arc-en-ciel,
Mais d'esprit seulement. — Vois s'il suffit du songe ? »

SONNET

IMITÉ DE BOWLES

Comme, après une nuit de veille bien cruelle,
Un malade en langueur, affaibli d'un long mal,
Que n'a pas réjoui le doux chant matinal
Et sa vitre égayée où frappe l'hirondelle,

Se lève enfin, et seul, où le rayon l'appelle,
Se traîne : il voit le ciel, l'éclat oriental,
Les gazons rafraîchis et d'un vert plus égal,
Les coteaux mi-voilés dans leur pente plus belle ;

Quelque blancheur de nue argente l'horizon ;
Tout près, distinctement, il écoute au buisson,
Où suit nonchalamment les bruits de la fontaine ;

Et son front se ressuie, et son âme est sereine :
Ainsi, douce Espérance, après l'âpre saison
Tout mon cœur refleurit ; j'ai senti ton haleine !

SONNET

IMITÉ DE JUSTIN KERNER

Le matin, en été, tout joyeux tu t'éveilles ;
L'aurore a lui ; tu sors : te voilà par les prés ;
La rosée à plaisir les a désaltérés ;
Tu cours les papillons et tu suis les abeilles !

Et t'épanouissant aux faciles merveilles,
Tu t'inquiètes peu si les cieux déchirés
Ont versé, dès minuit, sur les champs dévorés
Des larmes que l'aurore a refaites vermeilles.

Calme, heureux au matin, ainsi se montre un cœur.
A ce front embelli, la flamme ou la langueur
Te charme : sais-tu bien quelles nuits l'ont payée,

Quelles nuits sous l'orage, en pleurant ou priant !
A ton regard léger le sien paraît brillant :
C'est qu'une larme amère est à peine essuyée !

SONNET

IMITÉ DE BOWLES

Novembre

Étrange est la musique aux dernières soirs d'automne
Quand vers Rovéréa, solitaire, j'entends

Craquer l'orme noueux, et mugir les autans
Dans le feuillage mort qui roule et tourbillonne.

Mais qu'est-ce si déjà, sous la même couronne
De ces bois alors verts, et sur ces mêmes bancs,
On eut, soir et matin, la douceur des printemps
Auprès d'un cœur ami de qui l'absence étonne?

Reviens donc, ô Printemps! renais, feuillage aimé!
Mois des zéphyrs, accours! chante, chanson de mai :
Mais triste tu seras, mais presque désolée,

Si ne revient aussi, charme de ta saison,
Printemps de ton printemps, rayon de ton rayon,
Celle qui de ces bois bien loin s'en est allée!

SONNET

IMITÉ DE MISS CAROLINE BOWLES

(la seconde femme du poëte Southey)

Je n'ai jamais jeté la fleur
Que l'amitié m'avait donnée,
— Petite fleur, même fanée, —
Sans que ce fût à contre-cœur.

Je n'ai jamais contre un meilleur
Changé le meuble de l'année,

L'objet usé de la journée,
Sans en avoir presque douleur.

Je n'ai jamais qu'à faible haleine
Et d'un accent serré de peine
Laissé tomber le mot *Adieu·*

Malade du mal du voyage,
Soupirant vers le grand rivage
Où ce mot va se perdre en Dieu.

A MADAME P.

(SUR LA MORT D'UNE JEUNE ENFANT)

Calme tes pleurs, elle a vécu sa vie;
O tendre mère, elle a rempli ses jours;
Ta belle enfant avant dix ans ravie
Des ans nombreux anticipa le cours.
Aux plus grands maux ainsi fait la nature:
Un bien chez elle achemine aux douleurs;
Même en hâtant, elle incline et mesure.
Ce vert bouton, cette fleur était mûre;
   Calme tes pleurs, calme tes pleurs!

L'humain sentier s'échelonne en quatre âges:
Aux deux premiers tout enivre à sentir;
L'été calmé peut plaire encore aux sages;
L'hiver approche, il est mieux de partir.

De ces seuls lots où la vie est bornée,
Ta fille, ô mère, en eut trois, les meilleurs ;
Rayons, parfums, la flamme de l'année,
Même des fruits la saveur devinée ;
    Calme tes pleurs, calme tes pleurs !

Joueuse enfant, qui donc connut plus qu'elle
Les longs ébats autour des gazons verts,
La matinée à durée éternelle,
Les coins chéris où finit l'univers ?
Qui mieux connut, sous l'œil sacré qui veille,
Quand tout lui fait joie et bruits et couleurs,
L'instant qui fuit et luit comme une abeille,
Et la minute à l'Océan pareille ?
    Calme tes pleurs, calme tes pleurs !

Mais de ces jeux jusque-là tant éprise,
Comme lassée, elle sortit un soir,
Et le matin la surprit seule assise,
Un livre en main pour unique miroir.
Qu'y voyait-elle ? Est-ce l'image encore ?
Est-ce le sens ? L'esprit va-t-il ailleurs ?
Elle a pleuré sur des vers de Valmore :
Germe, étincelle, elle a ce qui dévore !
    Calme tes pleurs, calme tes pleurs !

Elle a la flamme, elle attend, elle rêve,
Pauvre enfant pâle et qui trop tôt comprend.
Du gai buisson déjà son vol s'enlève ;
Elle soupçonne un univers plus grand.
Si quelque ami fatigué de sa route
Venait vers toi,... le soir ouvre les cœurs,
On s'épanchait ; elle assiste, elle écoute :

A voir son front je pressens et redoute...
  Calme tes pleurs, calme tes pleurs!

Ainsi mûrit sa jeunesse secrète.
De ses douleurs elle enferme l'aveu;
Quand le mal gagne, elle est plutôt muette,
Pense à sa mère et ne se plaint qu'à Dieu.
Dans son fauteuil, aux heures moins souffrantes,
Douce, au soleil ranimant ses pâleurs,
Quand fuit l'automne aux langueurs enivrantes,
Elle a joui des nuances mourantes;
  Calme tes pleurs, calme tes pleurs!

Elle a joui des lenteurs refusées
A l'âge ardent qui foule le gazon;
Elle a goûté les grâces reposées
Par où s'enchante une arrière-saison.
Quand toute enfance, égoïste en ses joies,
Au moindre choc exhale ses malheurs,
Elle sourit de peur que tu ne voies;
C'est déjà l'Ange en ses célestes voies!
  Calme tes pleurs, calme tes pleurs!

Ou pour lui plaire, ô mère inconsolée,
Pleure à jamais, mais sans un pleur amer;
Pleure longtemps au fond de la vallée
Ta vie enfuie en un monde plus cher.
Dans un rayon vois l'Ange redescendre,
Bénir tes nuits et t'y jeter ses fleurs,
Et doucement te murmurer d'attendre,
Et te redire avec un deuil plus tendre :
  Verse tes pleurs, verse tes pleurs!

SONNET

A MADAME DESBORDES-VALMORE

Puisqu'aussi bien tout passe et que l'Amour a lui,
Puisqu'après le flambeau ce n'est plus que la cendre,
Que le rayon pâli n'est plus même à descendre,
Puisqu'en mon cœur désert habite un morne ennui,

Si le loisir du chant me revient aujourd'hui,
Qu'en faire, Muse aimée? et nous faut-il attendre
L'écho qu'hier encore il était doux d'entendre,
Dernier soupir du nom qui pour toujours m'a fui?

Oh! sortons de moi-même! et de mon âme errante
Suspendons loin de moi la corde murmurante!
Ailleurs, je sais ailleurs des endroits consacrés :

Et comme un timbre d'or, qui parfois chante ou pleure,
Mon vers harmonieux sonnerait les quarts d'heure
Heureux ou douloureux des amis préférés.

A M. LE COMTE MOLÉ

LE TOMBEAU DE DELILLE (1)

Sur ce brillant tombeau qui connut de beaux jours,
Où pleuvait l'immortelle, où riait la verdure,
Que l'admiration berçait de son murmure,
Qu'un long soleil de gloire embrassa dans son cours,

Le temps vient ; tout succède, et les neveux sont sourds.
Seule, une vieille sœur, qui ne sait pas l'injure,
Croit au poëte mort : pour offrande et parure
Plus de fleurs que le peu qu'elle apporte toujours !

Mais l'hiver,... mais si pauvre,... hélas ! reviendra-t-elle?
Tu l'as su : dès demain, sur le marbre fidèle,
(Bienfait tout embelli qu'enchante un noble égard!)

Elle trouve, en changeant la couronne fanée,
La bûche du foyer, le pain de la journée,
La goutte d'un vin pur, cher au cœur du vieillard !

---

(1) Le moment est venu, peut-être, d'indiquer ce que ce sonnet dit beaucoup trop obscurément, c'est qu'il fut adressé à l'illustre Président du 15 avril, pour le remercier d'un bienfait le plus délicatement accordé par lui, sur notre simple information, à la belle-sœur du célèbre poëte.

SONNET

La jeunesse est passée : un autre âge s'avance ;
J'en ai senti déjà les signes sérieux,
L'instant est solennel : fuyons loin de ces lieux !
L'Amour qui m'a laissé ne m'en fait plus défense.

Partons : dans le détroit où mon esquif se lance,
Il convient d'être seul pour de mornes adieux,
La main au gouvernail, l'œil au profond des cieux,
Le cœur ouvert et haut, pour tout voir en silence.

Des rivages aimés les derniers sont venus ;
Ils passent ; c'est l'entrée aux grands flots inconnus.
A de tels horizons il est temps de se faire.

Naples, Rome, en passant à peine je vous vois ;
Mais, vous entrevoyant, que mes pleurs quelquefois
Coulent plus adoucis sur ma ride sévère !

SUR LA SAONE,

EN VOYANT UNE JEUNE FEMME A SA FENÊTRE

Au bord de ce balcon, quelle vie ennuyée
Demande au flot qui passe un bonheur qui n'est pas ?

Quelle tête charmante, à la vitre appuyée,
Semble au gai voyageur dire un aveu tout bas?

Mais peut-être elle l'a, plus que je ne suppose,
Elle l'a, ce bonheur, sans tant de vœux subtils,
Et, ne désirant rien, elle dit : « Où vont-ils?
N'ont-ils donc pas chez eux le jasmin et la rose?... »

Et puis peut-être encor, ce que je lui donnais
En idéal bonheur, en idéal veuvage,
N'était rien qu'un coup d'œil aux tonneaux du rivage,
Un *rêve* au bon rapport de son crû mâconnais.

SONNET

Avignon m'apparait dans sa charmante enceinte
D'un joli, grave encor, d'un sérieux mignon;
Si bien que l'on dirait, sans jouer sur le nom,
Que Mignard, d'après Rome, en copiant l'a peinte

(Ce Mignard le Romain aimait fort Avignon);
Jolis remparts sans louve, un Vatican sans crainte,
Pour Tibre le grand Rhône, orageux compagnon,
Mais aussi la Durance; et puis Laure pour sainte.

C'est du romain plus tendre, en Provence il est né;
C'est du romain venu près du bon roi René.
Des papes sommeillants le tombeau rit encore;

Et mon sonnet léger et pourtant attendri
N'est qu'un feston de plus sur leur marbre fleuri,
Une perle de plus, dans ta couronne, ô Laure!

SONNET

A UN PEINTRE

Ne montez Albano qu'au déclin d'un beau jour ;
Descendez-le surtout aux heures inclinées :
Si tendrement, de loin, ses lignes dessinées,
Une heure avant l'*Ave*, peindront mieux leur contour.

Pour que l'œil aux objets glisse avec plus d'amour,
Le bon moment n'est pas le midi des journées.
Ces pentes, de leur cloître au sommet couronnées,
Ont besoin d'un soleil qui les prenne au retour.

Quand baisse le rayon, c'est alors qu'on commence
A bien voir, à tout voir dans la nature immense ;
Midi superbe éteint les lieux tout blancs voilés.

De même dans la vie, on voit mieux lorsque l'âge
Trop ardent a fait place à cette heure plus sage,
Aux obliques rayons, hélas! d'ombre mêlés.

SONNET

Saint-Laurent-hors-des-murs d'un sens profond m'explique
Les Pères primitifs et leur ton vénéré ;
En entrant là, d'abord en eux je suis entré :
Rien du beau simple, aisé, ni du parfait antique ;

Un composite un peu barbare, au moins rustique ;
Colonnes de tout bord, même au socle enterré,
Mais pur jaspe ou lapis ! mais ce parfum sacré
Qui surtout te remplit, ô vieille Basilique !

Qu'importe où fut ce marbre avant de t'arriver ?
En lisant saint Justin, souvent un mot se lève,
Un mot d'or qu'en Platon l'on eût pu retrouver ;

Mais le mot, sans Platon, se couronne et s'achève !
Même harmonie en toi, Basilique où je rêve,
Et prier y pénètre encor mieux que rêver.

LA VILLA ADRIANA

A LISTZ (1)

Vers la fin d'un beau jour par vous-même embelli,
Ami, nous descendions du divin Tivoli,

(1) Il était à Rome avec son amie la comtesse d'A..., celle même qui est la comtesse Marie dans la suite de *Joseph Delorme*.

Emportant dans nos cœurs la voix des cascatelles,
La fraîcheur et l'écho, ces nymphes immortelles.
Un peu las nous allions : le soleil trop ardent
S'était tantôt voilé du côté d'Occident,
Et larges sur les fleurs quelques gouttes de pluie
En faisaient mieux monter l'odeur épanouie.
Avec ses verts massifs, avec ses hauts cyprès
La villa d'Adrien nous conviait tout près :
Nous la voulûmes voir un moment, — mais à peine
Disions-nous ; la journée avait été si pleine
Et semblait ne pouvoir en nous se surpasser :
Nous la croyions finie, elle allait commencer.

On dit que dans ces lieux, au retour des voyages,
L'empereur Adrien, comme en vivantes pages,
En pierre, en marbre, en or, se plut à retenir,
A rebâtir égal chaque grand souvenir,
Alexandrie, Athène avec choix rassemblées,
Lacs, canaux merveilleux, Pœcile et Propylées,
Et tout ce qu'en cent lieux il avait admiré
Et qu'il revoyait là sous sa main enserré.

Mais, nous, ce n'était pas cette Grèce factice
Ni tous ces grands efforts de pompe et d'artifice
Qu'écroulés à leur tour et sous l'herbe gisants,
Nous allions ressaisir et refaire présents.
Nous les laissions dormir ces doctes funérailles ;
A peine nous nommions ces grands pans de murailles,
Mais sous leur flanc rougeâtre et du lierre couru,
Et qu'encor rougissait le soleil reparu,
Parmi ces hauts cyprès, ces pins à sombres cônes
Que le couchant coupait d'éblouissantes zones,
Devant ces fiers débris de l'art humain trompé
Devenus les rochers d'une verte Tempé

Que la seule nature avait recomposée,
Errant silencieux comme en un Élysée,
Du passé d'Adrien sans trop nous souvenir,
Nous repassions le nôtre, et tout venait s'unir.

A quoi donc pensions-nous? dans leurs mélancolies
A quoi pensaient, Ami, nos âmes recueillies,
Vous, Celle qu'enchaînait à votre bras aimé
La haute émotion de ce soir enflammé,
Et dont j'entrevoyais par instants la prunelle
Levée au ciel en pleurs et rendant l'étincelle?
A quoi pensais-je, moi, discret, qui vous suivais
Et qui sur vous et moi, tout ce soir-là, rêvais?

Nous pensions à la vie, à son heure rapide,
A sa fin; vous peut-être à je ne sais quel vide
Qui dans le bonheur même avertit du néant;
Au grand terme immobile où va tout flot changeant,
Et que nous figuraient, comme plages dernières,
Tous ces cirques sans voix et ces dormantes pierres.
Vous pensiez à quel prix, en s'aimant, on l'a pu;
A l'esquif hasardeux dont le câble a rompu,
Et qui, par la tempête ouvrant encor sa voile,
Emporta les deux cœurs et ne vit qu'une étoile;
A l'immortalité de cette étoile au moins,
Et, quand la terre est sombre, aux cieux seuls pour témoins.
Rome, que vous deviez quitter, à cette veille
Redoublait en adieux sa profonde merveille.
Devant elle, à pas lents, ne causant qu'à demi,
Vous en preniez congé comme d'un grave ami.
Écloses là pour vous tant de chères idées,
D'art et de sentiment tant d'heures fécondées,
Ce bonheur attristé, mais surtout ennobli,
Qu'ont goûté dans son ombre et sur son sein d'oubli

Deux cœurs ensemble épris de la muse sévère,
Et conviés au Beau dans sa plus calme sphère,
Tout cela vous parlait; mystère soupçonné!
J'ai peur, en y touchant, de l'avoir profané.
— Et dans ma rêverie à la vôtre soumise
Je suivais, plein d'abord de l'amitié reprise,
Heureux de vous revoir, triste aussi, vous voyant,
Du contraste d'un cœur qui va se dénuant,
Me disant qu'en nos jours de rencontre première
Pour moi la vie encore avait joie et lumière,
Et de là retombant au présent qui n'a rien,
Aux ans qui resteront, et sans un bras au mien!

Misère et vérité, merveille et poésie,
Que la douleur ainsi tout exprès ressaisie,
Que les lointains regrets lentement rappelés,
Les plus anciens des pleurs au nectar remêlés,
L'avenir et son doute et sa nuée obscure,
Tous effrois, tous attraits de l'humaine nature,
En de certains reflets venant en nous s'unir,
Composent le plus grand, le plus cher souvenir!

Pourtant l'on se montrait quelque auguste décombre,
Quelque jeu du soleil échauffant un pin sombre,
Par places le rayon comme un poudreux essaim,
Lumière du Lorrain et cadre de Poussin.
Et la voix que j'entends, entre nos longues poses
Disait : « Adrien donc n'a fait toutes ces choses
Et fourni tant de marbre à ces débris si nus
Que pour qu'un soir ainsi nous y fussions émus! »

Et le soleil rasant de plus en plus l'arène
Y versait à pleins flots sa course souveraine;
L'horizon n'était plus qu'un océan sans fond

Qu'au loin Saint-Pierre en noir rompait seul de son front.
Près de nous votre Hermann, si fier de vous, ô Maître,
Le *Puzzi* d'autrefois et de ce soir peut-être (1),
S'égayait, bondissait, et d'un zèle charmant
Mêlait aux questions fleur, médaille, ossement.
A deux pas en sortant, une rixe imprudente
D'enfants, nu-tête au ciel, se détachait ardente,
Les cheveux voltigeant comme d'Anges en feu ;
Des rameaux d'un cyprès un chant disait adieu ;
Et toutes ces beautés qu'arrivant et novice
Amplement j'aspirais dans mon âme propice,
Mais où vous me guidiez, où vous m'aidiez encor,
Vous du si petit nombre à qui sied l'archet d'or,
Souvenirs que par vous il vaut mieux qu'on entende,
Du premier jour au cœur m'ont fait Rome plus grande !

—

ÉLÉGIE

Pour de lointains pays (quand je devrais m'asseoir)
Je vais, je pars encor : que veux-je donc y voir?
Est-ce des nations la pompe ou les ruines?
Est-ce la majesté des antiques collines
Qui me tente à la fin et me dit de monter?
Est-ce l'Art, l'Art divin, qui, pour mieux m'enchanter,
Pour remplir à lui seul mon âme tout entière,
Veut que je l'aille aimer sous sa belle lumière?
Est-ce aussi la nature et ses calmes attraits

(1) Hermann, l'élève de Listz, désigné enfant sous le nom de *Puzzi* dans les *Lettres d'un Voyageur*. — Depuis il s'est fait moine.

Qu'il m'est doux une fois de posséder plus près,
Aux lieux mêmes chantés sur les lyres humaines,
Dans le temple des bois, des monts et des fontaines?
Oui, certes, tout cela, nature, art et passé :
J'aime ces grands objets ; mon cœur souvent lassé
Se sent repris vers eux de tristesse secrète.
Mais est-ce bien là tout? est-ce ton vœu, poëte?
Autrefois, sur la terre, à chaque lieu nouveau,
Comme un trésor promis, comme un fruit au rameau,
Je cherchais le bonheur. A toute ombre fleurie,
Au moindre seuil riant de blanche métairie,
Je disais : Il est là! Les châteaux, les palais,
Me paraissaient l'offrir autant que les chalets ;
Les parcs me le montraient au travers de leurs grilles ;
Je perçais, pour le voir, l'épaisseur des charmilles,
Et, dans l'illusion de mon rêve obstiné,
Je me disais le seul, le seul infortuné.
Aujourd'hui, qu'est-ce encor? quand ce bonheur suprême,
L'Amour (car c'était lui), m'ayant atteint moi-même,
S'est enfui, quand déjà le souvenir glacé
Parcourt d'un long regard le rapide passé,
Quand l'avenir n'est plus, plus même le prestige,
Le doux semblant au cœur d'un piége qui l'oblige,
Je vais comme autrefois, et dans des lieux plus grands,
Et plus hauts en beautés, perdant mes pas errants,
Je cherche... quoi? ces lieux? leur calme qui pénètre?
L'art qui console?... oh! non... moins que jamais peut-être ;
Mais au fond, mais encor ce bonheur défendu,
Et le rêve toujours quand l'espoir est perdu!

A GEORGE SAND

J'avais au plus petit, au plus gai mendiant,
Au plus gentil de tous, chantant et sautillant,
Vrai lutin gracieux qui s'attache et se moque,
J'avais lâché, le soir en rentrant, un baïoque :
Et voilà qu'au matin, dès le premier soleil,
Quand Pestum espéré hâte notre réveil,
Voilà que dans la cour de l'auberge rustique,
Pareils à ces clients de l'opulence antique,
De petits mendiants, en foule, assis, couchés,
Veillaient, épiant l'heure et d'espoir alléchés.
Et quand le fouet claqua, lorsque trembla la roue,
Du seuil au marchepied quand notre adieu se joue,
Que de cris! tous debout, grimpés, faisant tableau,
Demi-nus, fourmillant, gloire de Murillo!
Et nous courions déjà qu'il en venait encore,
Les cheveux blondissant dans un rayon d'aurore;
Ils sortaient de partout, des plaines, des coteaux,
Allègres, voltigeant, et de plus loin plus beaux,
Rattachés d'un haillon à la Grèce leur mère,
Purs chevriers d'Ida, vrais petits-fils d'Homère,
Tous au son du baïoque accourus en essaim,
Comme l'abeille en grappe à la voix de l'airain.

Salerne.

SONNET

J'ai vu le Pausilype et sa pente divine ;
Sorrente m'a rendu mon doux rêve infini ;
Salerne, sur son golfe et de son flot uni,
M'a promené dès l'aube à sa belle marine.

J'ai rasé ces rochers que la grâce domine,
Et la rame est tombée aux blancheurs d'Atrani ;
C'est assez pour sentir ce rivage béni ;
Ce que je n'en ai vu, par là je le devine.

Mais, ô Léman, vers toi j'en reviens plus heureux ;
Ta clarté me suffit ; apaisé, je sens mieux
Que tu tiens en douceurs tout ce qu'un cœur demande ;

Et Blanduse et ses flots en mes songes bruiraient,
Si j'avais un plantage où, le soir, s'entendraient
Les rainettes en chœur de l'étang de Champblande !

SONNET

Pardon, cher Olivier, si votre alpestre audace
Jusqu'aux hardis sommets ne me décide pas ;
Si quelque chose en moi résiste et pèse en bas ;
Si, pour un seul ravin, tantôt j'ai crié grâce !

Tous oiseaux à l'envi ne fendent tout l'espace,
Toutes fleurs n'ont séjour, passé de certains pas;
Si quelqu'une, plus fière, a doublé ses appas,
Il en est du vallon qui n'ont que là leur grâce.

N'en ayez trop dédain, quand vous les respirez.
Tout mon être est ainsi : pas d'haleine trop haute;
Promenade aux coteaux, poésie à mi-côte,

C'est le plus, et de là j'ouïs les bruits sacrés.
Pourtant, pourtant j'ai vu, traîné par vous, cher hôte,
Sur Aï les cieux bleus que vous m'avez montrés (1)!

Lioson.

. . . . . Lasciva capella.
Virgile.
C'est où ces dames vont promener leur caprice
La Fontaine.

La chèvre m'avait vu, couché sous le sapin,
Faire honneur à ma gourde et trancher à mon pain;
Je repars, elle suit, folle et capricieuse,
Friande, je le crois, mais surtout curieuse :
A la montagne on est curieux aisément,
Et l'étranger qui passe y fait événement.
J'allais à travers clos, entre monts et vallées,
Me frayant le sentier aux herbes non foulées,
Broyant et gentiane et menthe et serpolet,
Enjambant les treillis de chalet en chalet ;

(1) Les *Tours d'Aï*, hautes cimes des Alpes Vaudoises.

Elle suivait toujours. Que faire ? A chaque claie,
A chaque croisement et clôture de haie
Je passais, et du cri, du geste la chassant,
Je refermais l'endroit d'un triple osier puissant ;
Mais, à moitié du pré, regardais-je en arrière :
A huit pas lestement suivait l'aventurière,
D'un air de brouter l'herbe et les rhododendrons :
Mes pierres n'y faisaient et ne semblaient affronts.
J'enrageais. Autrefois, la bête opiniâtre
N'eût semblé que déesse et que nymphe folâtre :
J'y voyais, vers Paris malgré moi reporté,
Le malheur d'être aimé de certaine beauté.
Elle ne quittait pas ! Après mainte montagne,
Pour couper court enfin à ma vive compagne,
Et par l'idée aussi du pâtre au désespoir,
Quand il la chercherait vainement sur le soir,
J'avisai dans un pré la rencontre prochaine
D'une vieille faneuse à qui je dis ma peine,
Et qui, prenant en main la corne rudement,
Cria : *Bête mauvaise !* et finit mon tourment.

 A la montagne ainsi, quand vous gagnez le faîte,
Tout vous suit, tout du moins vous regarde et s'arrête.
L'esprit lutin des monts s'en mêle, je le veux,
Mais aussi l'esprit bon, naïf et curieux.
Le montagnard d'abord vous questionne et cause ;
Le papillon sur vous, comme à la fleur, se pose,
Loin du doigt meurtrier et de l'enfant malin ;
L'abeille, à votre front, cherche un calice plein ;
L'insecte vous obsède, et la vache étonnée
Interrompt sa pâture à demi ruminée,
Lève un naseau béant, et, tant qu'on soit monté,
Suit longtemps et de l'œil dans l'immobilité.

Lausanne.

De ces monts tout est beau, chaque heure en a ses charmes,
Chaque climat y passe et s'y peint tour à tour;
Et l'étranger lui-même, y vivant plus d'un jour,
A les trop regarder se sent naître des larmes :

I

Soit que, par le soleil de l'été radieux,
A l'heure où la clarté déjà penche inégale,
Le rayon, embrassant leur crête colossale,
Les détache d'ensemble au vaste azur des cieux,

Tête nue et sans neige, et non plus sourcilleux,
Mais d'antique beauté, sereine et sculpturale,
Dressés pour couronner la Tempé pastorale,
Taillés par Phidias pour un balcon des Dieux !

Délicats et légers, et d'élégance pure,
Enlevant le regard à chaque découpure,
Et, pour le fin détail, d'un vrai ciseau toscan !

Et leur teinte dorée, et leur blonde lumière,
Au front d'un Parthénon caresserait la pierre,
Serait une harmonie aux murs du Vatican !

II

Soit lorsqu'au jour tombant, sous un large nuage,
Du couchant à la nuit tout le ciel s'est voilé ;

Que par delà Chillon, surtout amoncelé,
Le bleu sombre et dormant de monts en monts s'étage;

Quand tous ces grands géants, resserrés au passage,
Figurent les confins d'un monde reculé,
Les derniers murs d'acier d'une antique Thulé,
Ou les gardiens muets d'un éternel orage!

Attrait immense et sourd! pas une ride aux flots,
Pas un souffle à la nue, au front pas une haleine!
Quel plus grand fond de rêve à la douleur humaine?

O Byron, Beethoven, retenez vos sanglots!
— Et du prochain buisson, tandis qu'au loin je pense,
L'aigre chant du grillon emplit seul le silence...

III

Ou soit même en hiver, sous les frimas durcis,
Même aux plus mornes jours, sans qu'un rayon s'y voie,
Sans que du ciel au lac un reflet se renvoie
Pour les vulgaires yeux du seul éclat saisis,

Oh! pour le cœur amer aux pensers obscurcis
Et pour tout exilé qui ressonge à sa joie,
Oh! qu'ils sont beaux encor ces grands monts de Savoie,
Vus des bords où, rêveur, tant de fois je m'assis!

Leur neige avec sa ride est fixe en ma mémoire,
Sombre dans sa blancheur, vaste gravure noire,
Comme d'un front creusé qui dans l'ombre a souffert!

Plus je les contemplais et plus j'y pouvais lire

De ces traits infinis qui toujours me font dire
Que l'aspect le plus vrai, c'est le plus recouvert !

De ces monts tout est beau, chaque heure en a ses charmes,
Chaque climat y passe et s'y peint tour à tour ;
Et même l'étranger, s'il y vit plus d'un jour,
A les trop regarder se sent naître des larmes !

———

SONNET

> Sit meæ sedes utinam senectæ,
> Sit modus lasso maris et viarum !...
> HORACE.

Paix et douceur des champs ! simplicité sacrée !
Je ne suis que d'hier dans ce repos d'Eysins,
Et déjà des pensers plus salubres et sains
M'ont pris l'âme au réveil et me l'ont pénétrée.

Point de merveille ici ni de haute contrée,
Point de monts, de rochers, si ce n'est aux confins ;
Mais des vergers, des prés, l'un de l'autre voisins,
Le cimetière seul, colline séparée.

O doux chemins tournants ! ô verte haie en fleur !
Blonde *Reine des prés,* leur plus tendre couleur !
Promenade insensible, avec oubli suivie,

Qui, comme un ami sûr, nous ramenez au banc
Devant le seuil, au soir, où la famille attend,
Soyez tout mon sentier et ramenez ma vie !

> Sic ego sim, liceatque caput cardescere canis !...
> TIBULLE.

On sort ; le soir avance et le soleil descend ;
Le Jura déjà monte avec son front puissant ;
On traverse vergers, plantages sans clôture,
Négligence des prés qu'enlace la culture.
On arrive au grand pont que projeta l'aïeul,
— Vainement, — que, syndic, le père acheva seul.
On s'enfonce au grand bois, chênes aux larges voûtes ;
On admire au rond-point où s'égarent huit routes.
Tout au sortir de là, l'ancien toit apparaît,
Dont l'ami si souvent nous toucha le secret,
Manoir rural, pourtant à tourelle avancée ;
Et l'ami nous redit son enfance passée,
Ses jeux, l'école aussi, la fuite, le pardon ;
Les jours dans le ravin à lire *Corydon*;
Les immenses noyers aux branches sans défense,
Plus immenses encor quand les voyait l'enfance.
On s'assied, on soupire, avec lui l'on renaît,
On revole au matin que la fleur couronnait,
Et, tandis que le cœur distille sa rosée,
L'œil en face se joue à la cime embrasée
Du Mont-Blanc, dernier feu, si grand à voir mourir !
Mais il faut s'arracher, de peur de s'attendrir.

On revient, côtoyant l'autre pan de colline,
Non plus par le grand pont, mais bien par la ravine :
Le bois superbe à gauche en lisière est laissé.
Plus d'un air pastoral en marchant commencé,
Des murmures de vers, de romances vieillies,
Exhalent l'âge d'or de nos mélancolies.
Et plus nous avançons et plus le jour nous fuit.
Sur le *nant* (1) desséché ce pont brisé conduit :
On s'effraie, on s'essaie, on a passé la fente ;
On remonte, légers, la gazonneuse pente :
Et le sommet gagné nous remet de nouveau
A la plaine facile où fleurit le hameau.
En avant, le Jura, dans sa chaîne tendue,
Des grands cieux qu'il soutient rehausse l'étendue ;
Une étoile se pose au toit de la maison ;
Il est nuit : et, si l'œil replonge à l'horizon,
Ce n'est plus que vapeurs vaguement dessinées
Et les Alpes là-bas dans l'ombre soupçonnées !

Eysins.

SONNET

Non, je n'ai point perdu mon année en ces lieux ;
Dans ce paisible exil mon âme s'est calmée ;
Une Absente chérie, et toujours plus aimée,
A seule, en les fixant, épuré tous mes feux.

(1) Nom du pays pour ruisseau.

Et tandis que des pleurs mouillaient mes tristes yeux,
J'avais sous ma fenêtre, en avril embaumée,
De pruniers blanchissants la plaine clair-semée;
— Sans feuille, et rien que fleur, un verger gracieux!

J'avais vu bien des fois Mai, brillant de verdure,
Mais Avril m'avait fui dans sa tendre peinture :
Non, ce temps de l'exil, je ne l'ai point perdu!

Car ici j'ai vécu fidèle dans l'absence,
Amour! et sans manquer au chagrin qui t'est dû,
J'ai vu la fleur d'Avril et rappris l'innocence.

Liége.

(M. Édouard Turquety ayant adressé à l'auteur les vers suivants, on se permet de les insérer ici, malgré ce qu'ils ont d'infiniment trop flatteur: les poëtes sont accoutumés, on le sait bien, à se dire de ces douceurs entre eux, sans que cela tire à conséquence.)

A SAINTE-BEUVE

Ami, pourquoi tant de silence?
Pourquoi t'obstiner à cacher
L'hymne brillante qui s'élance
De ton cœur prompt à s'épancher.

Déserte pour un jour la prose;
Réveille, après un long sommeil,
Ton doux vers plus frais que la rose
Au premier baiser du soleil.

Dis à l'oiseau de rouvrir l'aile;
Laisse de sillon en sillon
S'égarer la vive étincelle
Que l'on nomme le papillon.

Rends-nous ton chant rempli de flamme,
Ton chant rival du rossignol;
Permets aux brises de ton âme
De nous embaumer dans leur vol.

Et, puisque tu le peux, ramène
Auprès de nous l'aimable cours
De la poétique fontaine
Que tu voudrais céler toujours.

Regarde : jamais dans ce monde
L'horizon ne fut moins serein;
Jamais angoisse plus profonde
Ne tourmenta le cœur humain.

Les temps sont lourds, les temps nous pèsent;
Que devenir sous ces linceuls,
Si les plus doux chanteurs se taisent,
Ou ne chantent que pour eux seuls?

Si, dans la solitude aride,
Qui n'a ni calme ni saveur,
Il n'est pas un ruisseau limpide,
Il n'est pas un palmier sauveur?

Oh! viens, doux maître en rêverie,
Viens reprendre ton beau concert;
Ne reste pas, puisqu'on t'en prie,
A t'épanouir au désert.

Fleur odorante, fleur sonore,
C'est trop te refermer ; tu dois
A ceux qu'un ciel brûlant dévore
Ton frais parfum, ta fraîche voix.

Tu leur dois ton hymne hardie
Plus suave de jour en jour,
Et l'incessante mélodie
De ton âme qui n'est qu'amour !

ÉDOUARD TURQUETY.

RÉPONSE

Mon cœur n'a plus rien de l'amour,
Ma voix n'a rien de ce qui chante.
Ton amitié me représente
Ce qui s'est enfui sans retour.

Il est un jour aride et triste
Où meurt le rêve du bonheur ;
Voltaire y devint ricaneur,
Et moi, j'y deviens janséniste.

Ce qu'on appelle notre vol
Ne va plus même en métaphore ;
Nos regards n'aiment plus l'aurore,
Et l'on tuerait le rossignol.

Oiseau, pourquoi cette allégresse,
Orgueil et délices des nuits?
Ah! ce ne sont plus mes ennuis,
Que ceux où ton chant s'intéresse!

Soupir, espoir, tendre langueur,
Attente sous l'ombre étoilée!
Par degrés la lune éveillée
Emplit en silence le cœur.

Pour qui donc fleurissent ces roses,
Si ce n'est pas pour les offrir?
Charmant rayon, autant mourir,
Sans un doux front où tu te poses!

Tous les ruisseaux avec leurs voix
Que sont-ils sans la voix qu'on aime?
Ce ne fut jamais pour lui-même
Que j'aimai l'ombrage des bois.

Dans les jardins ou les prairies,
Le long des buis ou des sureaux,
Devant l'ogive aux noirs barreaux,
Comme au vieux chêne des féeries;

Même sous l'orgue solennel,
Au seuil de la chaste lumière,
Même aux abords du sanctuaire
Où toi, tu t'es choisi le ciel,

Dès l'enfance mon seul génie
Ne poursuivit qu'un seul désir :
Un seul jour l'ai-je pu saisir?
Mais tout vieillit, l'âme est punie.

Et tes doux vers lus et relus
N'ont fait qu'agiter mon mystère :
Quoi donc! aime-t-on sur la terre,
Depuis que, nous, nous n'aimons plus?

UN DERNIER RÊVE

> Et pour jamais, pour ne plus revenir
> SCHUBERT, *Barcarolle.*
> Jamais, ô jamais plus !
> Madame TASTU.

Il fut court : il a commencé sur le plus vague et le plus tendre nuage de la poésie : il a fini au plus aride et au plus désolé du désert à jamais illimité du cœur.

Au dedans tout, rien au dehors. Voici les seuls vestiges : on les a réunis, même les moindres, comme on enfermerait quelques feuilles, quelques fleurs brisées, dans une urne.

UN DERNIER RÊVE

SONNET

TRADUIT D'UHLAND

Deux jeunes filles, là, sur la colline, au soir,
Sous le soleil couchant deux tiges élancées,
Légères, le front nu, comme sœurs enlacées,
S'appuyaient l'une à l'autre et venaient de s'asseoir.

L'une aux grands monts, au lac, éblouissant miroir,
Du bras droit faisait signe, et disait ses pensées ;
L'autre, vers l'horizon aux splendeurs abaissées,
De sa main gauche au front se couvrait, pour mieux voir.

Et moi qui les voyais toutes deux... et chacune,
Un moment j'eus désir : « Oh ! pourtant, près de l'une
Être assis ! » me disais-je ; et j'allais préférer.

Mais, regardant encor les deux sœurs sous le charme,
Mon désir se confond, tout mon cœur se désarme :
« Non, ce serait péché que de les séparer ! »

SONNETS

A DEUX SŒURS

I

A MADEMOISELLE FRÉDÉRIQUE

Pour qu'en parole, en vers mélodieux,
De sa jeune âme à la forme si belle
Un chant s'exhale, il lui faut, nous dit-elle,
Tristesse au cœur et des pleurs dans ses yeux ;

Il faut que Celle à qui l'azur des cieux
Dès le berceau colora la prunelle,
Et qui répand le bonheur autour d'elle,
Ressente moins ce qu'on lui doit le mieux.

Oh ! s'il est vrai, sur sa lèvre si pure,
O Poésie, arrête ton murmure ;
Vers et soupirs, n'en soulève plus un.

Comme une abeille encore ensommeillée
Que la rosée odorante a mouillée,
Dors au calice, ou ne sois qu'un parfum !

II

A MADEMOISELLE ÉLIZA-WILHELMINE.

Puisqu'à tout coup sa vive raillerie
S'échappe et brille en gai pétillement,
Puisqu'un lutin de grâce et de féerie
Toujours dérobe un coin de sentiment;

Puisqu'amusés par ce propos charmant,
D'elle on ne voit ce qui rêve ou qui prie,
Et qu'à tous yeux cette gaieté chérie
Soir et matin fait un déguisement,

O Poésie, ouvre-nous le mystère ;
Fais-lui trahir ce que son cœur veut taire,
Ses hauts instincts, cette fois non railleurs,

Quand vient la Nuit comme une sœur voilée,
Et qu'en silence à la voûte étoilée
Monte son rêve, et que tombent ses pleurs !

SONNET

J'ai fait le tour des choses de la vie ;
J'ai bien erré dans le monde de l'art ;
Cherchant le beau, j'ai poussé le hasard ;
Dans mes efforts la grâce s'est enfuie !

A bien des cœurs où la joie est ravie,
J'ai demandé du bonheur, mais trop tard !
A maint orage, éclos sous un regard,
J'ai dit : Renais, ô flamme évanouie !

Et j'ai trouvé, bien las enfin et mûr,
Que pour l'art même et sa beauté plus vive,
Il n'est rien tel qu'une grâce naïve ;

Et qu'en bonheur il n'est charme plus sûr,
Fleur plus divine aux gazons de la rive,
Qu'un jeune cœur embelli d'un front pur !

Paroles, vœux d'un cœur amoureux et timide,
Redoublez de mystère et de soin caressant,
Et près d'elle n'ayez d'aveux que dans l'accent !
Accent, redevenez plus tendre et plus limpide,
Ému d'un pleur secret sous son charme innocent !
Regards, retrouvez vite et perdez l'étincelle ;
Soyez, en l'effleurant, chastes et purs comme elle :
Car le pudique amour qui me tient cette fois,
Cette fois pour toujours ! a pour unique choix
La vierge de candeur, la jeune fille sainte,
   Le cœur enfant qui vient de s'éveiller,
L'âme qu'il faut remplir sans lui faire de   inte,
      Qu'il faut toucher sans la troubler !

UN DERNIER RÊVE.

On parlait de la mort : un ami n'était plus (1).
Un ami comme un frère, un de ces cœurs élus
Au sein de la famille, et dont les destinées
Sans effort, sans retour, se sont d'abord données.
On parlait de la mort, et le grave entretien
Sur l'homme et son néant, sa misère et son rien,
S'élevait par degrés ; on disait que la vie,
A de fatales lois en naissant asservie,
Ne brillait que par place et pour de courts instants ;
Que tous ces mots du jour, superbes, éclatants,
De progrès, de puissance et de grandeur humaine,
N'étaient que flatterie, ostentation vaine ;
Que, dès que la Nature aux extrêmes climats,
Dans l'excès des soleils ou l'excès des frimas
Se mêlait de régner, et comme un monstre immense,
Accusant sourdement l'effort qui recommence,
Hors d'elle déchaînait les soupirs ennemis
Et remettait en jeu les germes endormis,
Tout mourait ; et qu'alors l'homme chétif, malade,
Ce nain précipité du ciel qu'il escalade,
Ces générations de clameur et d'orgueil
Jonchaient chaque pavé dans les cités en deuil,
Comme ces moucherons nés d'un rayon d'automne,
Et morts au soir serein, sitôt que l'air frissonne.

Et lorsqu'on eut parlé presque avec désespoir,
La vierge au front charmant, au simple et doux savoir,
Comme pour corriger la vision funeste
Éleva tout d'un coup sa parole modeste
Qu'accompagnait si bien son tendre regard bleu,
L'un de ces purs regards qui prouvent l'âme et Dieu ;

(1) Un ami, officier distingué, mort des fièvres en Algérie.

Elle dit, se pressant sur le bras de l'aïeule :
« De toutes choses donc l'immortelle et la seule,
« C'est le cœur, et quand tout semblerait s'abîmer,
« Il faut plus près toujours se serrer et s'aimer. »

A DEUX SOEURS

SUR UN EXEMPLAIRE DE LA *MARIE* DE BRIZEUX
— DANS UN CHAGRIN —

Lire des vers touchants, les lire d'un cœur pur,
C'est prier, c'est pleurer, et le mal est moins dur.

(UN JOUR, QU'ON CROYAIT AVOIR TROUVÉ)

   Il est trouvé le bonheur et le charme,
   L'Ange clément qui planait au berceau,
   L'être adoré, dans l'enfance si beau,
   Que bien souvent nous cachait une larme.
   L'amour parfait et de tout temps rêvé,
        Il est trouvé !

   Il est trouvé ce bien de tous les âges,
   Le fruit du cœur, le frais rameau d'espoir,
   Que dès douze ans je cherchais sans savoir
   Dans tous les bois, par les sentiers sauvages.
   Le nid d'amour sous la mousse couvé,
        Il est trouvé !

Il est trouvé ce port que ma jeunesse
A poursuivi sur les flots agités,
Sous tous les vents et les feux irrités,
Plaisirs moqueurs, qui me trompiez sans cesse !
Le vrai signal, le bel astre levé,
  Il est trouvé !

Il est trouvé l'ombrage où l'on repose,
Le droit chemin par le devoir tracé
Qu'un doux printemps si tard recommencé
Borde pour moi de sa plus jeune rose.
Le calme sûr au cœur trop éprouvé,
  Il est trouvé !

Il est trouvé le bienfait de nature,
Le sein aimant qu'un Dieu nous vient rouvrir,
Ce qui permet de vivre et de mourir,
Ce qui fait croire, espérer sans murmure,
Et dire encor, même au terme arrivé :
  Il est trouvé !

———

Ne coulez plus, larmes de Poésie ;
C'était un rêve, une dernière erreur !
Il n'est plus rien désormais dans la vie ;
Pleurs de rosée, il n'est plus une fleur.
Que feriez-vous, larmes de Poésie ?

Ne coulez plus, larmes de la douleur ;
Comprimez-vous, étouffez vos murmures,
Comme le sang dans les pires blessures
Coule au dedans et suffoque le cœur.

———

NOTE

UN CANEVAS

(Le rêve était détruit, avant que la pièce songée fût éclose.)

Tout le soir, le piano avait résonné sous des doigts mélodieux, et la jeune voix qui m'est sacrée y avait marié ses plus frais accents. On avait fini, on était levé pour sortir, quand je m'approchai du piano, et m'y asseyant je me mis à faire courir mes doigts *à fleur d'ivoire* sur toutes les touches, mais comme Camille courait sur la cime des blés, sans presque les émouvoir,

Sans tirer aucun son du blanc clavier sonore.

Sa sœur aînée me vit, et s'approchant avec sourire :

— « Essayez, me dit-elle ; qui sait ? les poëtes savent beaucoup d'instinct ; peut-être savez-vous jouer sans l'avoir appris. »

— « Oh! je m'en garderai bien, dis-je ; j'aime mieux me figurer que je sais, et j'aime bien mieux pouvoir encore me dire : *Peut-être...* »

Elle était là, elle entendit, et ajouta avec cette naïveté fine et charmante : « C'est ainsi de bien des choses, n'est-ce pas ? il vaut mieux ne pas essayer pour être sûr. »

— « Oh! ne me le dites pas, je le sais trop bien, lui répondis-je avec intention tendre et un long regard, je le sais trop et pour des choses dont on n'ose se dire : *Peut-être.* »

Elle comprit aussitôt et recula, et se réfugia à deux pas en arrière, toute rougissante, auprès de son père.

Piano, je ne t'entendrai jamais sans me rappeler sa parole, et jamais, jamais je n'essaierai de tirer de toi aucun son.

—

Toutes ces poésies qu'on vient de voir étant ainsi assemblées et la gerbe liée, ne suis-je pas autorisé à dire : « Aujourd'hui on me croit seulement un critique ; mais je n'ai pas quitté la poésie sans y avoir laissé tout mon aiguillon. »

FIN.

TABLE DES MATIÈRES

Avertissement. 1

LES CONSOLATIONS

A Victor Hugo. Dédicace. 5
    I. A madame V. H.. 15
    II. A M. Viguier. 18
    III. A M. Auguste Le Prévost. 23
    IV. A mon ami Ulric Guttinguer. 26
    V. A madame V. H.. 29
    VI. A M. de Lamartine. 31
    VII. Sonnet. L'autre nuit je veillais. 35
    VIII. A Ernest Fouinet. 36
    IX. A Fontaney. 39
    X. A mon ami Émile Deschamps. 43
    XI. Sonnet. Un grand chemin ouvert. 47
    XII. A deux absents. 48
    XIII. Sonnet, imité de Wordsworth. C'est un beau soir. . . 51
    XIV. Sonnet, de Wordsworth. Les passions, la guerre. . . 52
    XV. Sonnet, du même. Quand le poëte en pleurs. . . . 53
    XVI. A V. H. 54

XVII. A mon ami Pierre Leroux. 55
XVIII. A mon ami Antony Deschamps. 60
XIX. A mon ami Boulanger. 66
XX. A Boulanger. 69
XXI. Sonnet à Boulanger. Ami, ton dire est vrai. . . . 71
XXII. Sonnet. A Francfort-sur-le-Mein. 72
XXIII. Sonnet à V. H. Votre génie est grand. 73
XXIV. Sonnet à madame L. Madame, vous avez. 74
XXV. A mademoiselle. 75
XXVI. A Alfred de Vigny. 78
XXVII. A Victor Pavie. La Harpe Eolienne. Traduit de Coleridge. 81
XXVIII. A mon ami Paul Lacroix. Les Larmes de Racine. . . 84
XXIX. A mon ami M. Prosper Mérimée. 89

POÉSIES DIVERSES

Faisant suite aux *Consolations*.

I. A M. de Lamartine. Épître. 95
II. Vers tirés de *Volupté*. 100
III. L'Automne. Imité de Southey. 102
Jugements divers et témoignages sur *les Consolations*. . . . 107

PENSÉES D'AOUT

Avertissement. 131
Pensée d'août. 135
M. Jean, maître d'école. 150
A madame Tastu. 174
A. M. Achille du Clésieux. 177
Sonnets à la duchesse { I. Au Thil où vous aimez. . . 181
de Rauzan. { II. Ainsi l'on dit de vous. . . . 182
A mes amis Grégoire et Collombet. 185
A Victor Pavie, le soir de son mariage. 187
Sonnet à madame P. Heureux loin de Paris. 190
Sonnet de sainte Thérèse, à Jésus crucifié. 191
Tu te révoltes, tu l'irrites. 192

Dans ce cabriolet de place..		195
A Ulric Guttinguer. Épitre.		195
Trois Sonnets imités de Wordsworth.	I. Reposez-vous et remerciez : au sommet du Glencroe.	196
	II. La Cabane du Highlander..	197
	III. Le Château de Bothwell.	198
La voilà, pauvre mère.		199
Vers qui se rapportent à *Volupté*. J'ai reçu, j'ai reçu.		200
Sonnet à la marquise de Castries qui est à Dieppe. D'ici je vous voyais.		205
Sur un portrait de Gérard, une Jeune Femme au bain. A madame Récamier.		206
Rome. Élégie imitée de Guillaume de Schlegel.		211
A David d'Angers. Sur une statue d'enfant..		214
Sonnet à M. Roger d'A. Un rayon, un rayon.		216
A mon cher Marmier. Imité du Minnesinger Hadloub..		217
I. Romance. J'aurais voulu.		218
II. Une Romance encore. Quoi! se peut-il		219
III. Rondeau, Source cachée.		220
A la duchesse de Rauzan, Partez, puisqu'un départ.		221
A M. de Salvandy, ministre du 15 avril.		223
Sonnet à madame G. Non, je ne suis pas gaie.		225
A madame G. Pour une mort, pour un départ.		226
En revenant du convoi de Gabrielle..		227
Sonnet à madame M. Quoi! vous voulez.		228
A la dame des sonnets de *Joseph Delorme*.		229
A M. Villemain. Épitre.		230
Vers d'Alfred de Musset à moi adressés..		238
A Alfred de Musset, réponse.		238
Vœu en voyage, sur une impériale de voiture.		240
Sonnet à M. Justin Maurice. Nous gravissions de nuit.		241
Le Joueur d'orgue.		242
Sonnets.	I. Je côtoyais ce lac.	244
	II. Mais dans l'autre moitié.	244
A l'abbé Eustache Barbe. Épitre.		245
Sonnet à Boulay-Paty. Nous partions sur le lac.		248
Sonnet à M. Paulin Limayrac. Je montais, je montais.		249
A M. Patin, après avoir suivi son Cours de poésie latine. Épitre.		250
Sonnet à mon ami Ch. Labitte. En voyant jusqu'ici.		254
A J.-J. Ampère. Épitre		255
A mes amis M. et madame Olivier. Stances.		258
A madame V.		261

Sonnet. J'aime Paris.		262
A la comtesse de Tascher. Récit.		263
La Fontaine de Boileau, épître à la comtesse Molé.		273
Maria, à M. de Lurde. Récit.		278
Élégie. Elle me dit un jour.		283

NOTES ET SONNETS

Faisant suite aux *Pensées d'Août*

Sonnets. { I. De Ballaigues à Orbe.		287
{ II. De Ballaigues à Jougne, au retour.		288
Aux étudiants de la Société de Zofinge, réponse.		289
A M... Oh! laissez-moi.		291
Le Brigand, imité d'Uhland.		293
{ I. En mars quand vient la bise.		294
Sonnets. { II. Mais la bise a passé.		294
{ III. Et je songe au passé.		295
Le dernier des onze Sonnets de Charles Lamb. Nous étions deux enfants.		296
Sonnet. Ces jours derniers.		297
Sonnet à Philothée. Pourquoi dans l'amitié.		297
Sonnet à madame ***. Il est deux vers le soir.		298
Sonnet à la Muse. Pauvre Muse froissée.		299
Sonnet, réponse à Collombet. Oui, cher Zénon.		300
Sonnet à moi adressé par M. Antoine de Latour, sur Port-Royal des Champs.		301
Sonnet, réponse. Demande-moi plutôt.		302
Sonnet à Marmier. Le vieux Slave est tout cœur.		302
Sonnet imité de Ruckert. Et moi je fus aussi.		303
Sonnet imité de Bowles. Comme après une nuit.		304
Sonnet imité de Justin Kerner. Le matin en été.		305
Sonnet imité de Bowles. Étrange est la musique.		305
Sonnet imité de miss Caroline Bowles. Je n'ai jamais jeté la fleur.		306
A madame P. Sur la mort d'une jeune enfant.		307
Sonnet à madame Desbordes-Valmore. Puisqu'aussi bien tout passe.		310
Sonnet à M. le comte Molé. Le Tombeau de Delille.		311
Sonnet. La jeunesse est passée.		312
Sur la Saône, en voyant une jeune femme à sa fenêtre.		312

Sonnet. Avignon m'apparait.. 313
Sonnet à un peintre. Ne montez Albano 314
Sonnet. Saint-Laurent-hors-des-murs. 315
La Villa Adriana, à Listz. 315
Élégie. Pour de lointains pays. 319
A George Sand. Le petit Mendiant de Salerne. 321
Sonnet. J'ai vu le Pausilype. 322
Sonnet. Pardon, cher Olivier. 322
La chèvre m'avait vu. 323
De ces monts tout est beau. Une Vue de Lausanne. . . . 325
Sonnet. Paix et douceur des champs. 327
On sort ; le soir avance. 328
Sonnet. Non, je n'ai point perdu. 329
Vers de M. Édouard Turquety à moi adressés. 330
Réponse. 332

UN DERNIER RÊVE

Avertissement. 337
Sonnet traduit d'Uhland. Deux jeunes filles là. 339
Sonnets à deux { I. A mademoiselle Frédérique. 340
sœurs.   { II. A mademoiselle Éliza-Wilhelmine. . 341
Sonnet. J'ai fait le tour. 341
Paroles, vœux d'un cœur. 342
On parlait de la mort. 343
A deux sœurs, vers sur un exemplaire de la *Marie* de
   Brizeux. 344
Un jour, qu'on croyait avoir trouvé. Chant. 344
Ne coulez plus, larmes de poésie. 345
Note. Un canevas. 346

FIN DE LA TABLE DES MATIÈRES

A la page 119, ligne 15, au commencement de la ligne, *lisez :* les.
— 213, à la note, ligne 1re, *lisez :* doit.
— 215, à la note, ligne 1re, *lisez :* un serpent.
— 314, ligne 3, *lisez :* ta couronne.
— 329, ligne 19, *lisez :* Eysins.

PARIS. — IMP. SIMON RAÇON ET COMP. RUE D'ERFURTH, 1.

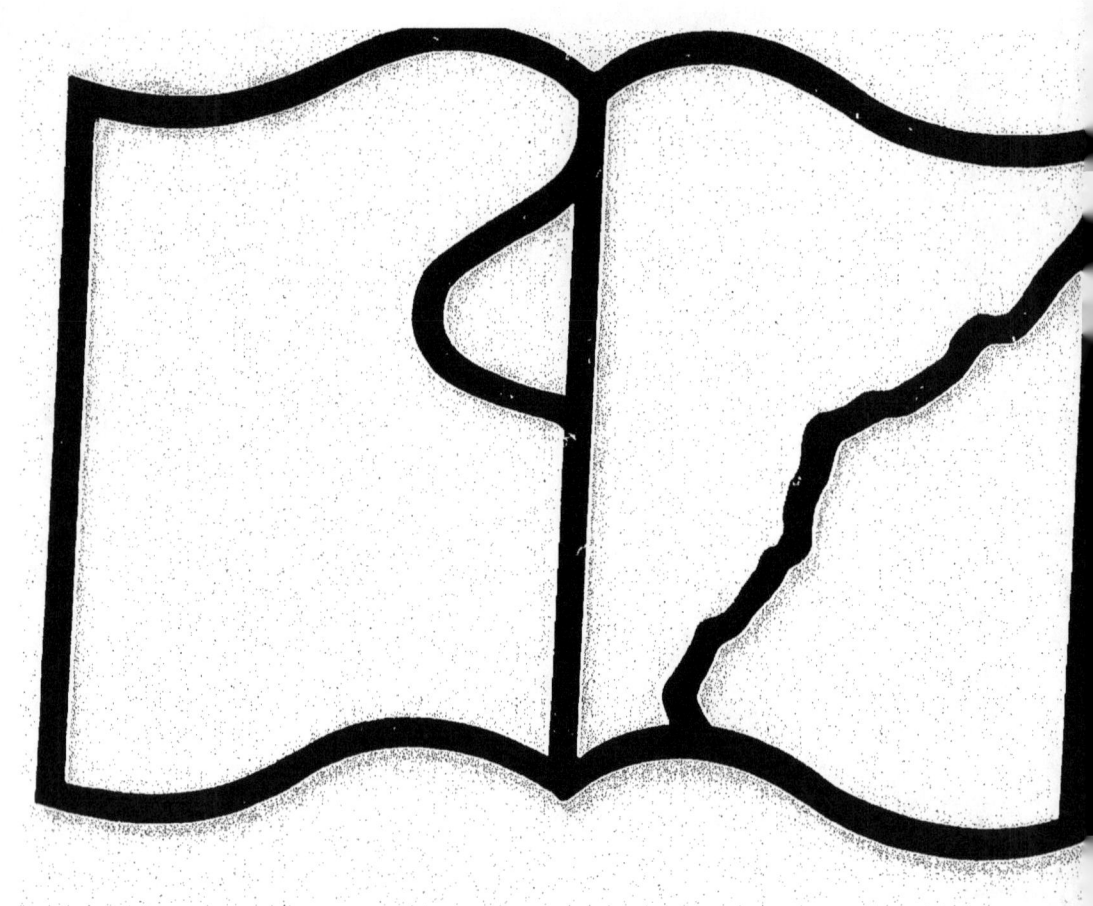

Texte détérioré — reliure défectueuse
NF Z 43-120-11

www.ingramcontent.com/pod-product-compliance
Lightning Source LLC
Chambersburg PA
CBHW070901170426
43202CB00012B/2145